Josef Abt/Wolfgang Vomm
Der Kölner Friedhof Melaten

FUNERIBUS AGRIPPINENSIUM SACER LOCUS
HAVE IN BEATIUS AEVUM SEPOSTA SEGES
TRANSI NON SINE VOTIS MOX NOSTER
Inschrift am Eingangstor von F. F. Wallraf

Für die Leichen Kölns geheiligte Stätte.
Gruß dir, auf bessere Zukunft gesäete Saat!
Geh' nicht vorüber ohne fromme Gebete, du,
bald der Unsrige.
Übersetzung von Jung/Ibach

Der Goddesacker för de Kölsche.
Schlooft got en de Ivigkeit eren!
Ehr sid doch besser dran als meer!
Gangk nit elans; bät eez e Vatterunser!
Bal häß do et och nüdig!
Übertragung von W. Schneider-Clauß

Josef Abt/Wolfgang Vomm

# DER KÖLNER FRIEDHOF MELATEN

Begegnung mit Vergangenem und Vergessenem
aus rheinischer Geschichte und Kunst

Greven Verlag Köln

Danksagung

Vorliegende Arbeit wäre ohne die hilfsbereite Unterstützung mehrerer Institutionen nicht zustande gekommen. Ihnen gebührt herzlicher Dank, vor allem dem Stadtkonservator, der Universitäts- und Stadtbibliothek, der Diözesanbibliothek, dem Historischen Archiv der Stadt Köln, der Graphischen Abteilung des Stadtmuseums und dem Rheinischen Bildarchiv. Von der Friedhofsverwaltung leistete vor allem Herr Anton Schorn bei den schwierigen Nachforschungen immer wieder große Hilfe. Herr Kurt von Kiesling wirkte dankenswerterweise bei den fotografischen Arbeiten mit. Viele Bürger unterstützten die Autoren mit historischen Aufnahmen, Dokumenten und vielfältigen Informationen. Sie haben damit zum Gelingen dieses Buches wesentlich beigetragen. Ihnen und all denen, die das Unternehmen mit wohlwollendem Interesse förderten, sei an dieser Stelle ganz herzlich gedankt.

CIP-Kurztitelaufnahme der Deutschen Bibliothek

**Abt, Josef:**
Der Kölner Friedhof Melaten : Begegnung mit Vergangenem u. Vergessenem aus rhein. Geschichte u. Kunst / Josef Abt ; Wolfgang Vomm. — Köln : Greven, 1980.
ISBN 3-7743-0182-4
NE: Vomm, Wolfgang:

© Greven Verlag Köln 1980
Graph. Gestaltung: Studio für
Werbung und Design M. Boslé,
Köln-Holweide
Druck: Greven & Bechtold, Köln
Buchbinder: Berenbrock, Wuppertal
Alle Rechte vorbehalten

# Inhaltsverzeichnis

I. Entstehung und Entwicklung eines neuzeitlichen Groß-friedhofs — 7

   Die Vorgeschichte Melatens — 7
   Das Beerdigungswesen in Köln vor 1810 — 13
   Melaten als zentrale Begräbnisstätte Kölns im 19. Jahrhundert — 14
   Weitere Kölner Friedhofsanlagen nach 1810 — 21
   Unterschiedliche Bestrebungen in der Geschichte des Kölner Beerdigungswesens — 23
   Die Bedeutung des Friedhofs Melaten für Köln — 24
   Beerdigungszeremonien — 24
   Melaten in der volkstümlichen Überlieferung — 27
   Melaten macht Schlagzeilen — 30
   Friedhofslyrik — 33
   Grabinschriften — 37
   Die Anlage — 38

II. Kunst auf dem Friedhof — 43

   Kunst, Kunsthandwerk und Kunstindustrie — 43
   Die Materialien — 48
   Die Künstler und die stilistische Entwicklung — 57
   Die Darstellungen — ihre Bedeutung und Entwicklung — 76
   Der Friedhof als Spiegel der Gesellschaft — 91
   Das Bildnis — 105
   Sprache, Wort und Schrift — 112
   Melaten im Vergleich zu anderen rheinischen Friedhöfen — 114

III. Der Friedhof Melaten in Vergangenheit und Zukunft — 125

IV. Alphabetisches Gräberverzeichnis — 132

Verzeichnis der auf dem Melatenfriedhof tätigen Künstler, Kunsthandwerker und Unternehmungen und ihrer Arbeiten — 227

Literaturverzeichnis — 235
Erklärung einiger Fachausdrücke — 238
Bildnachweis — 240

# I. Entstehung und Entwicklung eines neuzeitlichen Großfriedhofs

## Die Vorgeschichte Melatens

Mit dem Wort Melaten verbindet der Kölner sofort die alte, ehrwürdige Friedhofsanlage der Stadt. Für viele Kölner ist Melaten nicht nur eine Begräbnisstätte für die Toten, sondern auch ein Ort der Ruhe und Entspannung, der sich wohltuend von der engbebauten und verkehrsreichen Umgebung unterscheidet (Abb. 7).
Befaßt man sich mit der Geschichte Melatens, so ergibt sich allerdings ein weniger idyllisches Bild.
Der Name »Melaten« deutet auf ein ehemaliges Leprosenhaus hin. Er bezeichnet den Ort »zu den Maladen« (Aussätzigen). Das mittelniederdeutsche Wort »malat« lebt heute noch in der kölnischen Mundart fort. Während der Friedhof im Hochdeutschen »Melaten« heißt, wird er in der kölnischen Mundart »Malote« genannt. Während sich ein Nichtkölner elend fühlt, »es et dem Kölsche janz malätzisch«.
Der Melaten-Friedhof ist erst 170 Jahre alt. Davor war Melaten Zufluchtsstätte für Leprakranke und Kölns Hinrichtungsstätte. Wegen der strategisch wichtigen Lage vor den Stadtmauern Kölns war Melaten auch oft Schauplatz kriegerischer Auseinandersetzungen.

Die Leprosenanstalt wird schon 1180 in Urkunden erwähnt. Dort, wo heute die alte Friedhofskapelle steht, wurde am 6. Juni 1245 eine Kapelle von Erzbischof Konrad von Hochstaden der Hl. Dreifaltigkeit, der hl. Maria und dem hl. Dionysius geweiht. Die jetzige Kapelle ist ein Nachfolgebau dieser alten Kirche (Abb. 2).
Neben der Kapelle bildeten ein Wirtshaus, das Offermannshaus, eine Wegekapelle an der Straße und zwei nördlich dahinter gelegene Reihen von Zellen, die den Kranken als Unterkunft dienten, die Leprosenanstalt (Abb. 4). Als Zeichen für die Bindung des Fleckens Melaten an Köln war seit 1630 das Wirtshaus mit einem Kölner Wappen versehen worden.

Aussätzige waren Verstoßene. Allein hatten sie kaum Überlebenschancen, da die gesunden Menschen eine Ansteckung befürchteten. Jeder, der aufgrund einer Untersuchung als Leprakranker erkannt worden war, mußte nach Melaten. Dort waren die Kranken unter strenger

Abb. 1   Siegel von Melaten, 13. Jahrhundert: Der arme Lazarus bittet den Reichen um ein Almosen.

Abb. 2   Die Friedhofskapelle um die Jahrhundertwende

Abb. 3  Schellenknecht, um 1629; ursprünglich an der Mauer des Melatener Hofes, jetzt Köln. Stadtmuseum

Abb. 4  Lageplan der Leprosenanstalt von 1740

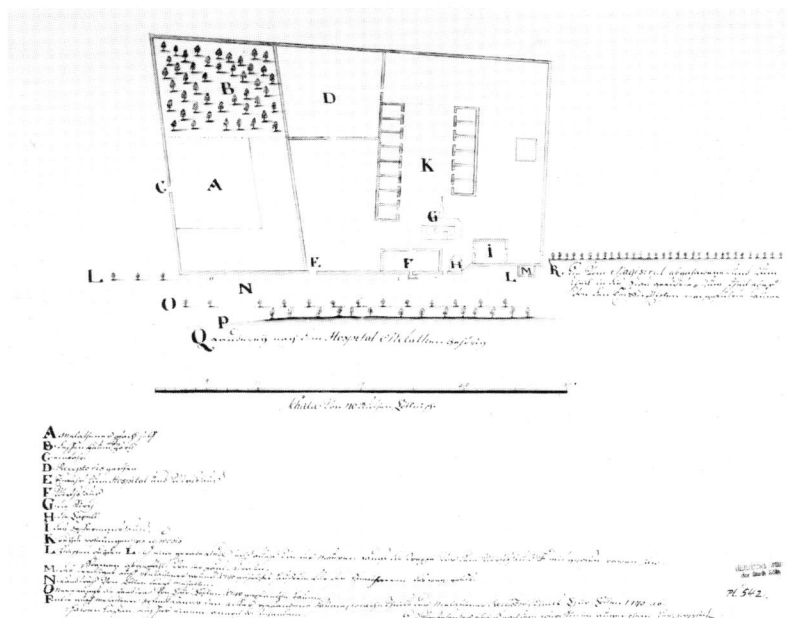

Aufsicht. Sie mußten sich an eine Leprosenordnung halten. Wer dagegen verstieß, konnte ausgewiesen werden, was praktisch ein Todesurteil bedeutete. Zurück in die Stadt durften lediglich Geheilte. Nur mit Genehmigung des Rates war es einzelnen gestattet, innerhalb der Stadt um Almosen zu bitten. Dies durften sie nur in einer besonderen Tracht, damit sie allen als Leprose erkennbar waren. Voran ging ein »Schellenknecht«, der auf die Bettelnden aufmerksam machte. Eine Steinfigur, die in einer vergitterten Nische der Mauer zum Melatener Hof stand, stellt einen Leprakranken dar, der um Almosen bittet. Diese Skulptur befindet sich heute im Zeughaus (Abb. 3). Die ständige Aufsicht über die Siechen hatte der Rentmeister. Für die Kirche waren ein Pastor und ein Offermann (Küster) angestellt. Neben dem Schellenknecht waren noch zwei Waschmägde zur Reinigung der Wäsche angestellt. Die Unterkünfte waren einfach. Den Hausrat mußte sich jeder, dem es möglich war, selbst mitbringen. Neben den Zahlungen der Leprakranken bildeten Ablässe, Stiftungen, Kollekten, Zinseinnahmen von Häusern und Grundstücken regelmäßige Einkommensquellen. Christliche Nächstenliebe und Sorge um das eigene Seelenheil ließen die Kölner tief in die Tasche greifen, wenn zu Sammlungen für Melaten aufgerufen wurde. Vielleicht spielte aber auch das schlechte Gewissen der Bürger mit, denn 1474 zerstörten die Kölner Melaten, um dem Feind Karl dem Kühnen und Erzbischof Ruprecht von Köln keine Deckung vor der Stadtmauer zu geben. 1499 wurde Melaten aus unbekannten Gründen erneut zerstört. Auch der Kampf der Holländer gegen die Spanier hinterließ Spuren ebenso der Dreißigjährige Krieg, bei dem hessische Truppen in den Jahren 1642—1644 den Hof mehrfach zerstörten. Melaten war außerdem betroffen von den Kriegen Ludwigs XIV. gegen Holland sowie von mehreren Brandkatastrophen.

Die Zahl der Kranken schwankte zwischen 16 und 24. Die meisten lebten nicht mehr lange. Anhand von Rechnungen von 1570—1594 und 1604—1639 kann man in 103 Fällen nachweisen, wie lange die Kranken noch nach ihrer Einweisung lebten. Zwei lebten nur wenige Tage, 20 lebten wenige Monate, 13 starben nach einem Jahr, 9 nach zwei Jahren, 4 nach drei Jahren und 14 nach vier Jahren. Ein Kranker verbrachte 37 Jahre in der Leprosenanstalt. Es ist wahrscheinlich, daß neben der Krankheit noch weitere Umstände die kurze Lebenserwartung der Mehrzahl bewirkten.

Vermutlich hatten viele der angeblich Leprosen andere ansteckende Krankheiten, denn der Aussatz war seit dem 14. Jahrhundert stark zurückgegangen.

Angelockt durch die großen Geldmittel sammelte sich gegen Ende des 17. Jahrhunderts auf Melaten allerlei Gesindel, das hier unbehelligt von der Polizei sein Unwesen treiben konnte. 1712 stellte sich bei einem Prozeß in Düsseldorf heraus, daß ein Offermann von Melaten gegen ein Entgelt Gesunden einen Siechenbrief ausgestellt hatte, mit dem sie in anderen Siechenhäusern unterkommen konnten. Der Kölner Rat ließ neun Bewohner des Siechenhauses Melaten durch Ärzte untersuchen. Dabei stellte man fest, daß nur bei einer Frau Anzeichen einer Lepra erkennbar waren.

Im Jahre 1767 wurde die Anstalt geschlossen. Die reichlichen Einkünfte des Hauses wurden, wie es offiziell hieß, zu »wohltätigen Zwecken« verwandt: 1765 beschloß der Rat, ein Zucht- und Arbeitshaus mit Hilfe der Einkünfte des Leprosenhauses zu errichten. 1766 hatte die Stadt zu diesem Zweck ein Haus in der damaligen Wahlengasse erworben. Das geräumige Haus mit großem Garten hatte zeitweise dem päpstlichen Nuntius als Residenz gedient. Das Zucht- und Arbeitshaus bestand bis 1801. Nach einem Streit mit den französischen Behörden zogen Waisenhauszöglinge aus der Maximinenstraße in das Gebäude ein. Die Wahlengasse wurde deshalb in Waisenhausgasse umbenannt.

Jahrhundertelang war Melaten die Kölner Hinrichtungsstätte. Der zum Tode Verurteilte wurde auf einem »Armsünder-Karren«, der vom Leprosenhaus gestellt wurde, von der Hacht am Dom, an Minoriten vorbei, über die Breite Straße, durch das Ehrentor, durch die hohle Gasse zur Hinrichtungsstätte gefahren. Das Leprosenhaus hatte dem Delinquenten einen Trunk Wein zu reichen.

Als Anhänger der protestantischen Lehre wurden am 28. September 1529 Adolph Clarenbach und Peter Fliesteden hier auf dem Scheiterhaufen verbrannt (Abb. 5).

Zwischen 1617 und 1655 wurden 27 angebliche Hexen hingerichtet, darunter zuletzt ein zehnjähriges Mädchen, weil es am hellen Tage den Hexentanz bei Duisburg und in der Sternengasse mitgemacht haben soll.

Wenig Trost mag die Tatsache für die Betroffenen dargestellt haben, daß der Rat im April 1630 den Erzbischof bezüglich der vorangehenden Folter ersuchte, dafür Sorge zu tragen, daß der Henker die »armen Gefangenen in der Tortur nicht mehr so tyrannisch und in unmenschlicher Weise traktiere und dieselben nach Peinigung auf gebührliche Weise verpflege« (Ratsprotokoll).

Am 13. Juli 1797 fand die letzte öffentliche Hinrichtung auf Melaten statt. Der Kirchenräuber Peter Eick starb am Galgen.

Abb. 5 Hinrichtung Adolph Clarenbachs und Peter Fliestedens, 1529

Abb. 6 Köln kurz nach 1810. Der Friedhof liegt weit vor den Toren der Stadt (ganz links im Bild).

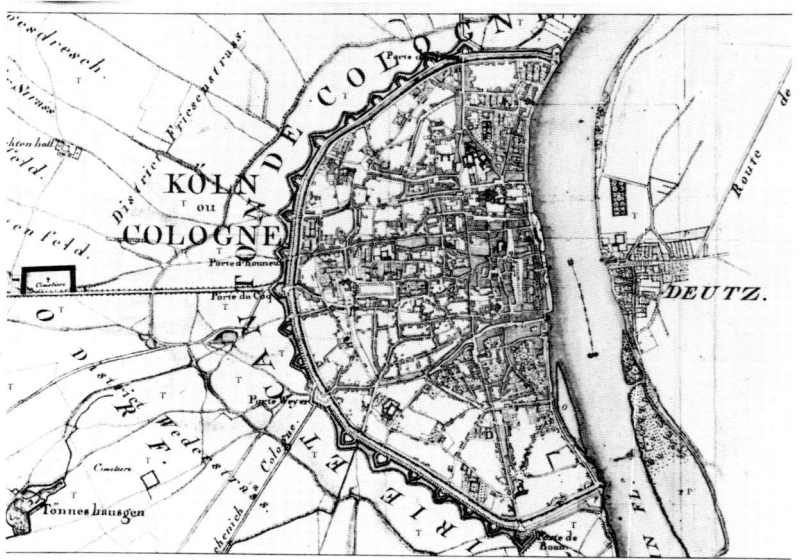

## Das Beerdigungswesen in Köln vor 1810

Vor der Errichtung des zentralen Friedhofs Melaten wurden die Kölner Katholiken in Pfarr- und Klosterkirchen, in Kreuzgängen mehrerer Klöster und Stifte, auf Pfarrfriedhöfen und auf dem sogenannten »Elendenfriedhof« beigesetzt. Bei den Beisetzungen innerhalb des Kirchenraumes handelte es sich zum größten Teil um Erbgrabstätten, es waren aber auch Kellerräume für »Gemeine« üblich. Neben gemauerten Grüften gab es ebenso Erdbegräbnisse unter Grabplatten. Aus den Begräbnisbüchern der Pfarreien kann man schließen, daß alle einigermaßen Begüterten und länger Ansässigen sich in der Kirche begraben ließen. Das machte ungefähr die Hälfte der Zahl der Toten aus.

Dies führte zu einer unhaltbaren Überfüllung der Kirchen mit Grabstätten. In einzelnen Kirchen soll der Verwesungsgeruch so stark gewesen sein, daß Kirchenbesucher Schwindel- und Ohnmachtsanfälle bekamen.

Die Verhältnisse auf den Kirchhöfen waren nicht günstiger. Um 1800 umfaßten die Kölner Friedhöfe 14 000 m² bei einer Zahl von rund

Abb. 7   Köln. Luftaufnahme 1975. Melaten im dicht besiedelten Raum

40 000 Einwohnern. Auf die bevölkerungsreichsten Pfarreien fielen nur 8000 m². Die Raumnot war so groß, daß die Grabstellen oft nach fünf Jahren neu belegt werden mußten. Die unverwesten Gebeine wurden in Beinhäusern aufbewahrt.
Köln hatte auch eine große jüdische Gemeinde. In frühesten Zeiten fanden deren Mitglieder ihre letzte Ruhestätte im jetzigen Gereonsviertel. Später begruben die Juden ihre Toten auf einem Friedhof südwestlich der Stadt vor dem Severinstor bis zu ihrer Vertreibung im Jahre 1424. Den Anhängern der Reformation war die letzte Ruhe auf katholischen Friedhöfen verwehrt. Sie mußten ihre Toten vor der Stadt auf freiem Feld begraben. Vermögende und einflußreiche Protestanten konnten mit Erlaubnis des Rates auf dem »Elendenfriedhof« begraben werden. Auf Wunsch des päpstlichen Nuntius, Bischof Franz von Vercely, verbot der Rat diese Regelung. 1592 untersagte der Rat den Protestanten, ihre Toten in aller Stille im eigenen Garten oder Keller zu begraben. Erst um 1576 wurde aufgrund einer Schenkung der sogenannte Geusenfriedhof vor dem Weyertor für die Protestanten eingerichtet. Auf diesem wurde bis 1829 bestattet, in Einzelfällen bis 1875.
Selbst als Tote durften die Aussätzigen nicht in die Stadt zurückkehren. Sie wurden in Melaten begraben. Die Leichen der zum Tode Verurteilten wurden ebenfalls dort verscharrt. Auch Wohltäter des Siechenhauses konnten sich auf Melaten beerdigen lassen.

## Melaten als zentrale Begräbnisstätte Kölns im 19. Jahrhundert

Den Anstoß zur Errichtung des Melatenfriedhofs gab Napoleons Dekret über die Begräbnisse vom 12. Juni 1804. Dieses Dekret schrieb die Beerdigung der Toten außerhalb der Gemeinden vor. Bis zur Durchsetzung des Dekrets in Köln vergingen jedoch mehrere Jahre. Lediglich die Bestattungen innerhalb der Kölner Kirchen wurden schon am 8. Dezember 1804 vom Bürgermeister der Stadt untersagt. Hingegen wurde die Beisetzung der Kölner Erzbischöfe im Domchor 1834 von Friedrich Wilhelm III. wieder gestattet.
Bis zur Verwirklichung des napoleonischen Dekrets leisteten die Behörden Vorarbeit. Neben der rechtlichen Absicherung des neuen Beerdigungswesens, den schwierigen Verhandlungen mit den Religionsgemeinschaften, der Aufstellung von Tarifen des Leichenfuhrwesens war die Wahl des Standortes sehr schwierig. Schließlich einigte man sich auf Melaten als Bestattungsort für die Katholiken, während

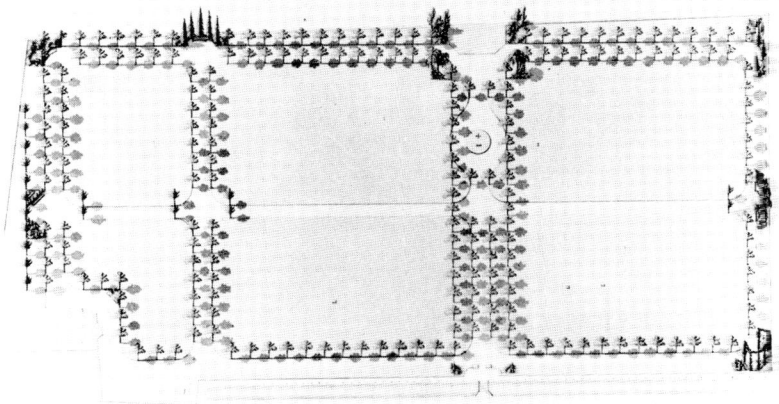

Abb. 8   Bepflanzungsplan für Melaten von M. F. v. Weyhe, 1826

Abb. 9   Ansicht des Hauptweges mit altem Friedhofskreuz. Aquarell von J. P. Weyer, 1838

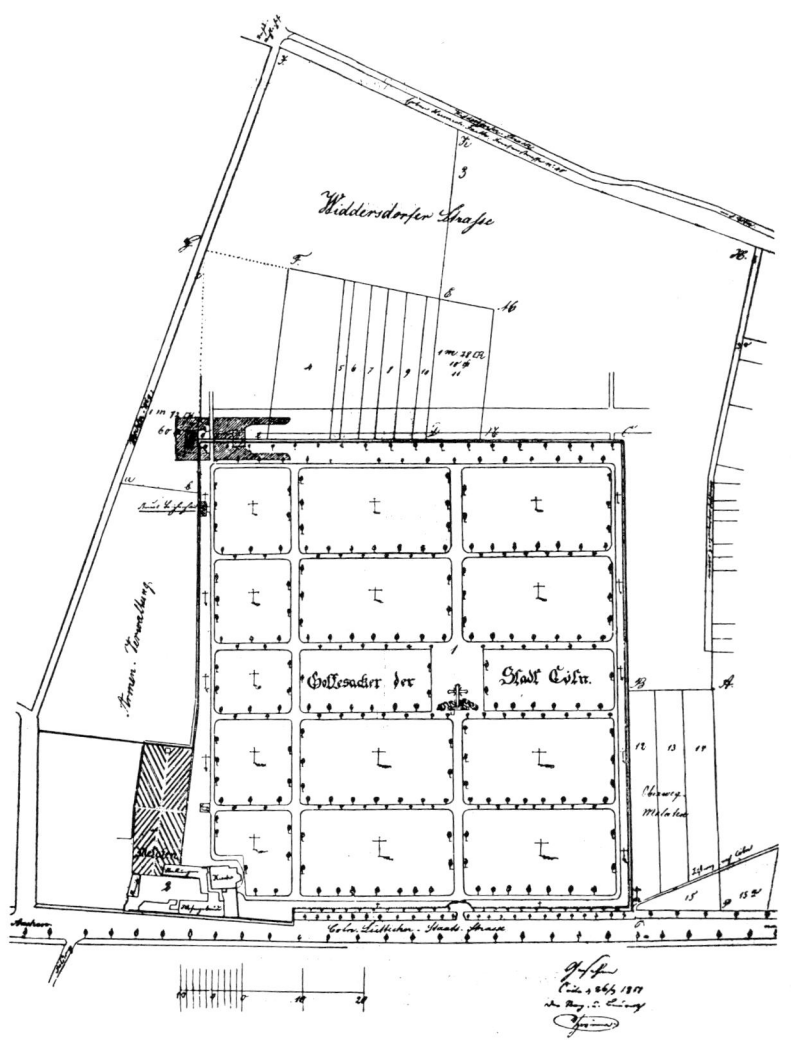

Abb. 10   Friedhofsplan 1851

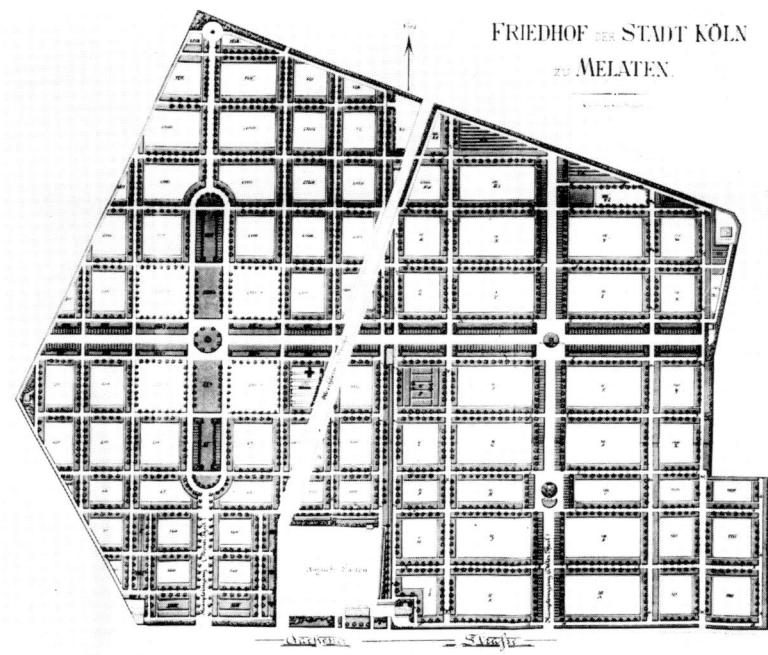

Abb. 11  Friedhofsplan 1891

die Protestanten weiterhin auf dem Friedhof vor dem Weyertor beerdigt werden sollten. Die Notwendigkeit einer Reform war wohl allen einsichtig. Die Schließung der innerstädtischen Friedhöfe und das Verbot der Beerdigung in den Kirchen bedeutete aber auch, daß viele ihre Grabstätten ohne Entschädigung verloren. Widerstand erregte auch der Umstand, daß der neue Friedhofsplatz nicht dem bisherigen Beerdigungswesen entsprach, das sich an den Pfarreien orientierte. Viele Bürger fanden es pietätlos, daß die Besucher Kölns zuerst den Friedhof passieren mußten, bevor sie durch das Hahnentor die Stadt erreichten. Diesen Kritikern warf man vor, daß sie die überfüllten Kirchen und Kirchhöfe mit all ihren ungünstigen Begleiterscheinungen nicht als pietätlos angesehen hätten. Auch habe es sie vorher nicht gestört, daß Melaten Leprosenanstalt und Hinrichtungsstätte gewesen

Abb. 12 Die »Millionenallee« im ersten Drittel unseres Jahrhunderts. Blick von der alten Leichenhalle auf das Kriegerdenkmal von 1866

sei. Sie seien sogar auf dem beliebten Spaziergang von Köln nach Weiden oft im Wirtshaus von Melaten eingekehrt, obwohl einigen die Hinrichtung Peter Eicks noch in lebendiger Erinnerung gewesen sein mußte.

Für die Wahl Melatens als Ort zur Errichtung des zentralen städtischen Friedhofs sprachen verschiedene Umstände: Die hier zur Verfügung stehende Fläche war ausreichend für eine Stadt von 45 000 Einwohnern; sie konnte außerdem bei Bedarf vergrößert werden. Auch die Bodenverhältnisse waren günstig. Gegen diese Argumente konnten sich die Gegner nicht durchsetzen.

Am 29. Juni 1810 wurde der neue Friedhof feierlich eröffnet. Im Anschluß an einen glanzvollen Festzug von der Pfarrkirche St. Aposteln nach Melaten, für den das Festprogramm die Reihenfolge der Behörden, Beamten und anderen Teilnehmer im einzelnen festlegte, erfolgte die Einsegnung des Friedhofs durch den Dompfarrer. Die genauen Anweisungen für die Durchführung der Friedhofseinweihung

Abb. 13 Typische Verteilung von Reihengräbern innerhalb eines Flures im ersten Drittel unseres Jahrhunderts

lassen erkennen, welch große Bedeutung die Franzosen der Eröffnung des Friedhofs beimaßen.
Nach der Übernahme des Rheinlandes durch die Preußen blieb die alte Beerdigungsregel gültig. Eine neue Begräbnisordnung trat erst 1829 in Kraft. Melaten war von nun an Beerdigungsstätte für alle christlichen Konfessionen. Auch durfte eine Beerdigung nur stattfinden, wenn ein Arzt den Tod bestätigt hatte. War dies nicht der Fall, konnte der Tote erst 72 Stunden nach der Aufbahrung begraben werden. Die Belegfrist wurde großzügig von 5 auf 15 Jahre verlängert, obwohl 10 Jahre genügt hätten, wie einige im Jahre 1827 vorgenommene Ausgrabungen verschiedener 1820, 1821 und 1823 bestatteter Personen ergeben hatten. Die Verlängerung der Belegfrist erfolgte nicht nur aus Gründen der Pietät, sondern auch deshalb, weil man über genügend Platz verfügte. Dies sollte sich rasch ändern. Schon bald geriet man in Raumnot, weshalb man durch hohe Preise die Nachfrage nach größeren Grabstellen zu verringern versuchte: Familiengräber zu 6 Stellen für 30 Rthl

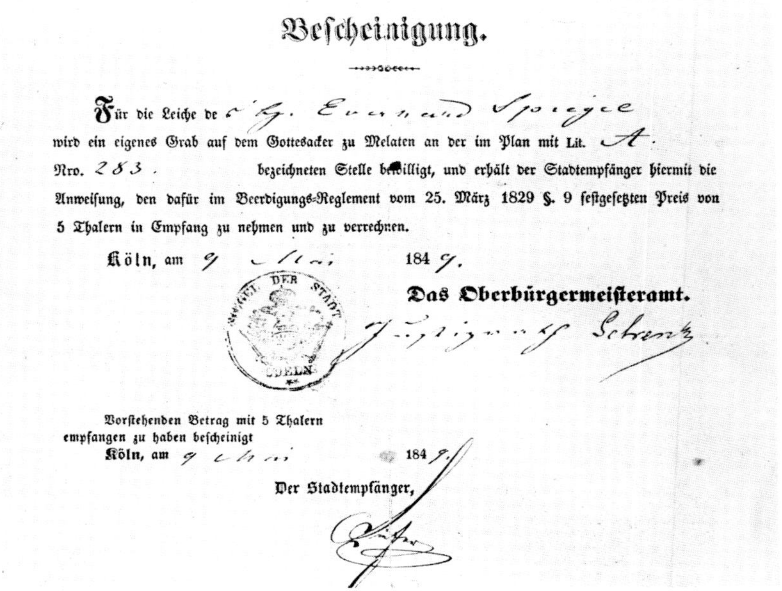

Abb. 14 Bescheinigung über den Kauf der Grabstätte des ersten Friedhofsverwalters E. Spiegel (jetzt Grabstätte Kemper); Privatbesitz

wurden nur dann verkauft, wenn zugleich mindestens 100 Thaler an Arme oder Hospitäler gespendet wurden. Auf die Dauer ließ sich der entstehende Platzmangel jedoch so nicht beheben. Mehrfach mußte Melaten vergrößert werden (Abb. 10, 11).
Der Friedhof hat den Ortsteil Melaten geprägt. So gab es 1915 in seiner näheren Umgebung 9 Gärtnereien, 11 Steinmetzbetriebe und — 12 Wirtshäuser. Melaten sorgte also nicht nur für die Toten, sondern auch für die Hinterbliebenen. Daß es bei der großen Zahl von Wirtshäusern zu einem harten Konkurrenzkampf kam, ist nicht verwunderlich. Der Wirt B. pflegte sich im schwarzen Anzug und Zylinder unter die Trauergäste zu mischen. Am Schluß der Beerdigung fragte er die Umstehenden provozierend: »Wo jonn mer hin?« Bevor jemand einen Vorschlag machen konnte, schlug er das Wirtshaus von B. vor. Die Gäste staunten nicht schlecht, wenn sie darauf eingingen und dann im Lokal den vermeintlichen Trauergast in Hemdsärmeln hinter der Theke stehen sahen.

Bevor man die Kölner voreilig der Pietätlosigkeit bezichtigt, sollte jedoch zur Kenntnis genommen werden, daß sie sich im Vergleich zum 17. Jahrhundert schon gebessert hatten: In jener Zeit scheinen die Totenwachen häufig in Orgien ausgeartet zu sein, so daß die Zahl der Totenwächter auf zwei Männer oder zwei Frauen reduziert wurde.

## Weitere Kölner Friedhofsanlagen nach 1810

Trotz der beträchtlichen Erweiterungen des Friedhofs Melaten konnte der Bedarf an Grabstellen auf längere Sicht nicht mehr gedeckt werden. Zu Beginn des 19. Jahrhunderts hatte Köln rund 40 000 Einwohner, bis 1900 hatte sich die Einwohnerzahl fast verzehnfacht. Durch die Eingemeindungen waren zwar auch die Friedhöfe der ehemals selbständigen Gemeinden übernommen worden. Trotzdem mußte zur Entlastung Melatens schon vor der Jahrhundertwende der Nordfriedhof angelegt werden. Er wurde 1896 eröffnet. Der Ausbau der Südstadt machte wenige Jahre später die Anlage des Südfriedhofs notwendig. Zur weiteren Entlastung wurde 1917 der Westfriedhof eröffnet.

An den Melatenfriedhof grenzen der jüdische und der Ehrenfelder Friedhof unmittelbar an.
Der Judenfriedhof, der nach langwierigen Verhandlungen um 1903 eröffnet wurde, gehört zu den wenigen nichtstädtischen Friedhöfen Kölns. Sein Eingang befindet sich auf dem Melatengürtel. Der Friedhof ist der Öffentlichkeit allerdings nicht zugänglich.
Schon an der Trennungsmauer und am selbständigen Wegesystem kann man erkennen, daß der Melatenfriedhof und der Ehrenfelder Friedhof nicht als Einheit geplant worden sind (siehe Faltplan). Ehrenfeld ist eine junge Gemeinde, die 1867 selbständig wurde. Die Ehrenfelder Gemeinde bat am 6.2.1867 den Kölner Stadtrat, gegen Gebühr ihre Toten auf Melaten begraben zu können. Der Rat lehnte dies mit der Begründung ab, daß jede Gemeinde selbst für das Beerdigungswesen aufkommen müsse. Die Ehrenfelder mußten also ihren eigenen Friedhof anlegen. Höchstwahrscheinlich als »Revanche« erhoben sie 1874 Einspruch gegen eine Erweiterung des Friedhofs Melaten. Sie versuchten vergeblich nachzuweisen, daß die geplante Erweiterung gegen die noch aus Napoleons Zeiten geltende Regelung verstieß, daß Friedhöfe 40—50 m von den Gemeinden entfernt sein müssen.

Abb. 15 Station eines um 1890 entfernten, von Köln nach Melaten führenden Kreuzweges aus Gußeisen

Ein regelmäßiges Wegeraster teilt den relativ kleinen Friedhof in 20 Flure ein. Durch die geringe Ausdehnung des Friedhofs wirkt die regelmäßige Anlage trotzdem nicht eintönig. Eine wohltuende Abwechslung wird durch eine unterschiedliche Gestaltung der einzelnen Flure erzielt.
Im Vergleich der Friedhofsanlagen und Grabmäler von Melaten und Ehrenfeld werden die Unterschiede zwischen einer traditionsreichen Großstadt und einer sich neu bildenden Gemeinde deutlich: Auf dem Ehrenfelder Friedhof fehlen notgedrungen die Grabsteine aus dem frühen 19. Jahrhundert. Heute findet man hier nicht einmal mehr Zeugnisse für die Grabmalskunst aus der Ehrenfelder Gründerzeit. Eine Ausnahme bildet das nur in Resten erhaltene und heute ziemlich verwahrloste Friedhofskreuz, das die Familie Wahlen 1868 gestiftet hatte. In den Friedhofsakten sind aber noch Entwürfe von Grabmälern aus der Frühzeit der Ehrenfelder Geschichte enthalten. Vergleicht man diese Entwurfszeichnungen mit denen für den Melatenfriedhof, so zeigen sich starke qualitative Unterschiede. Die Grabmäler des Ehrenfelder Friedhofs aus jener Zeit waren wohl zum großen Teil industrielle Massenprodukte (Abb. 24 und 25). Große, aufwendige Grabanlagen sind nicht überliefert, denn einflußreiche Bürger Ehrenfelds ließen sich

damals auf Melaten begraben. Aus den Friedhofsakten kann man schließen, daß erst gegen Ende des 19. Jahrhunderts Grabanlagen entstehen, die sich bisweilen in Größe und Aufwand mit den Gräbern Melatens vergleichen lassen. Ein Bildhauer wie Fassbinder, der hauptsächlich auf Melaten gearbeitet hat, ist um die Jahrhundertwende auch auf dem Ehrenfelder Friedhof tätig. Aus dieser Zeit sind noch etliche Grabmäler gut erhalten. Meist handelt es sich allerdings um die damals weitverbreiteten galvanoplastischen Massenprodukte. Sie sind in vielerlei, meist kleineren Ausführungen als auf Melaten zu finden. Daneben stehen steinerne Hochkreuze sowie einige wenige Steinplastiken und Architekturgräber.

## Unterschiedliche Bestrebungen in der Geschichte des Kölner Beerdigungswesens

Im Verlauf der Geschichte des Beerdigungswesens in Köln lassen sich unterschiedliche, sich widersprechende Tendenzen erkennen, die sich in einer gewissen Reihenfolge wiederholen, wenn auch aus unterschiedlichen Gründen. Am Anfang des 19. Jahrhunderts wurde auf vielen Begräbnisstätten beigesetzt, unterschieden nach Konfessionen, nach Herkunft und nach Lebenswandel. Ab 1810 erfolgte aufgrund des napoleonischen Dekrets eine schrittweise Zentralisierung: Zunächst gab es für die Katholiken einen Zentralfriedhof, der dann 1829 auf alle christlichen Konfessionen erweitert wurde. Später verzichtete man auch auf das Bekenntnis zum Christentum. Die Stadt, die das Beerdigungswesen übernommen hatte, fühlte sich allen Bürgern verpflichtet. Um die Jahrhundertwende kam es wieder zu einer Dezentralisierung, nicht nur durch die Übernahme der Friedhöfe der eingemeindeten Orte. Man glaubte, nur auf diese Weise flächendeckend und bürgernah die kommunale Aufgabe lösen zu können.
Heute sind Bestrebungen im Gange, die Zahl der Friedhöfe (1977: 55) aus ökonomischen Gründen drastisch zu senken. Die Verwaltung beabsichtigt damit, Beerdigungen kostendeckend zu erschwinglichen Preisen durchführen zu können. Bei einer zufriedenstellenden Lösung dieser Aufgabe müssen allerdings auch die engen Beziehungen der Bevölkerung zu ihren traditionellen Friedhöfen berücksichtigt werden.

## Die Bedeutung des Friedhofs Melaten für Köln

Die Errichtung des Zentralfriedhofs Melaten war ein bedeutender Schritt für die Entwicklung Kölns zu einer modernen Großstadt. Zu Beginn des 19. Jahrhunderts hatte sich die Stadt Köln noch nicht über den mittelalterlichen Stadtmauerring ausgedehnt. Rund 40 000 Einwohner, deren Lebensbedingungen und Lebensweisen noch stark reichsstädtisch beeinflußt waren, dachten noch nicht an eine Ausdehnung der Stadt. Die Verlegung des Friedhofs zwei Kilometer vor die Stadt bildete den Anfang einer Entwicklung, die wichtige Lebensbereiche außerhalb der Stadtmauern ansiedelte (Abb. 6). Dies geschah zwar gezwungenermaßen. Aber auch ohne Napoleons Dekret hätte in den folgenden Jahren eine ähnliche Lösung gefunden werden müssen, um die Bevölkerungsexplosion zu meistern. Die Übernahme des Beerdigungswesens durch eine städtische Behörde bedeutete auch eine Säkularisierung. Die Pfarreien, die bisher das Beerdigungswesen innehatten, verloren ein wichtiges Aufgabengebiet. Daß diese Säkularisation nicht ohne Widerstand vonstatten ging, versteht sich von selbst.

## Beerdigungszeremonien

Peter Höveler, der Rektor von Melaten, zeichnet ein lebendiges Bild davon, wie im »ahle Kölle« die Toten begraben wurden.
Der Tote wurde nach dem Waschen und Einkleiden in der Wohnung als »stummer und ernster Prediger« aufgebahrt. Trotz der katastrophalen Wohnverhältnisse wurde dieser Brauch noch lange nach der Einrichtung des Leichenhauses beibehalten. Von der Pfarrkirche zogen Priester, Küster, Kreuzträger und Sänger unter Glockengeläut zum Sterbehaus. Nach den Zeremonien zog die Prozession vom Sterbehaus durch das Hahnentor zum Friedhof. Wenn nicht die Pfarrgeistlichkeit die Beerdigung durchführte, erwartete der Friedhofsgeistliche den Trauerzug vor dem Friedhof und vollzog die Beerdigungszeremonien. Für solche Trauerzüge gab es einen regelrechten Pendelverkehr:

»1. Beerdigungen aus Cöln (innerhalb der Umwallung). (Abfahrt der Leichenfahrten vom Sterbehause.)
a) Katholiken
Vormittags: $9\frac{1}{2}$ und 11 Uhr,
Nachmittags: $1\frac{1}{2}$, 3, $4\frac{1}{2}$ und 6 Uhr.

Die Leichenfahrten um 4½ und 6 Uhr fallen aus: in der Zeit vom 15. November bis 1. Februar.
Die Leichenfahrt um 6 Uhr fällt aus: in der Zeit vom 1. Oktober bis 15. November und vom 1. Februar bis 15. März. Auf jede der genannten Stunden können gleichzeitig zwei Leichenfahrten angesetzt werden.
Sind alle Tagesfahrten doppelt besetzt, so kann je nach Bedarf für eine oder mehrere der genannten Stunden eine dritte Fahrt angesetzt werden, ohne daß der Leichenfuhrunternehmer Anspruch auf besondere Vergütung hat.
Wird jedoch eine dritte Fahrt derselben Stunde gewünscht, ohne daß die übrigen Stunden doppelt besetzt sind, so hat der Leichenfuhrunternehmer für diese Fahrt Anspruch auf eine Zusatzvergütung von 7,— Mark.
b) Evangelische
Die Beerdigungsstunde kann im Einverständnisse mit dem zuständigen Pfarrer beliebig gewählt werden.
c) Israeliten.
Wie vor.«
Die Prozessionen von Köln nach Melaten endeten häufig für einen Teil der Trauernden noch vor dem Hahnentor. Sie zogen sich in das Hahnenbräuhaus zurück, »för ze suffe«. Bedenken hatte man im allgemeinen nicht, da der Volksmund doch sagt: »Fresse brengk mieh Lück noh Malote als Drinke.« Man war aber nicht abgeneigt, der Leichenzug weiter zu begleiten, wenn eine Musikkapelle mitzog, die neben »Ich hatt' einen Kameraden« nach der Beerdigung in einem der zahlreichen Melatener Wirtshäuser noch etwas beschwingtere Weisen spielen konnte. Peter Höveler hat diese Zustände gebrandmarkt: »Zylinder und schwarze Handschuhe sind fast das Einzige, was den Leichenzug noch charakterisiert. Die Frauen, die sonst in einer Prozession die größere Zahl bilden und die mit ihrem weicheren und zarteren Gemüte auch sicher beim Leichenbegängnisse durch gesammeltes Betragen würden dem Mitleid Ausdruck zu geben verstehen, hat in den größeren Städten die Sitte jetzt von den Leichenbegängnissen ausgeschlossen. — Dafür gehen aber die Herren der Schöpfung, nachdem sie eben am Hause ihr tiefstes Beileid den Verwandten durch einen kräftigen Händedruck ausgesprochen, vielfach plaudernd und lachend im Zuge einher, reden über Politik und städtische Verhältnisse und an den Verstorbenen denken sie eben noch einmal, wenn der Leichenbitter ihnen den Totenzettel überreicht. Ist das Stadtthor erreicht, dann löst sich

Abb. 16  Wärterhaus im ursprünglichen Zustand

Abb. 17  Totenzettel des Bildhauers W. J. Imhoff, 1858; Privatbesitz

auch der Zug auf, die meisten gehen nach Hause, und wenn der Verstorbene nicht Mitglied irgendeines Vereins ist oder die begleitende Hornmusik viele müßige Leute anlockt und mitnimmt, stehen selbst bei sonst hochangesehenen Familien nur die nächsten Verwandten an der Gruft.«

Der Brauch aus reichsstädtischer Zeit, den Tod den Verwandten, Bekannten, Nachbarn und Freunden durch Leichenbitter bekanntzugeben, hat sich bis in unser Jahrhundert erhalten. 1833 wurde für das Leichenbitterwesen eine Verordnung erlassen (Abb. 17). U. a. setzte man folgende Gebühren fest:

»a) für Ansagen des Todesfalles oder Herumtragen der Totenzettel in der Nachbarschaft, bei Verwandten und Freunden
durch: 1 Leichenbitter = 2 Thaler 15 Sgr.,
2 Leichenbitter = 5 Thaler — Sgr.;

b) für das Ansagen oder Herumtragen der Totenzettel bei allen angesehenen Einwohnern der Stadt,
durch: 1 Leichenbitter = 5 Thaler,
2 Leichenbitter = 8 Thaler.«

Den Leichenbittern war es bei Strafe verboten, zusätzliche Trinkgelder anzunehmen.

Die Amtstracht der Leichenbitter bestand aus einem schwarzen Anzug, einem schwarzen Hut mit langem Flor, weißen Handschuhen und einem besonderen Stab. Als 1837 der Küster von St. Maria Himmelfahrt bei Beerdigungen einen ähnlichen Stab mitführte, beschwerten sich die Leichenbitter erfolgreich dagegen.

Ein Ministerialerlaß von 1839 schrieb bei Beerdigungen auf Staatskosten äußerste Sparsamkeit vor. So blieb der Regierung die Bestimmung überlassen, ob die Leiche im Sarge beerdigt werden solle. Zum Glück konnte dieser Erlaß großzügig ausgelegt werden. Auf Melaten gab es einen Vorrat an Särgen unterschiedlicher Größe, worin die Fundleichen beerdigt werden konnten.

Melaten in der volkstümlichen Überlieferung

Um den Friedhof Melaten gibt es eine Reihe von »Verzällcher« und »Histörcher«, deren Bedeutung und Reiz weniger darin besteht, daß sie wirklich passiert sind, sondern daß sie durchaus passiert sein könnten. Es darf daher niemanden wundern, daß einige in mehreren Variationen vorliegen. Ein bekanntes Beispiel sind die Geschichten um die Grabstätte Broichschütz/Badorff (Abb. 107). Der Kölner Local-

Anzeiger vom 23. Juli 1893 berichtet:
»Ein findiger Schlossermeister sollte seinen Verwandten für möglichst wenig Geld ein Grabdenkmal beschaffen. Er ging auf sein Lager, wo er einen alten, ihm längst im Wege stehenden Säulenofen gewahrte, den er mit kühnem Entschluß zu der großen Bedeutung, seinen Verwandten als Familiendenkmal zu dienen, auserkor. Zuerst nahm er ihm seine schmucke Kopfbedeckung ab und ersetzte dieselbe durch ein gußeisernes Kreuz. Dann wurde die Thüre herausgenommen und eine glatte, runde Eisenplatte an deren Stelle eingesetzt, die zur Aufnahme der Inschrift bestimmt wurde, und schon war der ehemalige wärmeverbreitende Stubengenosse vergangener Geschlechter kaum mehr als solcher zu erkennen. Doch sieh', sein profaner Fuß kann noch Verräther spielen! Und so wurde auch er entfernt und durch einen Steinsockel ersetzt. Nun noch das Ganze in Steinfarbe gestrichen und mit ein paar Laternchen und der Aufschrift versehen — und das Familien-Denkmal war fertig. So steht es nun schon lange Jahre auf dem Kölner Friedhofe, und mancher Vorübergehende wird nicht ahnen, daß sich in diesem Grabmal der alte rußige Geselle verbirgt. Eingeweihte, wenn sie mit ihren Bekannten die Stätte des Friedens besuchen, aber zeigen zuweilen diesen das Curiosum, was stets ungläubiges Kopfschütteln hervorruft, doch der Zweifel schwindet, wenn sie den Beschauer an die rückwärtige Seite des Denkmals führen, wo deutlich noch das alte Ofenrohr-Loch zu erkennen ist. Noch ein Klopfen an die Säule mit dem Stock oder Schirm — und lächelnd schreitet die Gesellschaft weiter, dem Meister, der sich so vorzüglich zu helfen gewußt, ein Wort der Anerkennung spendend.«
In einem Leserbrief des Kölner Stadt-Anzeigers vom 22./23.11.1978 steht eine andere Version. Ein verfrorener Wirt habe sich im Winter immer in der Nähe des Ofens aufgehalten. Zu seinen Gästen äußerte er: »Wenn ich ens dud ben, stellt ehr mer dä Ovven op et Grav, domet ich kein kahl Föß krigge.« Die Gäste hätten ihm diesen Wunsch nach seinem Tod erfüllt.
Laut einer ähnlichen Version des Stadt-Anzeigers vom 14.7.1931 hat man den Ofen einer Wirtin von Unter Taschenmacher als Denkmal aufs Grab gesetzt, weil sie sich nie von ihm trennen wollte.
Nahe der alten Leichenhalle an Lit. J befinden sich die Reste des Grabs von Fräulein S. Braun. Die Hintergründe des seltsamen Grabsteins schildert der gleiche Artikel:
»Eine besondere Geschichte hat auch das Grab eines Fräulein Braun, das sich von den Ringen eines Kettenhäuschens (hier wurden

Abb. 18  Leichenwagen, 1. Hälfte 19. Jahrhundert

Ketten aufbewahrt, mit denen bei Bränden und anderen Gelegenheiten Straßen abgesperrt wurden [siehe Nachbildung eines solchen Kettenhäuschens Abb. 156]), das einst auf ihrem Grundstück gestanden hatte, ebensowenig zu trennen vermochte wie die wackere Wirtsfrau von Unter Taschenmacher. Das Kettenhäuschen befand sich auf dem Gelände an der Hohen Straße, worauf heute die Niederlage der Hildebrandschen Schokoladenfabrik steht. In den sechziger Jahren kaufte das Fräulein Braun das Kettenhäuschen, das eine Tür und zwei Fenster mit je acht Scheiben besaß. Die Fenster ersetzte Fräulein Braun durch zwei große Schaufenster und richtete sich dahinter ein Galanteriewarengeschäft mit Photographiealben und dergleichen ein. Die beiden Ringe, an denen die Ketten befestigt waren, blieben an der Außenfront des ehemaligen Kettenhäuschens. Als später das neben dem Laden von Fräulein Braun befindliche Café abgerissen wurde, beseitigte die Stadt auch die Kettenringe und wollte sie dem Museum überweisen. Dagegen setzte sich Fräulein Braun in einem Prozeß erfolgreich zur Wehr. Das Gericht sprach ihr die Ringe zu, und testamentarisch legte sie

fest, daß die beiden so heiß erstrittenen Stücke ihren Grabstein zu zieren hätten. Ihr Bruder, Georg Braun, der den jetzt noch stehenden Neubau ausführte, erfüllte den Willen der Verstorbenen.«
Es wird auch von einem Witwer berichtet, der sich zu früh auf den Witwenstand eingestellt hatte. Der Leichenwagen brach nach einem Schlagloch auf dem Wege zum Friedhof. Der Sarg fiel auf die Straße. Der Deckel sprang auf — und die Frau stieg, zum Leben erwacht, aus dem Sarg. Als der Ehemann nach längerer Zeit seine Frau zum zweiten Mal verlor, wies er den Kutscher vorsichtshalber ausdrücklich auf die Schlaglöcher auf dem Wege nach Melaten hin...


Melaten macht Schlagzeilen
_____

Einige Geschichten über Melaten sind aber tatsächlich nachweisbar und sogar aktenkundig.
Die Zeitungsausschnittsammlung von Dr. J. Bayer im Stadtarchiv enthält einen Bericht über die rätselhafte Totenfeier und das seltsame Begräbnis einer afrikanischen Amazone, die in Castan's Panoptikum auf der Hohe Straße Schaustellungen gegeben hatte. Das 16jährige Mädchen namens Jambga starb Ende Oktober 1898 im Kölner Bürgerhospital, nachdem es kurz zuvor wegen Lungenentzündung dort eingeliefert worden war. Den übrigen Amazonen der Schaustellertruppe wurde die Bitte gewährt, die Totenfeier unter Ausschluß der Öffentlichkeit zu begehen.
»Kein Weißer hat die seltsamen Zeremonien gesehen, gehört hat man aber viel. Unter wilden Trommelschlägen tanzten und marschierten die Kriegsweiber durch die Säle, wobei sie durch ohrenzerreißendes Schreien und Heulen in immer stärkere Ekstasen gerieten. Vorher hatte man sämtliche Fetische und Götzen in die Räume gebracht. Der Kriegstanz dauerte von 8 bis 10 Uhr. Danach sah man die Amazonen vollständig erschöpft auf ihren Betten liegen. Am Tage nach Allerseelen wurde die Tote beerdigt. Die Oberkriegerin Yumma begab sich mit zwei Verwandten der Verstorbenen in vollem Kriegsschmuck zu der Leiche, die in der Totenkapelle des Bürgerhospitals würdig aufgebahrt war. Yumma erbat sich ein Tuch und verlangte wieder, daß die Weißen von den Zeremonien ausgeschlossen würden. Als nach einer halben Stunde die rätselhaften Handlungen noch nicht zu Ende waren, mußte man die Kriegsge-

sellschaft zum Aufbruch mahnen. Die Tote lag mit offenen Augen, den Blick nach oben gerichtet, so wie der Amazonenbrauch es verlangt, da sonst die Tote unerlöst bleibt. Der Sarg wurde nun nach Melaten geschafft, die Amazonen folgten im Wagen. Eine ungeheure Menschenmenge hatte die Neugier zum Friedhof getrieben, so daß der Kutscher des Leichenwagens seine ganze Lunge aufbieten mußte, um durchzukommen. Hinter dem Sarge schritten die von Schmerz erschütteren Amazonen, deren farbige Kriegstracht seltsam und andersweitig von dem grauen Herbsthintergrund abstach.
Am Grabe hielt Yumma die Totenrede, die ein Dolmetscher übersetzte:
›Jambga, teure Kriegerin unseres mächtigsten Königs von Dahomey, teure Schwester, du bist von Hause ausgezogen gegen die Sonne, um dir und deiner Familie Geld zu verdienen und heimzukehren zu den Deinigen. Fetisch, dein Gott, den du verehrt hast, hat es anders gewollt und dich hier sterben lassen in fremder Erde, aber deinen Geist hat er mitgenommen nach Afrika, er ist jetzt wieder bei deinem Gotte. Schlafe wohl, auf Wiedersehn, teure Schwester.‹ Dumpf fielen kleine Ballen Erde auf den Sarg. Schluchzend und gebeugt verließen die Amazonen den Friedhof, wobei ein schier endloser Wall ›weißer‹ Menschen scheu und verständnislos zurückwich.«
Für Aufregung um Melaten sorgte auch die Polizei-Verordnung von 1891. Im § 4 wurde festgelegt, daß die Instandsetzung, Unterhaltung und Pflege von Gräbern nur von Personen durchgeführt werden dürfen, die einen Erlaubnisschein besäßen. Die Handwerker sprachen von »Vergewaltigung der bürgerlichen Freiheit«. Sogar ein Agitations-Komitee wurde gegründet. Alle rechtlichen Schritte, die man unternahm, waren erfolglos. Selbst ein Gesuch direkt an den König brachte nicht die gewünschte Änderung. Danach glätteten sich die Wogen der Empörung. Die Zahl der Erlaubnisscheine stieg, ohne daß es zu weiteren Schwierigkeiten gekommen wäre.
Weit schwerwiegender waren die Auswirkungen des § 6 der Polizei-Verordnung. Er lautet: »Ebenso bleibt auf den Friedhöfen das Halten von Reden durch Nichtgeistliche verboten.« Der Verfasser einer Doktorarbeit von 1905 nimmt zu diesem Problem wie folgt Stellung: »Die Frage wird ja selten praktisch, jedoch ist es in Köln besonders bei Beerdigungen von bekannten Sozialdemokraten vorgekommen, daß ein Genosse am Grabe den Versuch machte, einige Worte zu reden, was durch den Friedhofsverwalter verhindert wurde. Daß

**Freitag, 8. Dezember 1922.**

**Die Sargkosten**

sind so unerschwinglich hoch geworden, daß die ärmere Bevölkerung die Begräbniskosten nicht mehr aufbringen kann. Zwar hat die Stadtverwaltung schon auf die Herstellung von zweierlei Einheitssärgen hingewirkt, aber immerhin kosten auch diese „billigen" Särge noch 45 000 Mark und 68 000 Mark. Diese Preisentwicklung gab dem Stadtverordneten Höllen (Soz.) Anlaß, in der gestrigen Stadtverordnetensitzung zu fordern, die Herstellung von Särgen in eigenen Betrieben der Stadt bewerkstelligen zu lassen.

Darauf erwiderte Beigeordneter Bergmann, daß im städtischen Wohlfahrtsamt Verhandlungen schweben darüber, ob nicht eine Verbilligung in der Sarglieferung eintreten kann. Er wies darauf hin, daß entsprechende Versuche in anderen Städten nicht allgemeine Befriedigung hervorgerufen hätten, deshalb müsse geprüft werden, ob nicht ein anderer Weg möglich sei.

Nach den weiteren Erklärungen des Beigeordneten stellt sich die Beerdigungsgebühr heute auf 3900 Mark gegen 24 Mark in Friedenszeiten; es sei dies also eine Verteuerung, die mit der Geldentwertung nicht gleichen Schritt gehalten habe. Notgedrungen mußte die Verlammlung einer abermaligen Erhöhung der Beerdigungsgebühr um 80—120 Proz. zustimmen, so daß sich also von nun an außer den Sargkosten noch Gebühren bis zu 10 000 Mark und darüber ergeben.

**Mittwoch, 13. Dezember 1922**

**Der Reform-Sarg**

Eine hiesige Beerdigungsfirma schreibt uns: Die fortgesetzte Steigerung der Preise für Holzsärge, die in der Hauptsache auf den Holzwucher zurückzuführen ist, geben Veranlassung zu Erörterung über die Möglichkeit der Verbilligung der Totenbestattung. Gestatten Sie mir als Fachmann zu dieser wichtigen Frage Stellung zu nehmen. Der Vorschlag der Einführung des Beisarges ist ein unerfreuliches Zeichen unserer ungesunden Zeit. Nur die ingebrannte Not, der harte Kampf ums nackte Dasein konnte solch u gestig starren Köpfen derartige Ideen entstehen lassen. Denn die geringen Ersparnisse, die bei der Einführung des Beisarges erzielt werden können, stehen in gar keinem Verhältnis zu dem unermeßlichen moralischen Schaden, den ein solch pietätloser Angriff auf die Majestät des Todes und die Verletzung des heiligsten Gefühles unseres Volkes, das von jeher fromme Verehrung seiner Toten pflegt, hervorrufen müßte.

Das Problem des Sarges ist die breite in brauchbarer Weise überhaupt noch nicht gelöst, auch haben sich alle bisherigen Anregungen aus Laienkreisen über die Verbilligung der Totenbestattung in der Praxis als undurchführbar erwiesen, nicht zum mindesten deshalb, daß es Fachleuten gelungen ist, den holzsparenden Reform-Sarg herauszustellen, der es ermöglicht, die Totenbestattung mit bisher auftretend zu halten, über die Herstellungskosten für Särge um 60 v. H. zu verbilligen.

Das deutsche Bestattungsgewerbe kann auf seine Leistung stolz sein. Es hat die ihm im Rahmen der Volkswirtschaft zugewiesene Aufgabe wohl und ganz erfüllt und trotz der täglichen Erschwernis der Berufsgegenstände eine erhebliche Verbilligung der Bestattungskosten erreicht. Dadurch wird es unserm Volke trotz aller Not der Zeit möglich, die durch Jahrhunderte geheiligten Gebräuche der Verehrung unserer Toten in eine bessere Zukunft hinüberzuretten.

## Zur Aufklärung

Es ist unrichtig, daß die billigsten **Einheitssärge 45 000 - 68 000 Mk.** kosten, wie im Kölner Tageblatt unter „Die Sargkosten" am 8. Dez. und in der Rheinischen Volkswacht unter „Aus der Stadtverordnetensitzung Köln, den 9. Dez. zu lesen war.

Diese sind bis heute in allen einschlägigen Geschäften zu den von der Stadtverwaltung mit uns vereinbarten Preisen von 25 500 Mk. bezw. 28 500 Mk., einschließl. innerer u. äußerer Ausstattung, Abliefern und Einsargen, zu haben.

Auch diese verhältnismäßig hohen Preise werden dadurch hervorgerufen, daß die Holzpreise ins Unermeßliche gestiegen sind. Unser Bestreben ist, unsere Kundschaft so billig wie möglich zu bedienen.

**Verein der Inhaber von Beerdigungsanstalten und Sargmagazinen Kölns und Vororte.**

Abb. 19—21 Zeitungsausschnitte aus dem Jahre 1922: Die Inflation läßt die Bestattungskosten in astronomische Höhe klettern.

einem solchen Leichenzuge meist eine außerordentlich große Zahl Bürger folgt, nicht etwa als Leidtragende, sondern aus Neugierde, Schaulust oder wohl mehr, um ein politisches Bekenntnis abzulegen, ist leicht zu erklären. Ob es nun in solchen, insbesondere aber auch in andern Fällen geratener ist, etwa eine mit ein paar Worten begleitete Niederlegung eines Kranzes am Grabe sofort durch einen Beamten zu verbieten, oder aber den kurzen Nachruf zu gestatten, mag dahingestellt bleiben. Jedenfalls wirken einige Worte bei weitem nicht so tief und nachhaltig wie direkte behördliche Eingriffe und das besonders an der offenen Gruft.«

1913 erstattete der Friedhofsinspektor Ibach Anzeige gegen Professor Dr. Eckert, weil er eine Grabrede gehalten hatte. Das Kölner Tageblatt vom 10.12.1913 berichtete über den Vorfall:
»Am 5. April wurde der Geheime Kommerzienrat Heidemann von hier beerdigt. Bei dieser Gelegenheit hielt der Studiendirektor der hiesigen Handelshochschule, Professor Dr. Eckert, auf Veranlassung des Geheimen Kommerzienrates Louis Hagen am Grabe des Verstorbenen eine Gedächtnisrede. Er war der Meinung, Geheimrat Hagen habe die dazu erforderlich erscheinende polizeiliche Genehmigung eingeholt. Das war aber nicht geschehen, weil die Zeit drängte. Geheimrat Hagen wurde deshalb in der Folge wegen Vergehens gegen das Vereinsgesetz, speziell gegen die §§ 7, 9 Ziffer 2 und den § 19 Ziffer 1 des Vereinsgesetzes vom 19. April 1908 angeklagt, aber vom hiesigen Schöffengericht freigesprochen. Gegen diese Entscheidung erhob der Amtsanwalt Berufung an die II. Strafkammer, die gestern zur Verhandlung kam. Der Angeklagte war selbst nicht erschienen, sondern wurde vertreten durch Rechtsanwalt Justizrat Peusquens. Die Anklagebehörde wurde repräsentiert durch Staatsanwalt Dahm... Das Gericht erklärte, es habe sich den Ausführungen des Verteidigers nicht anschließen können, sich vielmehr der rechtlichen Auffassung der Berufungsbegründung angeschlossen. Das Halten einer Laienrede am Grabe bleibe immer etwas Ungewöhnliches: es müsse deshalb im Sinne des Gesetzes Bestrafung eintreten. Dabei sei jedoch berücksichtigt worden, daß es sich um einen guten Zweck gehandelt und von seiten des Beschuldigten nicht die Absicht vorgelegen habe, die polizeiliche Genehmigung zu der Rede zu umgehen. Das Genehmigungsgesuch sei nur nicht erfolgt durch die Schnelligkeit, mit der die Beerdigung stattgefunden habe. Deshalb habe das Gericht auf die geringste zulässige Geldbuße von 3 Mark erkannt.«
Einige der damaligen Kontrahenten haben ihre Ruhe inzwischen auf Melaten gefunden.

Friedhofslyrik
---

Neben unzähligen »Histörchen« und »Verzällchern« gibt es auch viele Gedichte ernster und heiterer Natur.
Das folgende Gedicht hat F. F. Wallraf verfaßt. Er warb bei den Bürgern damit erfolgreich um Gelder zur Wiederherstellung der Melatener Kapelle.

Glockenturm
zu Melaten
Der du uns alle rufest!
Du darfst nicht verstummen;
oder
Wer könnte dort sich bergen lassen
So ungefeiert
Unter den Staub?
Für die letzte Ehre, die du zutönst,
Womit du uns begleitest unter die Gebeine
Unserer Brüder,
Daß sie hören,
Wie nahe wir ihnen sind,
Gebühret die Herstellung
Ehe noch einer käme — und du schwiegest! —

Bis in die Gegenwart wurden auch heitere und besinnliche Mundartgedichte über Melaten geschrieben.
Kölner Mundartdichter pflegten gelegentlich Parodien auf klassische Werke zu schreiben. Der folgende Textauszug stammt aus einer solchen Parodie, aus De Noëls Gedicht »Hänneschen aufm Kirchhof in Meditation versunken« (frei nach Hamlet). Nach einem tiefsinnigen Anfang wird die Stimmung schließlich boshaft heiter.

Was die Zeit
Doch vergeit!
We Zekunden
Sin verschwunden
Täg und Stunden.
Zwanzig Johren
Han sich durch de Welt gedrevven,
Keiner weiss mieh, wo se wohren
Oder sin geblevven!
Un de Lück
Uus der Zick,
Denne jeez kein Ohr mieh tüüt,
Wo mer keine Stätz vun süht,
Doh kein Minsch sich mieh vör bäht,
Liggen he eröm begraven,
't es doch en der Welt nicks wäht!
Om Pastor,
Om Magister singem Kopp

Schmeck der Schuljung jeez den Dopp,
Un der Scholtes un der Ampmann,
De mer höflich söns mooss grössen,
Tritt der Sauheet jeez met Fössen!
Hinger, sinn ich, es e Loch,
Dohrenn han se közlich noch
Ene Graavstein opgesatz
Un der Namen drop gekratz.
Wer maag wahl dohrunger ligen?
Doch ens kicken,
Ov ich doh Verstand uus krigen?
»He litt dem Piefeklohs sing Vrau;
»Gott gev eer de ivige Rauh!
»Hä hatt eer auch en eerem Levven
»Vörwohr de ivige Unrauh gegevven.«

Ein weiterer Textauszug stammt aus Dreesens Parodie auf Schillers berühmte »Glocke«:

»Das Lied von der Kanone«

En de Äd wehd engegrave
Allerhand, — un Gras wähß drop.
Un de Hähre, we de Sklave
Wehd de Muhl met Dreck gestopp.
Wat doh schlief em Ädeschuhß,
Kütt su bahl nit mie eruhs.
Wann em Thon
Lück der Lückmann;
Dat bedück dann:
En Person
Es gestorve
Un verdorve.
Och, en Frau! sönß leev un adig,
Es su stell jitz, we en Muhs,
Un se fahren se pomadig
An der Hahnepooz eruhs.
Hinger'm Wage voller Troor
Waggelt ehre Mann em Flor.
Un hä denk su thränevoll:
Nie sall sich der Minsch biklage,
Nä, ich well nix drüvver sage,

We ehr off de Levver schwoll.
We ehr Züngelche gestoche
Hät mich dann bes op et Blot! —
Un se kunnt 'su scheußlich koche!
Jeden Dag 'ne neuen Hoht.
Dat es alles jitz vergange,
Dut es dut — mer fög sich dren.
Und ich lohß der Kopp nit hange,
Weil ich 'ne nette Wittmann ben!

Wie auch in De Noëls Gedicht werden die Folgen des Todes drastisch geschildert. Man weiß nicht genau, ob dies ein Zeichen von Todesfurcht oder der Genugtuung darüber ist, daß der Tod alle gleich behandelt. Im Anschluß daran kommt wieder ohne jeden Übergang eine optimistische Lebensbejahung durch.

Die häufig respektlose Einstellung des Kölners zum Tod kommt auch in einigen Sprichwörtern zum Ausdruck:

Ne naaße Winter jitt ene fette Kirchhoff.

Jung Döktersch bruche jroße Kirchhöff.

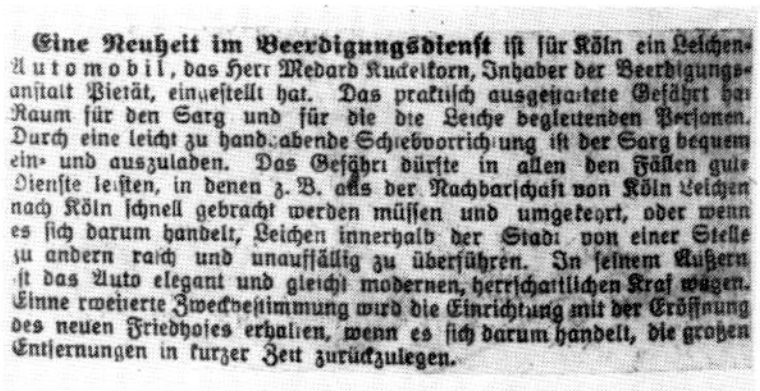

**Eine Neuheit im Beerdigungsdienst** ist für Köln ein Leichen-Automobil, das Herr Medard Kuckelkorn, Inhaber der Beerdigungsanstalt Pietät, eingestellt hat. Das praktisch ausgestattete Gefährt hat Raum für den Sarg und für die die Leiche begleitenden Personen. Durch eine leicht zu handhabende Schiebvorrichtung ist der Sarg bequem ein- und auszuladen. Das Gefährt dürfte in allen den Fällen gute Dienste leisten, in denen z. B. aus der Nachbarschaft von Köln Leichen nach Köln schnell gebracht werden müssen und umgekehrt, oder wenn es sich darum handelt, Leichen innerhalb der Stadt von einer Stelle zu andern rasch und unauffällig zu überführen. In seinem Äußern ist das Auto elegant und gleicht modernen, herrschaftlichen Kraftwagen. Eine erweiterte Zweckbestimmung wird die Einrichtung mit der Eröffnung des neuen Friedhofes erhalten, wenn es sich darum handelt, die großen Entfernungen in kurzer Zeit zurückzulegen.

Abb. 22 Der technische Fortschritt wirkte sich auch auf das Bestattungswesen aus.

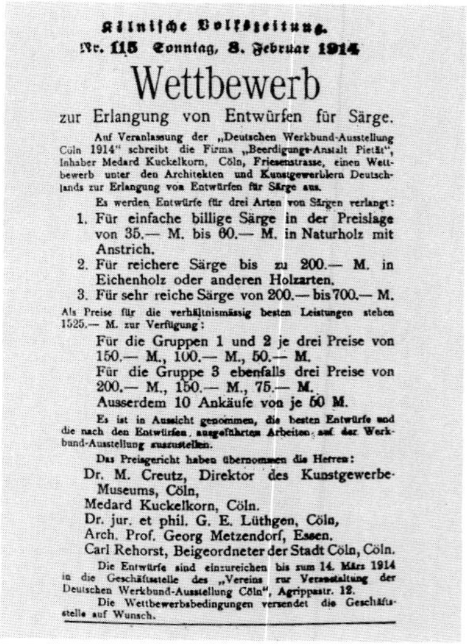

Kölnische Volkszeitung.
Nr. 115 Sonntag, 8. Februar 1914

# Wettbewerb

zur Erlangung von Entwürfen für Särge.

Auf Veranlassung der „Deutschen Werkbund-Ausstellung Cöln 1914" schreibt die Firma „Beerdigungs-Anstalt Pietät", Inhaber Medard Kuckelkorn, Cöln, Friesenstrasse, einen Wettbewerb unter den Architekten und Kunstgewerblern Deutschlands zur Erlangung von Entwürfen für Särge aus.

Es werden Entwürfe für drei Arten von Särgen verlangt:

1. Für einfache billige Särge in der Preislage von 35.— M. bis 60.— M. in Naturholz mit Anstrich.
2. Für reichere Särge bis zu 200.— M. in Eichenholz oder anderen Holzarten.
3. Für sehr reiche Särge von 200.— bis 700.— M.

Als Preise für die verhältnismässig besten Leistungen stehen 1525.— M. zur Verfügung:

Für die Gruppen 1 und 2 je drei Preise von 150.— M., 100.— M., 50.— M.
Für die Gruppe 3 ebenfalls drei Preise von 200.— M., 150.— M., 75.— M.
Ausserdem 10 Ankäufe von je 50 M.

Es ist in Aussicht genommen, die besten Entwürfe und die nach den Entwürfen ausgeführten Arbeiten auf der Werkbund-Ausstellung auszustellen.

Das Preisgericht haben übernommen die Herren:

Dr. M. Creutz, Direktor des Kunstgewerbe-Museums, Cöln,
Medard Kuckelkorn, Cöln.
Dr. jur. et phil. G. E. Lüthgen, Cöln,
Arch. Prof. Georg Metzendorf, Essen.
Carl Rehorst, Beigeordneter der Stadt Cöln, Cöln.

Die Entwürfe sind einzureichen bis zum 14. März 1914 in die Geschäftsstelle des „Vereins zur Veranstaltung der Deutschen Werkbund-Ausstellung Cöln", Agrippastr. 12.

Die Wettbewerbsbedingungen versendet die Geschäftsstelle auf Wunsch.

Abb. 23 Bei diesem Wettbewerb verband sich Unternehmerinitiative mit den Reformbestrebungen des Werkbundes.

# Grabinschriften

Heute werden in der Regel auf dem Grabstein nur Vor- und Nachnamen sowie die Lebensdaten des Verstorbenen aufgeführt. Früher war es hingegen üblich, die notwendigen Angaben zur Person durch Sprüche zu ergänzen, die Näheres über den Verstorbenen aussagten. Man erfuhr etwas über seinen Lebenslauf, seine Verdienste, seine Orden, seine Lebensauffassung oder die Todesursache. Die Hinterbliebenen versuchten, dem Vorübergehenden den großen Verlust zu verdeutlichen, den die Familie, Freunde, eine Partei, ein Verband, die Kirche oder die Stadt durch den Tod erlitten hatten. Häufig werden die Vorübergehenden um ein stilles Gedenken gebeten. Bei diesen Sprüchen handelt es sich oft um Zitate aus der Bibel oder aus der klassischen Literatur. Man trifft jedoch auch öfters auf persönliche Leitsätze oder selbstverfaßte Verse. Obwohl es sich bei den Grabsprüchen in vielen Fällen um Standardsätze handelt, geben sie einer Grabstätte doch einen Zug Individualität. In neuerer Zeit mehren sich auch wieder Denkmäler, bei denen die Schrift ein wesentliches Gestaltungsmittel bildet.

Die folgenden Inschriften stammen von zerstörten Grabmälern:

Hier, Mensch,
Hier lerne, was du bist,
Lern hier, was unser Leben ist!
Ein Sarg und nur ein Leichenkleid,
Bleibt dir von aller Herrlichkeit!
          unbekanntes Grabmal

Bei diesem Kopf brach ihm der Meissel ab
und der Künstler sank in's Grab.
        Grabmal Wilhelm Joseph Imhoff † 1858

Redlich war er und gut und im
Stillen ein Pfleger der Armen.
Wie mit lieblichem Sinn
Pfleger der Blumen des Mai's.
Erde bedecke darum nun sanft
Des Frommen Umhüllung,
Und mit Blumen umpflanzt
Jährlich, o Freunde, den Staub!
      Grabmal Karthäuserpriester Joseph Becker † 1812

Hier unter dieser Trauerlinde
Wollte ich begraben sein,
Bei meiner Frau und meinem Kinde
Ruh'n in dem engen Schrein.
Drum hab' ich für mein letztes Geld
Bevor ich bin gestorben,
Dieses kleine Stückchen Feld
Von neuem mir erworben.
       Grabmal Wilhelm Lenz † 1895

Dem einzigen Kinde von seinen tiefgebeugten Eltern.
Lieber Sohn, ruhe sanft am Rhein,
Wir werden stets gedenken Dein.
Wenn einst vor Gottes Thron wir stehen
Dann, dann ein freudig Wiedersehen.
    Grabmal eines hessischen, in den Kölner Lazaretten
        gestorbenen Soldaten, 1870/71

Lasset den Kleinen
Zu mir kommen,
Denn ihm ist das Himmelreich.
Hier ruhet
Franz Joseph Klein
       Grabmal Franz Joseph Klein † 1842

## Die Anlage

Bei den alten Kölner Kirchhöfen waren trotz der Belegungsdichte Anordnung und Verteilung der Gräber kein Gegenstand künstlerischer Überlegungen. Dafür boten die relativ kleinen Flächen weder Spielraum noch Notwendigkeit. Erst mit der Errichtung zentraler Großfriedhöfe wurden systematische Planung der Belegung und zugleich gartenkünstlerische Gestaltung notwendig, wenn man der Trostlosigkeit monoton aneinander gereihter Gräber entgegenwirken wollte.

Der Kölner Melatenfriedhof ist ein typisches Beispiel für eine klassizistische Friedhofsgestaltung. Er ist im »regelmäßigen Stil« eingerichtet, d. h. die Grabfelder wurden im wesentlichen rasterförmig aufgeteilt, so daß die meisten Wege senkrecht bzw. parallel zueinander verlaufen

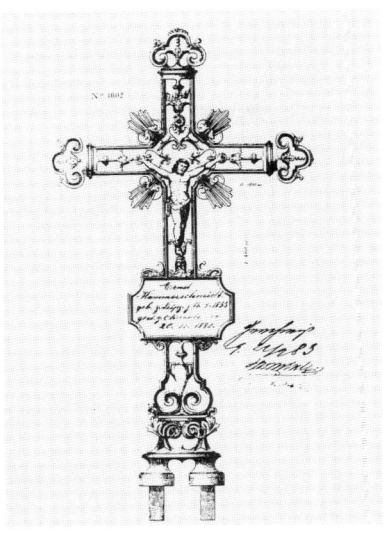

Abb. 24  Entwurf eines Kindergrabes (Ehrenfelder Friedhof)

Abb. 25  Abbildung aus einem Musterbuch (Ehrenfelder Friedhof)

(Abb. 9, 10). Der bekannte Düsseldorfer Gartenkünstler M. F. Weyhe entwarf den Bepflanzungsplan, der allerdings nicht vollständig verwirklicht wurde (Abb. 8).
1830/33, 1849/50, 1868 und 1875 wurden Erweiterungen des Friedhofes notwendig. 1884 kam der einst durch die Mechternstraße vom alten Friedhof getrennte »neue Friedhof« hinzu. Bei den Erweiterungen haben die Gestalter im wesentlichen am regelmäßigen Schema der Gründungsanlage festgehalten. Sie ließen sich aber auch von neuen Friedhofskonzeptionen beeinflussen (Abb. 11). So war man bereit, im Friedhof nicht mehr nur den Begräbnisort zu sehen, sondern u. a. auch die Erholungsfunktion für die Bevölkerung besonders zu berücksichtigen. Man übernahm Elemente des sogenannten »Waldfriedhofs« sowie des in Amerika verbreiteten »Parkfriedhofs«, indem man eine abwechslungsreiche Bepflanzung und eine kurvige Wegeführung wählte. Man sah in der neuen Gestaltung auch den Vorteil, daß der Friedhof nach einer eventuellen Schließung leichter in einen Park umgewandelt werden konnte.
Trotz der mehrfachen Erweiterung des Friedhofs und der Beeinflussung von unterschiedlichen Gestaltungsprinzipien macht die Anlage

einen einheitlichen Eindruck. Das liegt daran, daß man nicht alle neuen Anstöße bedenkenlos übernahm. So verzichtete man z. B. auf ein Element des Waldfriedhofs, nämlich auf die geschwungenen, »natürlichen« Wege, die sich nicht mehr rechtwinklig schneiden, die sogenannten »Brezelwege«.

Die Friedhofsanlage ist zur Aachener Straße hin ausgerichtet. Hier befinden sich drei monumentale Tore, von denen das östliche allerdings in der Regel geschlossen ist. Von den anderen beiden Eingangstoren gehen zwei Hauptwege aus. Um ein optisches Auseinanderfallen der durch die beiden Hauptwege zerschnittenen Fläche zu verhindern, teilte man diese Wege jeweils relativ kurz hinter dem Eingang. So sieht der Eintretende nicht in eine endlos scheinende Ferne. An der Weggabelung befindet sich jeweils ein Hochkreuz, das zur Aachener Straße gewandt ist. Beide Kreuze haben einen auffallend breiten Sockel, der zusammen mit den dahinter stehenden Bäumen den Fernblick unterbindet und somit die Entfernung zum Tor kürzer erscheinen läßt (Abb. 37).

Die beiden Hauptwege und die dazu senkrecht verlaufende, wegen ihrer aufwendigen Grabstätten vom Volksmund »Millionenallee« genannte Ost-West-Achse bilden das Wegegerüst des Friedhofs (Abb. 12). Der Gestaltung der Schnittpunkte dieser Hauptachsen wendete man besondere Aufmerksamkeit zu. Auf der ersten Kreuzung steht das Kriegerdenkmal von 1866 (Abb. 61). Die Blickrichtung des das Denkmal bekrönenden Adlers läßt das Monument auf die Aachener Straße ausgerichtet erscheinen, obwohl die vier Seiten seiner Architektur gleichförmig sind. Das Denkmal ist also von allen Richtungen her ein Orientierungspunkt für den Besucher. Den zweiten Schnittpunkt kennzeichnet eine kreisförmige Rasenfläche. Der Hauptweg teilt sich vor der Kreuzung. Es treffen also nicht zwei Achsen hart aufeinander, sondern mehrere kleine Wege. Blickt der Besucher vom Rondell aus auf die »Millionenallee«, so wird sein Blick auch auf parallel zur »Millionenallee« verlaufende Seitenwege gelenkt. Dadurch wird die tatsächliche Breite der Hauptachsen optisch so weit abgeschwächt, daß sich der Besucher nicht verloren vorkommt. Dies liegt auch an den die Breite des Hauptweges optisch ebenfalls verringernden Grabeinfriedungen. Sie sind jedoch zum Teil entfernt worden, weil sie als nutz- und kunstlose Massenprodukte galten, die außerdem noch zusätzliche Instandhaltungskosten verursachen.

Über diese »Gartenzäune« wird aber zu Unrecht gespottet. Besonders auf der »Millionenallee« kann man sehen, wie »bereinigte« Grabflächen die Allee optisch unschön erweitern. Dadurch wird nicht nur der

# Beerdigungs-Anstalt und Sarg-Magazin

Severinstraße
Nr. 110

Fernsprecher
Nr. 5368

# Leo Kuckelkorn

Reichhaltiges Lager
## in allen Holz- und Metallsärgen
### Trauerdekorationen

Die einfache Angabe auf meinem Kontor genügt, um alle in Frage kommenden Formalitäten sofort zu erledigen.

Leichentransporte von und nach dem In- und Auslande wurden von meinen titulierten Auftraggebern durch mich pünktlichst besorgt.

Spezialität: Feuerbestattungen
## Überführung nach sämtlichen Deutschen Krematorien

Durch langjährige fachgemäße Erfahrungen bin ich, als Mitglied des Kölner Feuerbestattungsvereins, vollkommen in der Lage, allen in Frage kommenden Feuerbestattungen bedeutend billiger gerecht zu werden.

*Prima Referenzen.*

Abb. 26  Im Laufe des 19. Jahrhunderts spezialisierten sich vereinzelt Tischlereien zu Bestattungsunternehmen (Anzeige in Greven's Adreßbuch 1911).

Gesamteindruck der Allee, sondern auch die Wirkung des einzelnen Denkmals beeinträchtigt.

Nach dem Krieg wurde der neue Eingang an der Piusstraße eingerichtet. Hier entstand auch eine neue Leichenhalle, da die alte inzwischen zu klein geworden war. Diese Maßnahme war sinnvoll. Ohne Gefährdung durch den Straßenverkehr können nun verschiedene Gärtnereien und Steinmetzbetriebe besucht werden. Besucher, die mit der Bahn bzw. mit dem Bus kommen, haben nur geringe Entfernungen zu Fuß zurückzulegen. Autofahrer finden vor dem Eingang genügend Parkplätze. Wenn auch die Errichtung dieses Eingangs sinnvoll und nötig war, so ist sie vom Standpunkt des Gestalters aus gewagt, da der Friedhof dadurch eine Umorientierung erfuhr, die den ursprünglichen gestalterischen Absichten zuwiderläuft.

Der Gesamteindruck des Friedhofs wird nicht nur von seiner Flureinteilung und seinen Grabsteinen, sondern ebenso von seiner Bepflanzung geprägt. Melaten hat einen reizvollen Baumbestand: Platanen, Trauerulmen, Ahorn, Birken und Lebensbäume wechseln sich ab. Ungewöhnlich dürfte die Bepflanzung einer Allee mit Thuya gigantea Nutt sein. Die unterschiedlichen Baumarten und der verschiedenartige Blumenschmuck der Gräber sind Sinnbilder des Lebens und der Auferstehung. So gilt beispielsweise die Rose als Zeichen der Liebe, die Lilie ist Sinnbild der Unschuld und der Demut, Vergißmeinnicht ist Zeichen der Treue. Das Wissen um die ursprüngliche Bedeutung des Grabschmucks mag zwar heute verblaßt sein, ist aber noch nicht ganz verschwunden. Der Friedhofsdirektor Ostertag meinte 1925 nicht zu Unrecht, daß die Naturschönheiten, die gärtnerischen Anlagen und die Grabmonumente zusammen einen erhabenen Eindruck auf die Betrachter machen. Es wäre trostreich, wenn der Friedhof auch heute noch diesen Eindruck vermitteln könnte.

## II. Kunst auf dem Friedhof

Kunst, Kunsthandwerk und Kunstindustrie
---
Das 19. Jahrhundert wird nicht zu Unrecht als das Jahrhundert der industriellen Revolution bezeichnet. Seine neuen Technologien und die von ihnen eingeleiteten neuen Produktionsweisen wirkten sich auch auf die Friedhofskunst aus. Zu Beginn des Jahrhunderts war die Herstellung von Grabmälern Sache des Steinmetzen oder des Bildhauers. Während der Steinmetz meist einfachere, ornamentale Arbeiten ausführte, war der Bildhauer mehr für die Anfertigung komplizierter Stücke, vor allem von Skulpturen zuständig. Eine scharfe Trennung zwischen beiden Berufsbildern gab es offenbar nicht. Auch war die Herstellung von Grabmälern nur eine Aufgabe unter vielen anderen in dem damals sehr breiten Tätigkeitsfeld des Bildhauers bzw. Steinmetzen. Eine Spezialisierung bildete sich erst allmählich heraus. Die Entwicklung läßt sich teilweise anhand von Werbeanzeigen in den Kölner Adreßbüchern nachvollziehen (Abb. 46—56).
Um die Jahrhundertmitte, vielleicht vereinzelt schon früher, wird die Herausbildung von solchen Manufakturen eingesetzt haben, die vornehmlich auf die Herstellung von Grabmonumenten spezialisiert waren. So wirbt 1866 der als Bildhauer firmierende Otto Hansmann beispielsweise ausdrücklich für Grabmonumente und Stationswege. Der sich als »Marbrier und Steinmetzmeister« bezeichnende H. J. Daners empfiehlt sich hingegen noch für Marmor- und Hausteinarbeiten jeder Art und nur u. a. für Monumente. 1874 empfiehlt sich schließlich der Bildhauer Custodis vorrangig für die Anfertigung von Grabdenkmälern, ebenso das »Marmor-Geschäft« von Josef Devellé, das sich ausdrücklich als Atelier zur Anfertigung von Grabmonumenten versteht. In der Werbung des 1882 »zu Melaten, vis-à-vis dem Friedhofe« ein Ladenlokal unterhaltenden W. Reusteck und ebenso in den Anzeigen des benachbarten »Ateliers zur Anfertigung von Grabmonumenten« von Josef Spiegel ist dann ausschließlich nur noch von Grabmälern die Rede. Eine Spezialisierung hat also stattgefunden.
Mit dem Einsatz moderner Maschinen findet dann gegen 1900 eine für das 19. Jahrhundert typische Entwicklung ihren Abschluß. In ihrem Verlauf wurde das einst vom Bildhauer bzw. Steinmetzen manuell und individuell gestaltete Grabmal zu einem teilweise maschinell fabrizierten Produkt einer technisierten Spezialindustrie. Als Beleg für diese Entwicklung sei hier ein Briefkopf von ca. 1914 angeführt, in dem die

Firma Johann Steinnus ausdrücklich als »Grabdenkmal-Industrie« firmiert. Selbst dort, wo — wie in der Werkstatt Wilhelm Faßbinders — allerdings schon verblassende handwerkliche Tradition noch gepflegt wird, erzwingt die wachsende Nachfrage eines wohlhabenden Bürgertums neue Produktionsmethoden. Sie haben mit den in Zusammenhang der Domvollendung wiederbelebten Arbeitsweisen der mittelalterlichen Bauhütten wenig gemein. Über den vielbeschäftigten Faßbinder (Abb. 58) ist aus einem Zeitungsartikel zu erfahren, daß er mehr als 20 Gehilfen beschäftigte. Seine Tätigkeit konzentrierte sich wohl vornehmlich auf die Anfertigung von Entwürfen, die Kontrolle und Korrektur der von anderer Hand gemeißelten Stücke. Also auch hier letztlich eine Anpassung an die Erfordernisse des Marktes, ein arbeitsteiliges Produktionsverfahren, innerhalb dessen jeder Mitarbeiter genau abgegrenzte, spezielle Aufgaben zu erfüllen hat.

Ein echtes Geisteskind des 19. Jahrhunderts ist auch der Gedanke des Seriellen, der massenhaften Vervielfältigung von Kunst in vielerlei Form. Auf Melaten wird dieses »Prinzip seriell« bereits wenige Jahre nach der Eröffnung praktiziert. So treten in den 1830er Jahren vereinzelt nach gleichen, meist Sayner Modellen gegossene Eisenkreuze (Abb. 98) auf. Natürlich lag die Vervielfältigung beim Metallguß in der Natur der Sache selbst. Weniger selbstverständlich ist es, wenn ein architektonisches Monument wie das Grabmal Fremery († 1866) in dem unmittelbar benachbarten Grabmal Nacken († 1867) wiederholt wird. Ähnliches gilt für die fast identischen Grabmäler Rauch und Wiemann aus den 1860er Jahren sowie für die Grabmäler Pallenberg/Mosler († 1882) und Pallenberg († 1895). Bei den beiden zuletzt genannten Grabstätten mag die verwandtschaftliche Beziehung für die Wahl des gleichen Entwurfs ein gewisses Motiv gewesen sein, ebenso bei den gleichförmigen Grabmälern Cremer (Abb. 110), die beide nach einem in den »Gotischen Einzelheiten« veröffentlichten Entwurf von Vincenz Statz gearbeitet sind. Musterbücher wie das erwähnte von Statz hielten die Steinmetzbetriebe für sich und ihre Kundschaft bereit. Darüber hinaus wird ihnen eine Fülle von eigenen und natürlich auch von fremden Vorlagen zur Verfügung gestanden haben. Wilhelm Reusteck vermerkt diesbezüglich in seiner Annonce von 1882, er verfertige Grabdenkmäler »nach einer schönen Auswahl von Planzeichnungen«. Wie diese Auswahlen im einzelnen aussahen, wissen wir nicht, doch wird ihre qualitative Spannweite groß gewesen sein. Sie mögen volkskunstartig-naive Zeichnungen (Abb. 24) ebenso umfaßt haben wie bildmäßig-malerisch angelegte Kompositionen (Abb. 57)

Abb. 27  Grab C. Hamm († 1821) von Peter Joseph Imhoff

Abb. 28    Grab P. J. Fischer († 1833) von Christoph Stephan

oder auch nüchterne Konstruktionspläne (Abb. 83). Für eine bescheidene Grabstätte des Ehrenfelder Friedhofs hat sich ein 1883 datiertes Musterblatt mit der (laufenden) Nummer 3602 erhalten. Der vermutlich aus einem Gießereikatalog stammende Druck zeigt ein gußeisernes Kreuz mit Inschrifttafel, in die Namen und Lebensdaten des Verstorbenen handschriftlich eingetragen sind (Abb. 25). Hier wird deutlich, daß der Steinmetz des späten 19. Jahrhunderts nicht mehr allein Handwerker in traditionellem Sinne, sondern zugleich auch Händler ist, der von anderen produzierte Ware anbietet.

Dem Verlangen neuer, mittelständischer Käuferschichten nach repräsentativem, aber dennoch erschwinglichem Grabschmuck kamen die verstärkt nach 1870 von mehreren Industriebetrieben billig auf den Markt gebrachten Zinkgüsse und Galvanoplastiken sehr entgegen (Abb. 108). Sie bevölkern noch heute in großer Zahl die Friedhöfe, obwohl die beiden Weltkriege und Metalldiebe den Bestand an Metallobjekten jeder Art bis hin zur gußeisernen Grabeinfriedung erheblich dezimiert haben (Abb. 89). Vereinzelt werden Galvanoplastiken noch heute angeboten. Damals wie heute informierten über die umfangreichen Lieferprogramme bebilderte Verkaufskataloge. Eines der führenden Unternehmen war seinerzeit die Württembergische Metallwarenfabrik in Geislingen/Steige, die heute unter dem Namen WMF bekannte Besteckfirma. Die Modelle lieferten nicht selten bekannte Bildhauer. Sie erhielten für jeden verkauften Abguß einen vertraglich festgelegten Betrag, arbeiteten also auf Provisionsbasis und damit nicht mehr direkt für einen Auftraggeber, sondern für einen anonymen Käufer.

Ein Sonderfall von plastischer »ars multiplicata« ist der steinerne Engel am Grabmal Friedrich Johann David Herstatts (Abb. 66). Von dieser »Roma 1889« datierten Plastik des Bildhauers Robert Cauer existiert auf dem alten Bonner Friedhof eine 1891 entstandene Wiederholung. Ob es sich hierbei um eine Replik oder eventuell um eine Nachbildung in der sogenannten »Cauerschen Masse« handelt, bleibt nachzuprüfen. Nachzutragen wäre in diesem Zusammenhang noch, daß selbst materialgerechte Kopien steinerner Figuren nach der Einführung der Kopiermaschine keine ernsten technischen Schwierigkeiten mehr bereiteten.

## Die Materialien

Die sich im Verlauf des 19. Jahrhunderts wandelnden künstlerischen Vorstellungen wirkten sich auf Form, Stil, Ikonographie, aber auch auf die Materialwahl aus.

In der durch Kleinarchitekturen wie Obelisken, Stelen, Säulen, Pyramiden usw. gekennzeichneten Frühzeit des Friedhofs werden vornehmlich Kalkstein und Sandstein verwendet. Beide Steinsorten lassen sich leicht bearbeiten, sind leicht zu beschaffen und relativ preiswert. Selbst in den wenigen Fällen, wo am Jahrhundertbeginn Skulpturen entstehen, werden diese Materialien verwendet. Als Beispiel sei lediglich das klassizistische Grabmal Hamm aus Rotsandstein erwähnt (Abb. 27).

Das primäre Material der von der klassischen antiken Skulptur ausgehenden Bildhauerei des Klassizismus war aber eigentlich der weiße Marmor. Im Unterschied zu anderen Friedhöfen ist er auf Melaten in der ersten Hälfte des 19. Jahrhunderts noch kaum zu finden. Man arbeitet, was im Hinblick auf die Werke P. J. Imhoffs verschiedentlich ausdrücklich bedauert wurde, mit dem erheblich billigeren Sandstein. Ob hieraus so ohne weiteres Rückschlüsse auf die damaligen wirtschaftlichen Verhältnisse der Kölner gezogen werden dürfen, mag dahingestellt bleiben. Der italienische Marmor aus den fernen Brüchen von Carrara trat erst in der zweiten Jahrhunderthälfte seinen Siegeszug an, um im Neuklassizismus nach 1900 einen letzten Höhepunkt zu erreichen. Die Gründe für diese Entwicklung, in deren Verlauf Marmor mehr und mehr von seiner anfänglichen Exklusivität einbüßte, sind nicht nur künstlerischer Natur. Denn schließlich hatten der Ausbau der Eisenbahn und der Dampfschiffahrt und die allmähliche Herausbildung einer auf die Herstellung von Grabmälern spezialisierten Steinindustrie (siehe weiter oben) völlig neue transport- und bearbeitungstechnische Voraussetzungen entstehen lassen. Nicht nur Marmor, sondern auch andere kostbare Steinsorten wie Granit aus Schweden oder Süddeutschland wurden überall verfügbar.

Für die Grabplastik wurden außer Marmor selbstverständlich weiterhin auch andere, weniger edle Steinarten verwendet. Zumindest bis in die 1870er Jahre ist nicht selten eine sich nach der jeweiligen Thematik richtende Differenzierung der Materialwahl zu beobachten. Sie hat — im Sinne des Historismus — mitunter Zitatcharakter. So wird bisweilen für antike Themen — etwa Todesgenien — Marmor (Abb. 154), für christliche Themen — etwa Madonnen — hingegen ein Stein bevorzugt, der den mittelalterlichen Vorbildern nahekommt (Ab. 166). Mit

der Lösung der Grabplastik von historischen Vorbildern zum Beginn des 20. Jahrhunderts läuft diese bewußte Materialdifferenzierung aus. Die Materialien werden — wie schon im späten 19. Jahrhundert — beliebig und austauschbar. So werden Madonnen je nach Wunsch des Kunden in Marmor, Kalkstein, Bronze, Zink oder gar Terrakotta angeboten. Selbst schwarzes Glas als Ersatz für teuren schwarzen Granit ist zeitweise gebräuchlich.
Die verbesserten technischen Möglichkeiten des späten 19. Jahrhunderts gestatteten die Verarbeitung selbst härtester Steine. Die sprichwörtliche Beständigkeit machte Granit schlechthin zum symbolischen Material der Ewigkeit. Die Verwendung von Granit kam dem Bedürfnis nach möglichst dauerhaften Grabmonumenten entgegen, zumal sich gezeigt hatte, daß alle anderen Steinsorten den Witterungseinflüssen nicht lange Stand zu halten vermochten. Das in den 1870er Jahren aus Granit errichtete Grabmal Deichmann darf wohl als das monumentalste Beispiel einer solchen, auf Ewigkeit kalkulierten Grabarchitektur angesehen werden (Abb. 63).
Die Härte des Materials erwies sich daneben als fruchtbares formales Kriterium. Sie erzwang einen Verzicht auf das Detail, eine Reduktion der Form, die den schon vor dem Ersten Weltkrieg in der Grabmalskunst einsetzenden puristischen Reformbestrebungen durchaus entgegenkam. Diese sich gegen den Pomp und die imitierten Materialien vor allem der Gründerzeit wendenden Bestrebungen wurden allerdings späterhin vielfach mißverstanden. Wohin dieses Mißverständnis führte, läßt sich an den monotonen Reihen einförmiger Steine aus schwarzem polierten Granit ablesen. Sie machen auch heute so manchen Friedhof trostlos. Diese Entwicklung konnten selbst die die Verwendung »ausländischer«, zumal polierter Steine wohl mehr aus politischen als aus künstlerischen Gründen verbietenden Friedhofsordnungen der nationalsozialistischen Zeit nicht aufhalten.
Schon vor der Jahrhundertwende wird polierter schwarzer Granit vielfach verwendet, auch auf Grabstätten einfacherer Leute. Beim Grabmal des 1893 gestorbenen Maurermeisters Heinrich Pius Müller wird er mit weißem Marmor kombiniert. Es wäre interessant zu wissen, ob dem Bildhauer bei dieser Kontrastierung die symbolische Dimension der Farben Schwarz und Weiß (Tod, Trauer bzw. Unschuld, ewige Verklärung) tatsächlich noch bewußt gewesen ist.
Der sich in der Grabarchitektur deutlich äußernde Neuklassizismus der Zeit um den Ersten Weltkrieg lehnte polierten Stein als etwas Unnatürliches kategorisch ab. Der poröse Muschelkalk mit seiner ungleichmäßigen, gleichsam verwitterten und damit alt und naturhaft

wirkenden Oberfläche kam den Vorstellungen der neuen Zeit weit mehr entgegen. Bei dem als antiker Sarkophag gestalteten Grabmal Hagen (Abb. 85) suggerieren die spezifischen Eigenschaften dieses Materials hohes Alter, sozusagen antike Patina. Zwischen Material und Form besteht also eine intensive Wechselwirkung.
Metalle spielen in der Grabmalskunst neben den diversen Steinarten natürlich auch eine wichtige Rolle. Für ihre Verwendung lassen sich drei Schwerpunkte feststellen.
Wenn man vereinfachend Marmor als typisches Material des Klassizismus bezeichnen wollte, so könnte man Eisen als das signifikante Material der Romantik betrachten. Es ist dies ein Material, das in der entbehrungsreichen Zeit der Freiheitskriege (»Gold gab ich für Eisen«) geradezu patriotische, nationale Qualitäten angenommen hatte. In diesem vaterländischen Sinne wurde es beispielsweise bei dem 1826 vollendeten gußeisernen Kreuzbergdenkmal in Berlin vewendet. Als »heroisches« Material war Eisen gerade auch für die Grabkreuze von Kriegern angemessen. Helm und Schwert am Grabmal des 1832 gestorbenen Generalmajors von Seydlitz wären beispielsweise in diesem Zusammenhang zu nennen (Abb. 29). Nur wenig später, 1838, ist die gußeiserne, mit Maßwerk verzierte Platte für Katharina Gellert (Abb. 33) entstanden. Es folgt eine Reihe von neugotischen Eisenkreuzen, von denen dasjenige für den 1831 verstorbenen Jacob Molinari wegen seiner gehobenen Qualität hervorzuheben ist (Abb. 143). Es wurde von der zum Teil nach Berliner Modellen arbeitenden Sayner Hütte bei Neuwied gegossen.
Die eisernen Grabkreuze laufen gegen 1850 aus, um erst wieder am Ende des Jahrhunderts aufzutreten — nun allerdings als billige, nach schmiedeeisernen Vorbildern Süddeutschlands hergestellte Massenprodukte (Abb. 13). Eine eigenartige Sonderform stellt das aus Eisenstangen gebildete gotische Portal auf dem ehemaligen Grabmal Zehnpfennig († 1842) dar (Abb. 95). Ihm ließe sich als spätes, ebenso eigenartiges Beispiel die irgendwie an ein Bettgestell erinnernde eiserne Einfriedung der gepflegten Grabstätte Dohmen († 1906) zur Seite stellen.
Auf das »eiserne« Zeitalter folgte sozusagen das bronzene. Um die Jahrhundertmitte wurde das Eisen von der Bronze verdrängt. Es ist sicherlich kein Zufall, daß dies zu einem Zeitpunkt geschah, als die Porträtplastik auf dem Friedhof ihren Einzug hielt. Denn für den Bildguß, der damals in Berlin schon eine lange, in Köln hingegen keine nennenswerte Tradition besaß, eignete sich der Bronzeguß weitaus besser. Hermann Heidel, ein in Bonn geborener, in München, Rom

und Berlin ausgebildeter Bildhauer, schuf 1853 das Modell für den wohl ersten bedeutenden Bronzeguß auf Melaten. Seine Grabplatte für F. P. Herstatt zeigt außer allegorischen Figuren das markante Profilbildnis des wohlhabenden Bankiers (Abb. 128). Weitere bronzene Porträtmedaillons und auch erste Büsten folgten dann wenig später nach. In der religiösen Skulptur tritt Bronze fast gleichzeitig auf, und zwar erstmals mit dem 1857 in München gegossenen Schwanthaler-Kruzifix des Grabmals Michels/Neven (Abb. 142). In den folgenden Jahren entstanden weitere große Bronzegüsse. Sie stammen meist, wie beispielsweise der von dem Berliner Bildhauer Toberentz geschaffene Grabengel vom Grabmal Grüneberg (Abb. 68), von auswärtigen Künstlern und sind z. T. in Berlin gegossen. Kleinere, technisch weniger komplizierte Bronzegüsse wurden hingegen oft in Düsseldorf oder von den sich im Umkreis des Friedhofs, vor allem im Stadtteil Ehrenfeld, niederlassenden Gießereien hergestellt.

Die Bevorzugung von Bronzeguß bei großen bildhauerischen Aufgaben fällt sicher nicht zufällig mit dem Höhepunkt des wilhelminischen Neubarock zusammen. War es doch eben diese Technik, die es im weit höheren Maße als alle anderen gestattete, pathetische Figuren mit weitausgreifenden Gebärden und rauschenden Gewändern mit komplizierten Unterschneidungen zu verwirklichen. Dieses Material setzte den Vorstellungen des Künstlers keinen Widerstand entgegen, legte ihm keine materialbedingten Beschränkungen auf.

Ab etwa 1880 erobern seriell hergestellte, nach Katalog zu bestellende Galvanoplastiken den Friedhof. Sie sind eine typische Erfindung der Gründerzeit, wenngleich das technische Verfahren schon in den 1840er Jahren entdeckt worden war. Die Invasion dieser gegenüber Bronzegüssen erheblich billigeren Figuren hat ganz entschieden dazu beigetragen, die Grabmalskunst des späten 19. Jahrhunderts in Mißkredit zu bringen. Dabei waren es gewiß nicht die mitunter von geachteten Künstlern gelieferten Modelle, die von vornherein als minderwertig abgetan werden könnten. Vielmehr ist es die Minderwertigkeit des Materials (Zink über Gips). Was vielleicht noch mehr ins Gewicht fällt ist die Tatsache, daß mit ihnen der persönliche Kontakt zwischen Auftraggeber und Künstler erlosch bzw. auf eine anonyme, geschäftsmäßige Beziehung zwischen Besteller und Lieferant zusammenschrumpfte. Damit büßte auch die Grabmalsplastik ihre Individualität ein. Sie sank zu einem marktorientierten Handelsartikel herab, zur wohlfeilen »Kunst für alle«, wie bezeichnenderweise der Titel einer führenden kaiserzeitlichen Kunstzeitschrift heißt. Gegen diese Degenerationserscheinungen richteten sich die nach 1900 in breiter Front

Abb. 29  Grab F. A. F. von Seydlitz († 1832); hist. Foto

Abb. 30   Denkmal für die im napoleonischen Heer gefallenen Kölner, 1853

Abb. 31  Grab C. Grein († um 1830) von J. H. J. Schmitz und W. Barten; hist. Foto

Abb. 32  Grab E. Friedrich († 1848) von H. J. Daners (?)

Abb. 33  Grabplatte Gellert († 1838)

einsetzenden Reformbestrebungen. Echtes Material, materialgerechte Bearbeitung und individuelle Gestaltung waren drei bis in die Gegenwart fortwirkende Kardinalforderungen.

Neben den dauerhaften Materialien hat natürlich auch Holz immer eine Rolle gespielt. Wie groß seine Bedeutung war, läßt sich in Anbetracht dessen, daß nichts den Lauf der Zeit überdauerte, kaum ausmachen. Es ist zu vermuten, daß schlichte Holzkreuze, wie sie heute fast nur noch als temporärer Grabschmuck und auf Kindergräbern (dann weiß gestrichen) Verwendung finden, dereinst auf den Gräbern einfacher Leute üblich waren. Eine noch heute bekannte Sonderform stellen die Birkenkreuze für die Gefallenen der beiden Weltkriege dar. Geschnitzte Holzkreuze scheinen im Fahrwasser der Beuroner Schule vorübergehend modern gewesen zu sein. Ihnen lassen sich bis auf den heutigen Tag in der Machart der »Herrgottsschnitzer von Oberammergau« gearbeitete Kreuze zur Seite stellen. Ob es unter dem Einfluß des Expressionismus in den 1920er Jahren zu einer kurzfristigen Bevorzugung geschnitzter Grabmäler kam, kann nicht definitiv beantwortet werden. Gewisse Indizien sprechen dafür.

## Die Künstler und die stilistische Entwicklung

Die künstlerisch-stilistische Entwicklung des Grabmals auf Melaten kann nicht für sich allein betrachtet werden. Obwohl die Kölner Skulptur durch die fruchtbare Verschmelzung lokaler Tradition mit Berliner Impulsen sowie durch den Domfortbau im Verlauf des 19. Jahrhunderts ein eigenes Gepräge annahm, ist sie doch in den allgemeinen Entwicklungsgang der Kunstgeschichte eingebettet. Allerdings würde es über das Ziel dieses Buches hinausgehen, eine Kunstgeschichte des Grabmals auf Melaten zu entwerfen. Hier mag die Markierung der wichtigsten Phasen und die Nennung ihrer bedeutendsten Repräsentanten genügen.

Über die Künstler und Kunsthandwerker sind wir recht unterschiedlich unterrichtet. Näheres ist fast nur von den führenden Meistern bekannt. Über Leben und Werk der nachgeordneten, mehr handwerklich orientierten Kräfte wissen wir hingegen in der Regel so gut wie nichts. Dieses Informationsmanko ist um so bedauerlicher, als viele wichtige Bildhauer Kölns aus eben diesem handwerklichen Milieu hervorgegangen sind und keine akademische Ausbildung genossen haben. In diesem Zusammenhang sei auf die Zusammenstellung am Ende des Buches hingewiesen. So unvollständig und fehlerhaft die Liste auch sein mag, vermittelt sie doch immerhin einen Eindruck von der enormen Vielzahl der auf Melaten wirkenden Handwerker und Künstler. Die meisten von ihnen sind völlig in Vergessenheit geraten. Welche Bedeutung sie für die künstlerische Entwicklung des Grabmals hatten, ist beim gegenwärtigen Kenntnisstand oftmals nur zu ahnen. Mehrere, einander überlappende Phasen lassen sich unterscheiden:

*Spätbarock, Klassizismus und Biedermeier.* Am Anfang stehen schlichte volkskunsthafte Grabsteine, wie die verlorenen Stelen für Heinrich Speiman († 1810, Abb. 90) oder Werner Ahrweiler († 1820, Abb. 91). Sie sind noch der Formensprache eines damals eigentlich längst überlebten, provinziellen Spätbarock verpflichtet. Aus der zweiten Hälfte des 18. Jahrhunderts stammt tatsächlich das 1815 für Paul Brach wiederverwendete Grabkreuz des Adolph Bungartz (Abb. 104). Im Gegensatz zu diesen handwerklichen Arbeiten, deren Schöpfer anonym geblieben sind, gehören die fast gleichzeitig entstandenen Grabmäler für de Latte (1812), Heister († 1815) und Rougemont († 1818) bereits dem Klassizismus an. Die beiden zuletzt genannten gehen auf Entwürfe *Ferdinand Franz Wallrafs* (1748—1824) zurück. Sie sind von einem Bildhauer *Johann Joseph Mannebach* ausgeführt. Über ihn ist nichts Näheres bekannt. Neben Mannebach, dessen Signatur auch an späteren, vereinzelt schon neugotischen Grabmälern (Grab Richrath) auftritt, sind etliche andere Steinmetzen tätig. Ihre Grabsteine folgen meist den von den Gartentheoretikern bereits am Ausgang des 18. Jahrhunderts vorgeschlagenen klassizistischen Prototypen. Außer Stelen, Säulen, Cisten, Urnen, Obelisken und anderen, von antiken Vorbildern ausgehenden Grabmalformen erscheint der aufwendige Typus des Tabernakelgrabmals. Frühestes Beispiel ist das in dorischer Ordnung errichtete Grabmal Butz († 1844, Abb. 34). Ihm folgte nach 1845 eine ionische (Abb. 100) und gegen 1855 sogar noch eine gotische Variante (Abb. 115).

Mit *Johann Joseph Imhoff d. J.* (1796—1880), dem Schöpfer des Grabmals Birkhäuser/Wahlen, begegnen wir dem Mitglied einer weit verzweigten, seit dem 18. Jahrhundert in Köln ansässigen Künstlerfamilie. Sie ist über mehrere Generationen mit zum Teil überdurchschnittlichen Werken auf Melaten vertreten. Auf Johann Joseph Imhoff, der sich bei Thorvaldsen in Rom mit den Prinzipien klassizisti-

scher Skulptur vertraut gemacht hatte, geht beispielsweise das zerstörte Grabmal für seinen Vater *Peter Joseph Imhoff* (1768—1844) zurück (Abb. 92). Von Peter Joseph Imhoff stammt u. a. der mehrfach erwähnte Todesgenius des Grabmals Hamm (1821, Abb. 27), die früheste und wohl bedeutendste klassizistische Skulptur auf Melaten. *Wilhelm Joseph Imhoff* (1791—1858), ein Neffe Peter Josephs, ist auf Melaten bestattet. Sein Grab schmückte eines seiner letzten Werke, ein unvollendeter Frauenkopf (Abb. 132). Wilhelm Joseph schuf in den 1830er Jahren nach Entwürfen des Berliner Baumeisters Schinkel musizierende Engel für den Chor des Kölner Domes. Ihre teigige Formensprache legt nahe, im stilistisch verwandten Todesgenius des Grabmals Koch († 1834, Abb. 135) ebenfalls ein Werk Wilhelm Josephs zu vermuten. Bereits der fünften Bildhauergeneration gehört *Franz August Bernhard Imhoff* (1816—1888) an. Er siedelte später nach Aachen über. In seinem Grabmal für Luise Stoops († 1854, Abb. 161) verbinden sich Klassisches und Sentimentales zu biedermeierlicher Gefühlsinnigkeit. Über *Anton Ferdinand Franz Imhoff* (1843—1883) schließlich, von dessen Hand die Grabmäler Clahsen und vermutlich auch Steiger stammen, ist ebenso wenig bekannt wie über den am Grabmal Odendahl († 1846) mit *P. P. H. (?) Imhoff* signierenden Bildhauer. Wir wissen lediglich, daß ein gewisser *Anton Imhoff* 1870 zusammen mit seinem Bruder *Joseph Imhoff* auf der Hahnenstraße ein Bildhaueratelier unterhielt.
Zeitgenosse von Peter Joseph und Wilhelm Joseph Imhoff, den wohl bedeutendsten Vertretern der klassizistischen Skulptur in Köln, war der in Paris ausgebildete Architekt *Johann Peter Weyer* (1794—1864). Auf ihn, den späteren Stadtbaumeister von Köln, geht ein nicht ausgeführter Entwurf zum Grabmal Delius (1833, Abb. 111), eine frühe Ansicht des Friedhofs (Abb. 9) und vermutlich auch der Entwurf des Denkmals für die im napoleonischen Heer gefallenen Kölner zurück (Abb. 30). Das von Peter Joseph Imhoff gemeißelte Grabmal für Weyers Sohn Peter könnte ebenfalls auf einen Entwurf dieses wichtigsten klassizistischen Architekten Kölns zurückgehen. Neben Weyer war *Matthias Biercher* (1797—1869) ein bedeutender Repräsentant der klassizistischen Baukunst in Köln. Wahrscheinlich gehen die sich ähnelnden Grabmäler für den Tuchhändler Peter Anton Biercher († 1836) und für Ida Biercher auf ihn zurück. Ein weiterer, für Melaten tätiger Klassizist ist schließlich noch der Düsseldorfer Gartenbaudirektor *Maximilian Friedrich von Weyhe* (1775—1846). Er legte 1826 einen allerdings nur teilweise verwirklichten Bepflanzungsplan für den Friedhof vor (Abb. 8).

Abb. 34   Grab J. Butz († 1844); daneben Grab der Nonne C. Martin

Abb. 35  Grab C. Th. Othegraven († 1844)

*Neugotik.* Die Ablösung des Klassizismus durch eine zeitweise als deutscher Nationalstil gesehene Neugotik vollzog sich nicht abrupt. Die Übergänge sind fließend. So treten in den 1830er Jahren neben die »heidnischen« Formen der Antike die ersten »christlich-katholischen« des Mittelalters: Fast gleichzeitig mit dem klassizistischen Grabmal Seydlitz († 1832, Abb. 29) ist das neugotische Grabmal Fischer († 1833, Abb. 28) mit seinen ausführlichen Passionsdarstellungen entstanden. Ins Jahr 1844 gehört sowohl das dorische Tabernakelgrabmal Butz (Abb. 34) als auch die neugotische Stele des Generals Othegraven (Abb. 35). Ihr folgten bis um die Jahrhundertmitte weitere neugotische Grabmäler (Abb. 36, 38). Auffallend ist, wie bei manchen von ihnen, etwa dem Grabmal Othegravens oder demjenigen für Kempis († 1823, Abb. 134) unter gotischem Dekor noch eine klassizistische Grundhaltung sichtbar bleibt. Deutlich ist dies auch bei dem turmartigen, zinnenbewehrten Denkmal für die Opfer der Gasexplosion (1851, Abb. 123). Es steht trotz seiner viktorianischen Neugotik dem gleichzeitigen, noch antikisierenden Denkmal für die im napoleonischen Heer gefallenen Kölner typologisch nahe.

Wenn auch der Klassizismus während des ganzen 19. Jahrhunderts auf Melaten eine latente Unterströmung blieb, setzte sich die Neugotik mit dem Fortbau des Domes (ab 1842) immer stärker durch. Einer ihrer Vorkämpfer auf Melaten war *Christoph Stephan* (1797—1864), in dessen Passionsreliefs an dem eben erwähnten Grabmal Fischer noch barocke Reminiszenzen fortleben. Hauptwerk Stephans ist die nach Entwürfen des Kölner Dombaumeisters *Ernst Friedrich Zwirner* (1802—1861) entstandene Ausstattung der Remagener Apollinariskirche. Auf Zwirner könnte auch das 1838 errichtete Genossenschaftsgrabmal des Kölner Domkapitels (Abb. 112) zurückgehen. Seinem Vorbild folgen viele spätere Hochkreuze und Fialtürme des Friedhofs (Abb. 36). Unter Zwirner war *Christian Mohr* (1825—1888) Dombildhauer. Er war die zentrale Gestalt der Kölner Bildhauerei um die Jahrhundertmitte. In den wenigen religiösen Skulpturen, die sich von seiner Hand auf Melaten erhalten haben (Abb. 38), bleiben unter gotischem Gewand Klassizismen wirksam. Man könnte von nazarenischer Skulptur sprechen. Mohrs zahlreiche sepulkrale Bildnisse hingegen — etwa das Porträt Zwirners — kennzeichnet ein vom Berliner Spätklassizismus geläuterter Realismus. Nachfolger Mohrs wurde 1865 *Peter Fuchs* (1829—1898). Aus seiner vielköpfigen Werkstatt gingen an die 700 Skulpturen für den Kölner Dom hervor. Von diesem überaus produktiven Neugotiker, der ebenso wie Mohr von der nazarenischen Malerei Anregungen empfangen hatte, haben sich auf

Melaten leider nur zwei Grabmäler erhalten. Fuchs hatte unter anderem bei dem aus der Dombauhütte hervorgegangenen Diözesanbaumeister *Vincenz Statz* (1819—1898) gelernt. Dessen kolossalstes Werk auf Melaten ist das Grabmal Flammersheim/Steinmann (Abb. 121). Die von Statz herausgegebenen musterbuchartigen »Gotischen Einzelheiten« haben die rheinische Friedhofskunst nachhaltig beeinflußt. Auch andere, ebenfalls über Köln hinaus bedeutende Neugotiker wie der zeitweise am Dombau tätige *Friedrich Freiherr von Schmidt* (1825—1891) sowie sein vorübergehender Mitarbeiter *Heinrich Wiethase* (1833—1893) haben Grabarchitekturen für Melaten entworfen. Als späte Vertreter der im Umkreis des Dombaus und der zahlreichen Kölner Kirchenneubauten aufblühenden neugotischen Skulptur sind schließlich noch Renard, Werres und Iven zu nennen. Von *Edmund Renard* (1830—1905), einem Schüler Mohrs, ist vor allem das erstaunliche Marmorrelief des Biedermeier-Grabsteins Bechem/Richartz (1862, Abb. 154) zu nennen. Bei ihm sind die nazarenischen Formen der Dombauhütte gänzlich dem Berliner Klassizismus gewichen. *Anton Werres* (1830—1900), angeblich ein Schüler Peter Joseph Imhoffs, arbeitete wie Renard zunächst bei Mohr, um 1851 zu dem in Köln geborenen Rauch-Schüler Gustav Blaeser nach Berlin zu gehen. Später kehrte er wieder an die Dombauhütte zurück. Neben neugotischen Pfeilerfiguren für den Dom schuf er vor allem realistische Porträts. Etliche sind auf Melaten zu finden. Hauptwerke von seiner Hand waren hier das Wallraf-Richartz-Denkmal von 1867 (Abb. 164) und die kolossale Germania des Kriegerdenkmals (Abb. 62). Sie erweisen Werres als flexiblen gründerzeitlichen Stilpluralisten. *Alexander Iven* (1854—1934) lernte unter anderem bei den Brüdern Kramer in Kempen. In seinem Oeuvre stehen neben neugotischen Skulpturen nach französischen Vorbildern des 13. Jahrhunderts zur Moderne überleitende Bildwerke, beispielsweise die Skulpturen für die niederrheinische Kirche auf der Kölner Werkbundausstellung von 1914. Von Iven stammt auch das Kruzifix seines eigenen Grabes auf Melaten sowie das zerstörte Grabmal der Freiin von Schröder († 1932), eines seiner letzten Werke. In Ivens Spätwerk ist die Lösung von den Historismen der Dombauhütte vollzogen. Die künstlerische Persönlichkeit von *Ferdinand Joseph Custodis* (1842—ca. 1911) ist noch kaum greifbar, obwohl sich von ihm außer dem den Todesgenius Peter Joseph Imhoffs kopierenden Grabmal Streifler (um 1894, Abb. 162) noch andere Monumente auf dem Friedhof erhalten haben. Es heißt, Custodis habe zusammen mit *Franz Meynen* (1840—1915) um 1871 an der bildhauerischen Ausgestaltung des Domes mitgewirkt.

Abb. 36  Grab C. Joest († 1848) von H. J. Daners

Abb. 37  Friedhofskreuz (1850) von Vincenz Statz und Carl Hoffmann

Abb. 38 Grab Schmits/Meurer († 1855) von Christian Mohr
Abb. 39 Grab H. J. Landwehr († 1878); Detail

Abb. 40   Grab C. Esch († 1900) von Wilhelm Albermann

*Stilvielfalt der Kaiserzeit.* Was wir heute mit einigem Unbehagen als kaiserzeitlichen Stilpluralismus bezeichnen, setzte eigentlich nicht erst nach der Reichsgründung von 1871 ein. Schon Mohr und vor allem dann Renard und Werres vermochten sich mit erstaunlicher Leichtigkeit der jeweils gewünschten Formensprache anzupassen. Eine vielseitige Ausbildung kam ihnen dabei zustatten.
Während die religiöse Skulptur bis um die Jahrhundertwende hauptsächlich neugotisch bzw. von der nazarenischen Malerei beeinflußt blieb, wurden für das Bildnis klassizistische Formen bevorzugt. Beim Porträt wich allerdings die Idealität zunehmend der historischen Individualität. Das mitunter als Mangel an schöpferischer Kraft mißverstandene Verfügen über die verschiedenen Stile der abendländischen Kunst ist auf Melaten am deutlichsten in den Architekturen faßbar.
Ein monumentales Beispiel für den schon um 1850 einsetzenden Stilpluralismus (Abb. 118) ist das im Stil der Hochrenaissance entworfene Grabmal Syebertz († 1855, Abb. 59), für das Mohr den nazarenischen Skulpturenschmuck schuf. Sein Schöpfer ist *Julius Raschdorff* (1823—1914), der in Berlin ausgebildete und später dort auch wirkende Stadtbaumeister von Köln. Raschdorff gilt zusammen mit dem ebenfalls an der Berliner Bauakademie ausgebildeten *Hermann Otto Pflaume* (1830—1901) als Begründer der Neurenaissance französischer Prägung im Rheinland. Von Pflaume seien hier nur der im Stil der italienischen Hochrenaissance gestaltete Obelisk des Grabmals Deichmann († 1876, Abb. 63) sowie die antikisierende Architektur des Grabmals Mevissen/Stein († 1899, Abb. 65) erwähnt. Ein Werk Pflaumes oder Raschdorffs könnte auch die »altdeutsche« Renaissancearchitektur des Grabmals Gronewald († 1873, Abb. 60) sein. Sie rahmt ein den heilenden Christus darstellendes Marmorrelief von Werres.
Zum Neubarock leiten schließlich das Kriegerdenkmal von 1866 (errichtet 1870, Abb. 61) und das aufwendige Grabmal Pfeifer/Mayer (Abb. 64) von Architekt *Georg Frentzen* (1854—nach 1912) über.
Die Neuromanik faßte im Schatten des übermächtigen gotischen Domes weder in der Profanarchitektur noch auf den Friedhöfen Kölns Fuß. Zu nennen wären auf Melaten allenfalls das neue Friedhofskreuz (um 1904) und die erst 1913 entstandene Grabkapelle der Familie Betzler (Abb. 77). Sie stellt das einzige erhaltene und vermutlich auch späteste von einst mehreren Mausoleen (Abb. 76) dar.
Am Ende des 19. Jahrhunderts ist der in Berlin ausgebildete *Wilhelm Albermann* (1835—1913) einer der meistbeschäftigten Bildhauer des Rheinlandes. Als Denkmalplastiker, Schöpfer historischer Brunnen

und Bildhauer religiöser Skulpturen verfügt er souverän über eine breite Palette stilistischer Haltungen. Auf Melaten haben sich mehrere seiner realistischen Bildnisse erhalten, ebenso einige seines Schülers *Johannes Degen* (1849—1916), der hauptsächlich in der Kölner Neustadt als Bauplastiker tätig war.

Der produktivste aller vertretenen Plastiker war *Wilhelm Faßbinder* (1858—1915). Mit seiner personalstarken, auf die Anfertigung von Grabmälern spezialisierten Werkstatt verkörpert er den Prototyp des Bildhauers als Unternehmer. Sein Werk reagiert auf alle die Kunst der Jahrhundertwende bewegenden Strömungen. So gibt es Arbeiten, die sich der spätnazarenischen Neugotik Albermanns anschließen, solche, die als neubarock zu bezeichnen wären und andere wiederum, die Anregungen des Jugendstils in sich aufnehmen (Abb. 105), dessen bedeutendster Vertreter in Köln *Joseph Moest* (1873—1914) war (Abb. 119). Manche Grabmäler folgen einem Neuklassizismus, wie ihn Peter Breuer, Louis Tuaillon und Adolf von Hildebrand von Berlin bzw. von München nach Köln trugen. Im bescheidenen Grabstein Prior († 1911, Abb. 147) scheinen sich die 1914, also im Jahr der zukunftsweisenden Kölner Werkbundausstellung von Faßbinder selber formulierten Reformgedanken mit Elementen eines Neubiedermeiers verbunden zu haben. Dieses kurzlebige Neubiedermeier ist vielleicht im Grabmal Fröbus (Abb. 80) am deutlichsten erkennbar. Mit den expressiven Arbeiten des aus Süddeutschland kommenden *Georg Grasegger* (1873—1927) läuft die Grabplastik auf Melaten aus (Abb. 87). Für das, was während des Dritten Reichs entstand, haben wir kaum Belege (Abb. 88), da die »Entnazifizierung« nicht vor der Friedhofsmauer halt machte. Die nach dem letzten Weltkrieg entstandenen Skulpturen zehren zumeist vom Erbe des 19. Jahrhunderts. Klassizistisches und Neugotisches leben in der Reservation des Friedhofs immer noch nach. Ernsthafte Versuche eines Neubeginns stellen unter anderem die Arbeiten von *Ludwig Gies* (1887—1966) dar. Ob sie allerdings eine allgemeine Rückbesinnung der Bildhauerei auf die Grabplastik als eine verantwortungsvolle und dankbare künstlerische Aufgabe signalisieren, ist fraglich.

*Berlin und Düsseldorf.* Seit den 1880er Jahren sind neben den Kölnern verstärkt auch Künstler aus anderen Städten des Reichs und vereinzelt sogar aus dem deutschsprachigen Ausland (Innsbruck, Zürich) auf Melaten tätig. Mehrfach sind Bildhauer aus dem benachbarten Düsseldorf zu finden, wo sich im Umkreis von *Karl Janssen* (1855—1927) eine dem offiziellen Berliner Denkmalstil verpflichtete Bildhauerschule gebildet hatte. Bekannte Persönlichkeiten wie *Clemens Buscher*

(1855—1916) und *Rudolf Bosselt* (1871—1938) stehen neben weniger bekannten wie *Gottlob Deihle* und *Carl M. Geiling.* Am zahlreichsten sind jedoch die der damals führenden Berliner Schule zuzurechnenden Bildhauer vertreten. Aus der Reichshauptstadt, wo Blaeser, Werres, Albermann, Breuer und etliche andere Kölner Künstler ihre Ausbildung erfahren hatten, kommen *Ludwig Brunow* (1843—1913), *Robert Toberentz* (1849—1895), *Heinrich Hoffmeister* (1851—1894), *Gerhard Adolf Janensch* (1860—1933), *Reinhold Felderhoff* (1865—1919), *Ludwig Vordermayer* (1868—?), *Hugo Lederer* (1871—1940), *Ernst Jaeger* (1880—?) und schließlich auch einige Mitglieder der verzweigten Kreuznacher Bildhauerfamilie *Cauer.* Aus Charlottenburg stammen die beiden auf Melaten nachweisbaren Architekten *Hugo Dunkel* und *Otto March* (1845—1913). In den Berliner Künstlern entstand den ortsansässigen Kräften eine Konkurrenz, gegen die man sich durch die Gründung eines »Vereins zur Förderung der Bildhauerkunst in Rheinland und Westfalen« zu behaupten hoffte. Dem Gründungsvorstand gehörten neben vielen Düsseldorfern die Kölner Bildhauer Albermann, Faßbinder und Iven an. Ihre gegen den Berliner Zentralismus und Protektionismus erhobenen Klagen waren — bezogen auf die Kölner Verhältnisse — in der Tat nicht ganz unberechtigt. Denn alle Großaufträge wie die Königs- und Kaiserdenkmäler, die Standbilder für Bismarck und Moltke, waren nicht an einheimische, sondern an Berliner Künstler gegangen. Hier in Berlin war das neue Menschenbild des Industriezeitalters künstlerisch formuliert worden. Und von hier aus wurde es in die Großstädte des Reichs exportiert. Die Berliner Denkmalskunst avancierte zur Reichskunst. Sie hatte europäischen Rang. Die religiöse Skulptur und mit ihr die Grabmalskunst blieben hingegen doch im großen und ganzen eine Domäne der ortsansässigen, auf Melaten eben der kölnischen Kunst. Seit alters verband sich in ihr weltstädtisch-offener Geist mit einem gewissen Lokalpatriotismus, der sich durch eine große Vergangenheit gerechtfertigt weiß. Die spezifisch kölnische Verbindung von Traditionsbewußtsein und Fortschrittlichkeit, von selbstversunkener, mittelalterlicher Gläubigkeit und ausgelassener, antiker Lebensfreude hat auch Melaten geprägt.

Abb. 41   Grab E. F. Zwirner († 1861) von Christian Mohr und Ludwig Siegert; Detail

Abb. 42   Grab R. J. v. Frankenberg († 1873) von Heinrich Hoffmeister

Abb. 43 Grab F. Weber († 1876) von Anton Werres

Abb. 44 Grab H. Becker († 1885) von Anton Werres, Wilhelm Albermann und Otto Pflaume

Abb. 45  Grab M. Beckmann († 1900) von Wilhelm Faßbinder; Detail

## Die Darstellungen — ihre Bedeutung und Entwicklung

Neben den an anderer Stelle behandelten berufsbezogenen Symbolen gibt es auf Melaten eine große Fülle von Sinnbildern, die in unterschiedlicher Form zentrale Begriffe wie Seele, Tod, Trauer, Leiden, Auferstehung und ewiges Leben umschreiben. Die Bedeutung dieser meist aus der Antike entlehnten Symbole ist heute nicht mehr allgemein geläufig, zumal ihre Verwendung schon seit Mitte des 19. Jahrhunderts mehr und mehr zurückgegangen war. Folgende Zusammenstellung gibt eine Übersicht über die gebräuchlichsten Sinnbilder:

Pflanzen:

*Distel:* Sinnbild der irdischen Schmerzen, von denen der Tod erlöst (Abb. 39). *Dornen(krone):* Zeichen der Passion Christi, durch die die Welt erlöst wird (Abb. 79). *Efeu:* immergrüne Pflanze; seit alters Sinnbild des ewigen Lebens und der Treue (Abb. 143). *Eiche(nlaub):* Weil das Holz der Eiche als unvergänglich galt, ist Eichenlaub ein Symbol der Unsterblichkeit. Im 19. Jahrhundert wurde die Eiche darüber hinaus zum geläufigen Symbol des Deutschen schlechthin (Abb. 160). *Lebensbaum (Thuja):* immergrünes Nadelgehölz; Sinnbild der Unsterblichkeit (siehe die Bepflanzung des Friedhofs). *Lilie:* Sie bezeichnet Unschuld und Reinheit, das sich Ausliefern an die Gnade Gottes (Abb. 113). *Lorbeer(kranz):* wegen seiner immergrünen Blätter Sinnbild der Unverweslichkeit. Lorbeerkränze sind zugleich Zeichen des Sieges, der Ehre und des Friedens (Abb. 150). *Mohn(kapseln):* wegen seiner betäubenden Wirkung Sinnbild für Schlaf und Tod (Abb. 31). *Ölbaum* bzw. *Oliven(zweig):* Symbol des Friedens bzw. der Rettung der Seele aus Todesnot (Grab P. Erfurt). *Palme, Palmzweig:* altes Sinnbild für Aufstieg, Wiedergeburt und Unsterblichkeit, für die Auferstehung nach Passion und Tod (Abb. 146). *Rose(tten):* Die Rose hat vielfältige, mystische Bedeutungen; u. a. ist sie das Sinnbild der Liebe und der Hoffnung auf ein ewiges Leben (Grab Reni). *Sonne(nblume):* die Sonne(nblume) ist ein Symbol der Unsterblichkeit, da sie jeden Morgen aufs neue aufgeht (Grab Goecke). *Trauerweide:* Sinnbild der Trauer (Grab Klostermann; siehe aber auch die Bepflanzung des Friedhofs). *Wein(stock, -laub, -traube):* Das Abschneiden und Keltern der Traube, bevor sie zu Wein wird, entspricht dem irdischen Leben und Sterben und weist zugleich auf den Übergang zu einer neuen Lebensqualität hin. Die Weintraube wird oft auf den Opfertod Christi bezogen (Abb. 45).

Die genannten symbolischen Bedeutungen gelten natürlich nicht nur für die zum künstlerischen Motiv umgesetzten, sondern auch für die tatsächlich gepflanzten Bäume und Stauden. Sie haben nicht zuletzt auch die praktische Aufgabe, die Luft mit angenehmem Duft zu verbessern. Die chemischen Prozesse bei der Verwesung und vor allem die als schädlich gefürchteten, zudem übelriechenden Dünste waren seit Beginn des 18. Jahrhunderts Gegenstand wissenschaftlicher Untersuchungen. Die gewonnenen lufthygienischen Erkenntnisse trugen wesentlich dazu bei, die Friedhöfe mit wohlriechenden Gewächsen zu bepflanzen.

Es ist ungewiß, ob die symbolische Bedeutung der Pflanzen im späten 19. Jahrhundert immer präzis bekannt gewesen ist. Zumindest scheinen die Blumen und Pflanzen an manchen Grabmälern der Jahrhundertwende mehr aus ornamental-dekorativen als aus symbolischen Gründen gewählt worden zu sein. Ein merkwürdiger Fall subjektiver Pflanzensymbolik ist das Grabmal der Margarete Prior (gest. 1911, Abb. 147) mit stilisierten Margeriten. Für ihre Wahl war die Namensgleichheit mit der Verstorbenen ausschlaggebend. Die beigegebene Inschrift »Blümlein traut, sprecht für mich« unterstreicht die Sinngebung.

Tiere:

Außer Pflanzen haben auch einige Tiere symbolische Bedeutung. *Biene(nkorb):* Der Bienenkorb ist das Symbol der Kirche, die Biene uraltes Sinnbild der frommen, einigen Gemeinde (Grab Johann Stephan). *Lamm:* vielschichtiges Symbol der Unschuld; besonders beliebtes Christussymbol des Pietismus (Grab Berger). *Löwe:* Symbol der Stärke, Sinnbild der Auferstehung Christi und der Auferweckung der Toten. Der Löwe verkörpert neues Leben und neue Kraft, aber auch die zu überwindenden Mächte des Bösen (Grab DuMont). *Muschel:* sie ist Sinnbild des Grabes, aus dem der Mensch eines Tages auferstehen wird (Abb. 66). *Pfau:* Der radschlagende Pfau ist das Symbol der Auferstehung des Leibes und der Unverweslichkeit (Grab Keppeler). *Schlange:* Sie hat sehr unterschiedliche Bedeutungen. Sie verkörpert das Böse schlechthin, aber auch die Allgegenwart und die Allwissenheit. Sie kann Heilsbringer und damit auch Symbol Christi sein. Die sich in den Schwanz beißende Schlange bedeutet die sich unaufhörlich erneuernde Zeit, den Kreislauf der Natur (Grab Geyr zu Schweppenburg). *Schmetterling:* antikes Sinnbild der unsterblichen Seele, die den Körper des Toten verläßt; auf protestantischen Grabsteinen des 17.

und 18. Jahrhunderts besonders häufig (Abb. 103). *Taube:* Seelenvogel; Seele des Verstorbenen in der Freude, zugleich Symbol des Heiligen Geistes und des göttlichen Friedens (Grab P. Erfurt).

Weitere, häufig vorkommende Symbole und Allegorien sind:

*Amphore:* antikes bauchiges Tongefäß. Abbildungen von Amphoren an Gräbern verweisen auf den Menschen als Gefäß der Gnade des Heiligen Geistes; sie spielen auf den Leib als zerbrechliches irdenes Gefäß an (Abb. 34). *Anker:* pietistisches Sinnbild der Hoffnung, der Heilszuversicht (Abb. 99). *Buch:* Bibel, Buch des Lebens (Abb. 113). *Dreieck* (mit dem Auge Gottes): Dreifaltigkeitssymbol; Dreieck und Richtscheit sind auch Symbole des Freimaurertums. *Fackel:* Die verlöschende Fackel ist ein altes Todessymbol (Abb. 32). *Fels:* biblisches Sinnbild der Festigkeit und Hinweis auf Christus (Abb. 99). *Hände:* Ineinandergelegte Hände sind ein an Grabsteinen von Eheleuten häufig vorkommendes Sinnbild für das Wiedersehen im Himmel und die eheliche Treue über den Tod hinaus (Abb. 157). *Herz:* mystisches Symbol des Lebens und der Liebe, meist in Verbindung mit Anker und Kreuz, den Sinnbildern des Glaubens und der Hoffnung dargestellt. *Kranz:* Siegeskranz, Heilszeichen, Krone des ewigen Lebens (Abb. 106). *Kreuz:* uraltes, vielgestaltiges Heilszeichen; Sinnbild für die Erlösung des Menschen durch den Kreuzestod Christi (Abb. 37). *Öllampe:* der Lichtsymbolik zugehöriges Sinnbild für Leben und Heil (Abb. 74). *Pilger:* Der Wanderer, der ermattet nach langer Irdenwanderung die letzte Ruhe findet, ist ein beliebtes pietistisches Sinnbild des Lebens und seiner Vergänglichkeit (Abb. 163). *Posaune:* Signalinstrument; es weckt die Toten zum Jüngsten Gericht (Abb. 100). *Putten:* Die von den antiken Eroten abstammenden Putten bzw. das geflügelte Engelsköpfchen sind besonders in der Romantik beliebte Sinnbilder der Unschuld, der reinen Seele und des unbefangenen Glaubens (Abb. 122). *Sanduhr:* Die verrinnende Zeit ist Sinnbild der Vergänglichkeit, des Todes (Abb. 165). *Säule:* Mit Basis und Kapitell symbolisiert sie den Baum des Lebens; das im Freimaurertum besonders beliebte Symbol der abgebrochenen Säule ist Sinnbild des Todes (Grab vom Baum). *Schädel:* Sinnbild der Vergänglichkeit des Menschen; zugleich Hinweis auf das Grab Adams; Meditationsobjekt verschiedener Heiliger (Abb. 91). *Stern:* himmlischer Bringer des Lichtes, Symbol Christi (Abb. 103). *Tor, Türe, Pforte:* Etliche Grabsteine der zweiten Jahrhunderthälfte haben die Form eines Tores. Das Tor ist Sinnbild des Überganges. Es markiert die Schwelle zwischen

zwei Bereichen, zwischen Diesseits und Jenseits, zwischen Leben und Tod (Abb. 118). *Velum:* Flor der Trauer (Abb. 93).
Überschaut man die Fülle der Symbole, so ist festzustellen, daß Sinnbilder antiker Herkunft zumindest in der ersten Hälfte des 19. Jahrhunderts auf Melaten vorherrschen. Zu ihnen gesellen sich vereinzelt antike allegorische Gestalten, etwa der auf Melaten mehrfach kopierte Todesgenius des Grabmals Hamm (Abb. 27).
An die Stelle der vom Mittelalter bis zum Barock verbindlichen christlichen Deutungen des Todes sind also Deutungen aus der griechischen, römischen und hellenistischen Mythologie getreten. Sie entsprachen dem Bildungsbewußtsein eines Bürgertums, das nach der Wiederentdeckung der Kunst des klassischen Altertums durch J. J. Winckelmann (1717—1768) in den ästhetischen Kategorien des Klassizismus dachte, fühlte und gestaltete. Es war der Dichter Gotthold Ephraim Lessing, der 1769 mit seiner Schrift »Wie die Alten den Tod gebildet« eine grundlegende Wandlung der Todesvorstellungen aus dem Geiste der Antike eingeleitet hatte. Lessings Vorstellungen vom »schönen Tod« wirkten seit etwa 1770 nachhaltig auf die Grabmalskunst ein. Hans Reich charakterisiert das Wesen dieses Frühklassizismus folgendermaßen: »Es weht eine antikisch-heitere Luft über diesen Gräbern, auf denen liebendes Angedenken die uralten Sinnbilder der Erinnerung errichtet hat, die umflorte bekränzte *Urne,* die *Pyramide,* die schlanke *Stele,* den schmalen *Obelisk* mit all ihren Zeichen des Übertritts in die Gefilde der Seeligen, dem *Schmetterling,* dem *Stern,* dem zerbrochenen *Stab* und schließlich dem *Genius,* der sacht die *Lebensfackel* löscht.« Die vorbildgebende antike Grabmalskunst war »ganz menschlich gefaßt und edel in der Form und Haltung. Sie zeigt wohl Abschied, Trauer und Wehmut der Trennung geliebter Menschen, aber sie bleibt verhalten maßvoll, dabei rührend und bewegend... Trauer und Klage bleiben in den Grenzen des Ansehnlichen und zeigen sich niemals wild und leidenschaftlich. Das Ethos herrscht über das Pathos der Trauer... Es war ein hohes Vorbild, vor das sich die Grabmalkunst des frühen Klassizismus gestellt sah... Das hat zu einem einmaligen Höhepunkt der Grabmalgestaltung geführt, indem edle schlichte Formen übernommen und im Geist der Zeit modifiziert werden: die *Säule,* die *Stele,* der kleine *Tempel...,* der *Cippus,* der *Sarkophag* und immer wieder die umflorte *Urne* und *Grab-Vase*« (Christian Rietschel). Bei all diesen antikisierenden Grabmälern weist kaum etwas auf eine christliche Jenseitsvorstellung oder Glaubenshoffnung hin. Mit der antiken Sepulkralkunst wurden auch die antiken Todesvorstellungen übernommen.

Christliche Themen treten auf Melaten, wo der Klassizismus verspätet einsetzt und entsprechend spät ausläuft, eigentlich erst um die Mitte des Jahrhunderts auf, und zwar nachdem mit dem 1842 aufgenommenen Weiterbau des Kölner Domes die Neugotik ihren Siegeszug angetreten hatte. Frühe Beispiele sind die Passionsreliefs am Grabmal Fischer (nach 1835; Abb. 28) sowie die um 1845 entstandene Christusfigur am Grabmal Birkhäuser/Wahlen von dem Thorvaldsen-Schüler J. J. Imhoff d. J. Letztere (Abb. 100) stellt eine von mehreren Varianten des bekannten Kopenhagener Thorvaldsen-Christus von ca. 1821 dar. In ihm waren christliche Thematik und antike Form zu einer Synthese verschmolzen worden, deren normative Kraft auf die Christusdarstellungen eines ganzen Jahrhunderts einwirkte. Im scharfen Kontrast hierzu entstand dann allerdings kaum fünf Jahre später mit dem Friedhofskreuz von Carl Hoffmann ein nun von spätgotischen Vorbildern ausgehendes Bild des Gekreuzigten. Seine an Veit Stoß gemahnende Expressivität hat mit der Verhaltenheit und Idealität des klassischen Menschenbildes nichts gemein. Zwischen diesen beiden Extremen, nämlich zwischen antikischer Idealität und mittelalterlicher Innerlichkeit schwankt das Christusbild auf Melaten bis zum Ende des Jahrhunderts. Ausgehend von Vorbildern der (Kölner) Kathedralgotik, die z. T. in die läuternde Formensprache der Nazarener umgesetzt werden, gelang es der religiösen Plastik am Ausgang des Jahrhunderts vereinzelt noch einmal, antike Körperlichkeit mit christlicher Geistigkeit zu verbinden.

Relativ häufig sind auch Mariendarstellungen wohl nicht nur allein deshalb, weil Maria als die beste Fürbitterin beim Jüngsten Gericht gilt. Nach der Verkündigung des Dogmas der Unbefleckten Empfängnis im Jahre 1854 konnte Maria auch als kirchenpolitische Symbolfigur des rheinischen Katholizismus gesehen werden. Dies mag sich auf die Friedhofskunst ausgewirkt haben. Jedenfalls erscheint Maria mehrfach als Immakulata, so u. a. am Grabmal Schilling. Manchmal ist sie auch als eine an das Mitleid des Betrachters appellierende Schmerzensmutter dargestellt (Grab Maria Mattar). Auch Vesperbilder treten vereinzelt auf (Grab Firnig). Die Darstellungen Mariens als Muttergottes mit Jesuskind sind besonders häufig (Abb. 97, Abb. 116). Sie lehnen sich bisweilen unmittelbar an mittelalterliche Vorbilder an.

Neben biblischen Gestalten, zu denen noch die Petrus-Figur auf dem Genossenschaftsgrabmal der Kölner Pastöre und die pathetische Magdalena vom Grabmal Gladbach (Abb. 70) hinzuzuzählen sind, treten nur vereinzelt Heilige auf. Sie haben dann gewöhnlich als Schutzpatrone einen Bezug zum Beruf des Verstorbenen (siehe Grab

**Grabmonumente, Stationskreuze ꝛc.**

werden schön und billigst angefertigt bei

**Otto Hansmann, Bildhauer.**
Antonitterstraße 16.

Abb. 46   Greven's Adreßbuch 1866

**H. J. Dauers,**

**Marbrier und Steinmetzmeister,**

Privat-Wohnung und Lager:

**Poststraße Nro. 40,**

empfiehlt sich in allen Marmor- und Steinmetzarbeiten, als: Cheminees, Flur-Belägen, Monumenten und in allen Haustein-Arbeiten.

Abb. 47   Greven's Adreßbuch 1866

**Gebrüder Ant. & Jos. Imhoff,**

**Bildhauer in Cöln,**

Hahnenstrasse Nro. 20

empfehlen sich zur Anfertigung von Figuren, Ornamenten, Grabmonumenten, Altären und allen vorkommenden Bildhauer-Arbeiten, in gebranntem Ton und allen Steinsorten.

Abb. 48   Greven's Adreßbuch 1870

**Fr. Custodis, Bildhauer,**

**Antonitterstraße 16.**

empfiehlt sich zur Anfertigung von Grabdenkmälern, wie auch aller sonstigen Bildhauer-Arbeiten bei sorgfältigster und billigster Ausführung. Große Auswahl in Musterzeichnungen liegen zur gefl. Ansicht vor.

Abb. 49   Greven's Adreßbuch 1874

**Marmor-Geschäft**
von
**CONRAD SIEGERT**
Eintrachtstraße Nro. 116 in Cöln.
Atelier zur Anfertigung aller vorkommenden Marmor-Arbeiten.

Abb. 50   Greven's Adreßbuch 1874

**Marmor-Geschäft**
von
**JOSEPH DEVELLÉ**
Pfeilstrasse 11a.
Atelier zur Anfertigung von Grabmonumenten, Cheminées, Fenster, Möbelplatten, Flurbelägen, Gerberplatten und alle vorkommenden Marmorarbeiten.

Abb. 51   Greven's Adreßbuch 1874

**Grab-Denkmäler.**
**W. REUSTECK,**
zu MELATEN, vis-à-vis dem Friedhofe
verfertigt Grabdenkmäler, Stationen etc. nach einer schönen Auswahl von Planzeichnungen.

Abb. 52   Greven's Adreßbuch 1882

**Wilhelm Fassbinder,**
**Bildhauer,**
*Venloerstrasse 17 vorl. (Neustadt).*

Anfertigung aller figürlichen und ornamentalen Bildhauerarbeiten für Neubauten.
Herstellung jeglicher **Modelle für Stuck, Zink und Bronce.**
Künstlerische Ausführung aller **Monumentalarbeiten,** von **Grabmälern** in **Marmor und Sandstein.**
Austellung von **Grabmälern** in polirtem Syenit, deutschem und schwedischem **Granit** der Firma **Victor Schleicher, Schluckenau** (Boehmen).

Abb. 53    Greven's Adreßbuch 1885

**Atelier**
zur
**Anfertigung von Grabmonumenten**
von
**Joseph Spiegel**
MELATEN bei KÖLN, Aachenerstrasse Nro. 39.

Abb. 54    Greven's Adreßbuch 1885

Abb. 55    Briefkopf der Firma Steinnus, um 1914

Abb. 56 Greven's Adreßbuch 1911

Abb. 57  Entwurf zum Grabmal Bavendahl (1883)

Abb. 58  Bildhauer Faßbinder in seinem Atelier

Wilhelm Albermann mit Reinoldus, dem Schutzheiligen der Steinmetzen und Bildhauer). Ungewöhnlich ist das Grabmal für Johann und Sophia Statz insofern, als hier die Reliefbilder zweier Heiliger vermutlich die Namenspatrone der Verstorbenen darstellen.
Alles in allem beschränkt sich die christliche Plastik auf wenige Themen. Sie setzte mit der Neugotik gegen 1840 ein. Die Neugotik mündete bereits wenig später in den breiten Strom anderer historischer Stile ein. Als ein Stil unter vielen wirkte sie bis zum Jahrhundertende fort, um gegen 1900 noch einmal einen gewissen Höhepunkt auch in der Skulptur zu erreichen (Abb. 40).
Mit der Neurenaissance und vor allem mit dem Neubarock traten seit den 1860er Jahren wieder Skulpturen auf den Plan, die an den Antikenrezeptionen des Barock und des Klassizismus anknüpften. Der beliebteste, bis ins 20. Jahrhundert fortlebende Typus ist die trauernd am Grab sitzende Frauenfigur. Dieser aus der barocken Ikonographie schon vom Biedermeier gern und oft übernommene Typus ist auf Melaten in vielfältigen Variationen zu finden. Das Spektrum der Charakterisierung reicht von meditativer Versunkenheit im Schmerz (Abb. 145) bis hin zur kapriziös-koketten Zurschaustellung weiblicher

Schönheit und modischer Eleganz (Abb. 136, Abb. 145). All diese Trauernden, ob sie nun Kränze oder Blumen niederlegen, die Urne umklammern oder das Porträtmedaillon des Verstorbenen betrachten, verewigen weniger den Verstorbenen, mehr die persönlichen Gefühle der Hinterbliebenen. Sie sind — anders als die allegorischen Gestalten des Klassizismus — sozusagen subjektivierte Allegorien, Personifikationen privaten Schmerzes und intimer Trauer. In dieser Eigenschaft können sie sogar die Mode der Zeit tragen und selbst Porträtzüge annehmen (Abb. 69).

Besonders häufig sind schließlich gegen Ende des 19. Jahrhunderts die Genien bzw. Engel. Sie sind nicht immer klar auseinanderzuhalten. Bei diesen meist als liebliche Jungfrauen aufgefaßten Gottes- und Himmelsboten lassen sich verschiedene Grundtypen unterscheiden. Da ist einmal der in himmlischer Anbetung versunkene Engel (Abb. 66) und der Engel mit dem Palmzweig, der der Seele den Frieden bringt (Abb. 67). Da gibt es ferner den deklamatorisch gen Himmel weisenden Engel, der die Hinterbliebenen am Grab tröstet (Abb. 68, 82, 136) und schließlich den Engel mit Posaune als Vorboten des Jüngsten Gerichts (Abb. 71). Als Schutzengel könnte die mütterliche, geflügelte Frauengestalt vom Grabmal Dreesmann angesprochen werden (Abb. 75). An all diesen Figuren läßt sich der Wandel des weiblichen Schönheitsideals bis zum Ersten Weltkrieg konsequent verfolgen. Denn sie sind keineswegs die geschlechts- und alterslosen Wesen des frühen 19. Jahrhunderts, sondern durchaus diesseitige Geschöpfe, deren ausgeprägte frauliche Reize eher an ein irdisches als an ein himmlisches Paradies denken lassen (Abb. 74). Also auch hier Ansätze zu einer Subjektivierung, ja zugleich auch zu einer gewissen Veräußerlichung und Verflachung traditioneller Themen der Friedhofsplastik.

Kurz nach 1900 kehrten dann mit dem Neuidealismus noch einmal einige klassische Themen der Sepulkralskulptur zurück. So lebte für kurze Zeit noch einmal der antike männliche Genius im Sinne Lessings auf (Abb. 79). Eine Gegenüberstellung des späten schönheitlichen Genius vom Grabmal Mallinckrodt mit dem wohl nur wenig früher entstandenen, durch seinen krassen Naturalismus schockierenden Sensenmann vom Grabmal Müllenmeister (Abb. 72) macht die Entschiedenheit des Umbruchs deutlich: An die Stelle der neubarocken Vorliebe für theatralische Effekte, für dramatische Zuspitzungen und für das Momentane ist eine stille, unpathetische Zuständlichkeit getreten. Sie wird, ebenso wie die archaisierende Formensprache etwa am Grabmal Heidemann (Abb. 84), als Ausdruck einer zeitlosen und

Abb. 59 Grab J. Syebertz († 1855) von Julius Raschdorff und Christian Mohr; hist. Foto

Abb. 60  Grab J. J. Gronewald († 1873) von Anton Werres

Abb. 61  Kriegerdenkmal 1866 (errichtet 1870) von C. J. Goebel. Es markiert die Kreuzung der beiden Hauptachsen.

überindividuellen Allgemeingültigkeit betrachtet. In Anlehnung an antike Vorbilder wird »Abschied« (Abb. 81) oder »Hermes als Seelenführer« (Abb. 85) monumental thematisiert. Eine um 1907 entstandene lebensgroße Freiplastik zeigt Hypnos, den antiken Gott des Schlafes, als schönen nackten Jüngling (Grab Dreschner).
Mit dem Neuklassizismus der Zeit um den Ersten Weltkrieg setzt auf Melaten eine Reduktion der Form und des Inhaltes ein. Sie führt schließlich zur völligen Aufgabe des Subjektiven und Individuellen im Grabmal — übrigens ein Vorgang, der sich gleichermaßen am weltlichen Denkmal verfolgen läßt. Die Entwicklung führt fort vom Spezifischen und hin zum Allgemeingültigen und Idealtypischen, etwa zur »Liegenden« am Grabmal Esser (Abb. 117), zum »Schwertträger« des Grabmals Bodenheim (Abb. 101) oder zur nornenhaften, nicht eindeutig benennbaren Sitzfigur am Grabmal Brandt (Abb. 105). Der »Winzer« Graseggers am Grabmal Thelen (1924; Abb. 87) leitet schließlich zu einer Moderne über, für die die Grabplastik keine vorrangige Aufgabe mehr ist.

Abb. 62   Kriegerdenkmal 1870/71 von Anton Werres, Hermann Weyer und Jean Nothen; hist. Foto

## Der Friedhof als Spiegel der Gesellschaft

Der Melatenfriedhof steht allen christlichen Bekenntnissen (ab 1829) und allen Bevölkerungsschichten offen. Die napoleonische Begräbnisordnung hatte die revolutionäre Forderung der Gleichheit aller zumindest auf dem Friedhof durchgesetzt. Mit der für alle Kölner geltenden Bestattungspflicht auf Melaten verloren alte ständische Privilegien ihre Gültigkeit. Das Vorrecht auf eine besonders schön gelegene und große Grabstätte mußte fortan nach einer festgelegten Gebührenordnung teuer bezahlt werden. Es ist also kein Zufall, sondern das Ergebnis einer politischen Entwicklung, wenn auf Melaten Arm und Reich, Militärs und Pastöre, Handelsleute und Künstler, Handwerker und Universitätsprofessoren, Schauspieler und Politiker, also Vertreter aller Stände, begraben sind. In ihrer Gesamtheit ergeben sie und ihre vielgestaltigen, vom schlichten Grabkreuz bis zum aufwendigen Mausoleum reichenden Grabstätten ein komplexes Bild der Bevölkerungsstruktur Kölns im 19. Jahrhundert (Abb. 12, 13). Man kann Melaten demnach eigentlich nicht einen Prominenten-Friedhof nennen, wenngleich natürlich viele bekannte Persönlichkeiten hier ihre letzte Ruhe fanden. Das Gesamtbild machen aber eben nicht allein die großen Familiengrabstätten in den repräsentativen Lagen an den Hauptwegen aus. Zu ihm gehören ebenso die weitaus bescheideneren Grabmäler der kleinen Leute. Sie sind allerdings nicht an den Hauptwegen, sondern auf den Fluren zu finden, wodurch sie nicht weniger Beachtung verdienen.

Etliche der älteren Grabmäler zeigen Symbole, die den Beruf des Verstorbenen kennzeichnen. Diese stolze Demonstration von Berufsemblemen kann in Köln, wo das Selbstbewußtsein der Zünfte über Jahrhunderte eine tragende politische Kraft war, nicht sonderlich verwundern. Als frühestes und zugleich monumentalstes Beispiel eines Berufssymbols läßt sich der große Zirkel am Grabmal des Mathematikers Heister von 1815 (Abb. 127) nennen. Man beachte seine Einbeziehung in einen Kranz christlicher Symbole. Zirkel, Richtscheit und Dreieck sind charakteristische Werkzeuge des Maurers, des Schreiners, des Zimmermanns und des Baumeisters. Sie sind an mehreren Grabmälern dargestellt. So auch am Grabstein des Gärtners Anton Strauss († 1888), der 1884—1886 den neuen Teil des Friedhofs anlegte. Berufssymbole des Kriegers sind die antiken Waffen am Grabmal des Generalmajors von Seydlitz (Abb. 29). Schild und Schwert am Grabmal des Busso vom Hagen verweisen darauf, daß der Dichter des

Abb. 63   Grab Deichmann († 1876) von Otto Pflaume und Wilhelm Albermann

Abb. 64   Grab Pfeifer/Mayer von Frentzen (1888)

Abb. 65   Grab G. v. Mevissen († 1899) von Otto Pflaume

populären Domliedes im Hauptberuf Soldat war (Abb. 126). Die Lyra des Orpheus als Attribut des Dichters zierte einst das zerstörte Grabmal des Volksdichters Roesberg. Am Stein des Dichters Schier († 1824) ist sie als Bekrönung ausgebildet. Der Domhauptpfarrer Dumont (Abb. 113) ist durch einen Kelch als Kleriker gekennzeichnet. Den geistlichen Stand des gut 100 Jahre später verstorbenen Weihbischofs Müller signalisieren Mitra und Krummstab. Der 1849 verstorbene Rheinschiffer Hölzken (Abb. 131) sowie der drei Jahre später bestattete Fischhändler Feith hatten von Berufs wegen mit Schiffen zu tun. Deshalb sind sie auf ihren Gräbern dargestellt. Wenn man den beiden naiven Schiffsbildern Glauben schenkt, verdienten Hölzken und Feith ihren Lebensunterhalt noch mit Segelschiffen. Nollen hingegen, der 1835 verstorbene »Rhein-Commissaire«, scheint mit der Zeit gegangen zu sein. Am Sockel des leider nicht erhaltenen Grabmals (Abb. 94) war ein Raddampfer dargestellt. Es muß einer der ersten gewesen sein, denn das erste Dampfschiff hatte 1816 in Köln angelegt. Ob sich Nollen um die Rheinschiffahrt besonders verdient gemacht hat, wissen wir nicht. Seine Beziehung zu ihr scheint jedoch so intensiv gewesen zu sein, daß man auf sein Grab zusätzlich den Schornstein eines Dampfers setzte. Bei dieser auf einem Friedhof ungewöhnlichen Referenz an die moderne Technik brauchte man keine künstlerischen Skrupel zu haben, da eben dieser Schornstein die Gestalt einer Säule hatte. Rund ein Jahrhundert später sind sogar zwei Flugzeugdarstellungen zu vermerken. Sie befinden sich an den Grabmälern des Fluglehrers Kreutzkamp († 1932) und des Studenten Franck († 1938). Bei letzterem weist der an etlichen Arztgräbern wiederkehrende Äskulapstab zusätzlich daraufhin, daß der Verstorbene Medizin studiert hat. Mit dem von Ludwig Gies in Form eines kolossalen Zahnrades entworfenen Monument für den 1951 gestorbenen Hans Böckler (Abb. 102) nimmt ein ganzes Grabmal die Form eines technischen Teiles an. Das Zahnrad ist hier als Symbol des Gewerkschaftsbundes zu verstehen, dessen Erster Vorsitzender Böckler einige Jahre war. Es heißt, jeder Zahn des Rades bezeichne eine Gewerkschaft.
Neben Darstellungen von Werkzeugen, Instrumenten, Fahrzeugen und sonstigen berufsspezifischen Gegenständen treten vereinzelt auch Figuren auf, die mit bestimmten Berufen in Zusammenhang zu sehen sind. Da halten am Grabmal des Justizrates Landwehr (Abb. 39) von ca. 1878 zwei engelhafte Kinder als Personifikationen der Unschuld Schwert und Waage der Justitia. Die Figur eines zusammengesunkenen Hauers verweist am Kolossalmonument der Familie Sauer (Abb. 78) auf den Tätigkeitsbereich des Verstorbenen. Alfred Sauer

(† 1907) war Bergwerksbesitzer. Die überlebensgroße, von Grasegger 1924 in expressionistischen Formen gestaltete Figur eines Winzers (Abb. 87) auf dem Grabmal Thelen könnte man auf das christliche Gleichnis »Ich bin der Weinstock, ihr seid die Reben« beziehen. Eine weitaus profanere Bedeutung trifft zu: Die Figur des Winzers soll den Weinbau verkörpern, mit dem Thelen seinen Lebensunterhalt verdiente. Die hl. Apollonia, gewöhnlich mit Zange und ausgezogenem Zahn dargestellt, wurde früher bei Zahnschmerzen angerufen. Am modernen Grabstein des Zahnarztes Koll erscheint sie sozusagen als Patronin dieses Berufes. Die Figur des hl. Thomas von Aquin am Grabmal des am Kölner Priesterseminar tätigen Theologieprofessors Scheeben († 1888) erinnert daran, daß seit 1850 alle katholischen Schulen (und ihre Lehrer) unter dem Patronat dieses an der Kölner Universität ausgebildeten Kirchenvaters standen.

In einigen Fällen wird der Beruf eines Verstorbenen durch eines seiner letzten Werke angedeutet. Als Beispiele sind zwei Bildhauergräber zu nennen. Das zerstörte Grabmal für Wilhelm Joseph Imhoff († 1858) zeigte unter einer Baldachinarchitektur einen unvollendeten weiblichen Kopf sowie Hammer und Meißel (Abb. 132). Der Vers: »Bei diesem Kopf brach ihm der Meissel ab und der Künstler sank ins Grab« klärt den Betrachter gefühlvoll auf. Vergleichbar ist das Grabmal Löhr († 1918). Es besteht aus einem wohl ebenfalls unvollendeten Spätwerk des Bildhauers Löhr. Leider läßt sich über das Aussehen der Grabdenkmäler bedeutender anderer Kölner Bildhauer wie Christian Mohr, Anton Werres, Christoph Stephan und Wilhelm Faßbinder nichts mehr aussagen. Sie wurden zum Teil erst in jüngster Vergangenheit abgetragen. Die sonstigen erhaltenen Grabmäler für Künstler verzichten auf Berufsembleme mit Ausnahme des Grabmals für Wilhelm Albermann, das Reinoldus, den Schutzpatron der Steinmetzen und Bildhauer, als Fürbitter beim Jüngsten Gericht zeigt.

Über andere, durch ihre Grabsteine faßbar werdende besondere Berufsgruppen informiert folgende Zusammenstellung. Sie erhebt nicht den Anspruch, ein annähernd vollständiges oder gar repräsentatives Bild zu geben. Sie soll allenfalls Schwerpunkte andeuten:

*Ärzte:*
Bayer, Brach, Dormagen, Firnig, d'Hame, Koll (Zahnarzt), Leuffen, Merrem, Mestrum, Müller v. Königswinter, Rougemont, Schmitz

*Bankiers:*
Camphausen, Deichmann, Hagen, Herstatt, v. Oppenheim, Rautenstrauch, Schnitzler, v. Stein

Abb. 66  Grab F. J. D. Herstatt († 1888) von Robert Cauer

Abb. 67  Grab H. The Losen († 1889) von Robert Carl Cauer

Abb. 68 Grab H. Grüneberg († 1894) von Robert Toberentz und Otto March

Abb. 69  Grab F. Beudel († 1893) von Alexander Iven; Detail

*Bierbrauer:*
Baum, Früh

*Bürgermeister und Oberbürgermeister von Köln und eingemeindeten Vororten:*
Albermann, Becker, v. Becker, Görlinger, v. Klespe, Matzerath, v. Monschau, Pünder, Riesen, Schwering, Steinberger, Stupp, M. Wallraf, Winkelnkemper

*Dichter, Volksdichter und Schriftsteller:*
Fischer, v. Hagen, Müller v. Königswinter, Ostermann, Roesberg, Schier

*Fabrikanten, Unternehmer, Industrielle:*
Andreae, Charlier, Classen-Kappelmann, Clouth, Farina, Grüneberg, Guilleaume, Heidemann, Hönig, Hospelt, Joest, Kretzer, Langen, Leybold, Leyendecker, Martin, v. Mevissen, Pallenberg, Pfeiffer, v. Rath, Sauer, Schmitz, Stollwerck, Wahlen, Wolff, v. d. Zypen

*Feuerwehrmänner:*
Niehaus, Scherer

*Gärtner:*
Strauss

*Gastwirt:*
Roesberg

*Heimatforscher, Historiker:*
Bayer, Bützler, Cardauns, Hönig, Merlo, Stelzmann, Wrede

*Juristen:*
Adenauer, Becker, Bodenheim, zur Bonsen, Brewer, Eichhorn, Esser, Fröhlich, Gade, Gellert, Heimsoeth, Hohenschutz, Kausen, Kyll, Landwehr, Marx, Neven DuMont, Pelman, Pünder, Reichensperger, Schilling, Schnitzler, Schumacher, Schwering, Steinberger, Stupp, Thimus, Trimborn, v. Wittgenstein, Zingsem

*Kaufleute, Händler:*
Bachem, Biercher, Boisserée, Bürgers, Feith, Grein, Heimann, Kaesen, Koch, Lanckart, Ludowigs, v. Mallinckrodt, Merkens, Michels, Oelbermann, Peill, Richartz, Schieffer, Stüssgen, Sugg, Thelen, Wessel

*Künstler, Kunsthandwerker, Architekten:*
W. Albermann, Biercher, Degen, Fuchs, Harperath, Hehn, Heimann, Hermeling, F. F. A. Imhoff, P. J. Imhoff, W. J. Imhoff, A. Iven, Kaaf, Koerfer, Landmann, Löhr, Meister, Moest, Pflaume, Riphahn, V. und F. Statz, H. und J. Stephan, H. Verbeek, Voigtel, Welter, P. J. Weyer, Wiethase, Zwirner

*Landwirte und Gutsbesitzer:*
Grein, Schloesser, Schmitz, Wahlen

*Lehrer:*
Bützler, Göller, Kreuser, Kreutzkamp (Fluglehrer), Pütz, Schönen (Schulrat), Welsch

*Maurer:*
Müller

*Militärs:*
v. Bothmer, Cramer, v. Dechen, v. Engels, v. Frankenberg, Fürth, v. Hagen, Mazugan, v. Monschau, v. Othegraven, Paxmann, Schanzleh, Schier, Tuchsen, v. Seydlitz, Wynne

*Museumsgründer, -förderer und -leiter:*
De Noël, Fischer, Förster, Rademacher, Rautenstrauch, Richartz, Wallraf

*Musiker, Komponisten, Dirigenten:*
Heuser, v. Hiller, Weber, Wüllner

*Pastöre, Theologen:*
DuMont, Greven, Hamm, Jatho, Müller, Scheeben, Schönen, Wallraf

*Postbeamte:*
Dequer de Jouy

*Schauspieler, Theaterleute:*
Birgel, Deltgen, Fischer, Millowitsch, Purschian

*Schiffer:*
Hölzken

*Schreiner:*
Krott, J. Statz

*Techniker, Ingenieure, Erfinder:*
Görlinger, Langen, Otto

*Universität Köln, Professoren und Rektoren:*
Brach, DuMont, Eckert, Eichhorn, Fischer, Förster, Heister, Scheeben (Priesterseminar), Wallraf, Wrede

*Verleger, Herausgeber, Drucker:*
Ahn, Bachem, DuMont, Fries, Greven, Langen, Neven DuMont, Ostermann

*Weißgerber:*
J. Richartz

*Zimmerleute:*
Müller

Aus dieser Zusammenstellung läßt sich natürlich wegen der unterschiedlichen Überlieferung und wegen des einseitigen Denkmälerbestandes nicht die soziale Schichtung Kölns im 19. Jahrhundert ablesen. Aber immerhin zeichnen sich wichtige, die Entwicklung bestimmende Berufsgruppen ab. Es sind die Bankiers, Kaufleute, Industriellen, Juristen und Militärs. Unter den ersten drei genannten Gruppen sind die Namen etlicher alteingesessener Familien zu finden. Manche von ihnen zeigen an ihren Grabmälern mit einigem Stolz ihre bürgerlichen Familienwappen, z. B. Andreae, Boisserée, Mallinckrodt. Dem Adel gehören hingegen fast alle Generäle und Gouverneure an. Ihre Gräber erinnern daran, daß die Preußen Köln zu einer wichtigen Festung ausbauten. Die Häufung von Juristen erklärt sich aus der Existenz des Appellationsgerichts, des Regierungspräsidiums und anderer preußischer Verwaltungseinrichtungen mit überlokaler Funktion. Auch der Klerus ist präsent. Pastöre, Pfarrer und Ordensmitglieder haben in mehreren großen Genossenschaftsgräbern, aber auch in Einzelgräbern ihre letzte Ruhestätte gefunden. Unter den auf Melaten beerdigten Künstlern überwiegen die Architekten. Waren sie es doch, die aus der beengten, noch mittelalterlichen Stadt eine moderne Großstadt mit allen notwendigen Einrichtungen zu formen hatten. Von der altehr-

Abb. 70　Grab W. Gladbach von Wilhelm Faßbinder

Abb. 71　Grab E. Oelbermann († 1897) von Karl Janssen; hist. Foto

Abb. 72   Grab Müllemeister († um 1904) von August Schmiemann; hist. Foto

würdigen, 1798 von den Franzosen geschlossenen Universität zeugt das Grab ihres letzten Rektors Wallraf. Auch Eckert, der erste Rektor der erst 1919 wiedereröffneten Universität, ist hier bestattet. Nur vereinzelt lassen sich Vertreter des mittelständischen Handwerks und Gewerbes fassen, da ihre Gräber nicht erhalten sind oder keine Berufsangaben vermerken. Daß außer Werkzeugen ein Material einen bestimmten Beruf signalisieren kann, zeigt das aus Schiefer hergestellte Grabkreuz des 1860 verstorbenen Dachdeckers Heinrich Stelzmann. Die Grabmäler des vierten Standes finden wir auf Melaten nicht nur deshalb nicht, weil sie keine Spuren hinterlassen hätten, sondern weil das Proletariat seine Toten in den erst später eingemeindeten Vororten Kalk, Deutz, Mülheim und Ehrenfeld bestattete, wo sich die Industrie konzentrierte. Auf Melaten ist schließlich auch das Spektrum der politischen Gruppierungen anhand einzelner markanter Namen auszumachen. Die liberale Presse ist mit dem Herausgeber der Kölnischen Zeitung, DuMont, vertreten, das Zentrum mit Bachem, dem Herausgeber der Kölnischen Volkszeitung. Neben Ahn, dem Verleger des Kölner Tageblattes, ist Albert Langen als Herausgeber des satirisch-scharfen Simplizissimus und Pit Fries als Begründer der Lustigen Kölner Zeitung zu nennen. Die gleiche Erde vereint hier Nationalliberale wie Mevissen und Kretzer, Fortschrittler wie Bürgers (Abb. 96), Zentrumsleute wie Cardauns und Trimborn, Sozialdemokraten wie Görlinger und Böckler, Nationalsozialisten wie Winkelnkemper und Riesen.


## Das Bildnis

Über die Anfänge des Bildnisses auf Melaten ist wenig bekannt. Für die erste Hälfte des 19. Jahrhunderts läßt sich nur die bis zur Unkenntlichkeit verwitterte Kinderbüste des Grabes Merrem (gest. 1834) nennen. Ob es sich hierbei tatsächlich um ein Porträt handelte, ist freilich fraglich. Selbst wenn man einen stark dezimierten Denkmälerbestand in Rechnung stellt, läßt sich aussagen, daß sich das Bildnis am Grabmal eigentlich erst zu Beginn der zweiten Jahrhunderthälfte durchsetzte. Hierin unterscheidet sich Melaten von anderen Friedhöfen, wo Porträtmedaillons kontinuierlich seit dem Barock und isolierte Porträtstandbilder seit etwa 1820 zu finden sind.

Abb. 73   Grab L. W. Creutz († 1900) von Wilhelm Faßbinder; hist. Foto

Fragt man nach den Ursachen dieser auf Melaten also verspätet einsetzenden Entwicklung, sind verschiedene Anhaltspunkte anzuführen. Im katholischen Köln waren der Skulptur seit alters vornehmlich sakrale Aufgaben zugefallen. Hauptauftraggeber war hier über Jahrhunderte die Kirche. Profane bildnerische Aufgaben spielten eine nachgeordnete Rolle. So setzt die Porträtplastik bezeichnenderweise erst gegen Ende der 1780er Jahre mit den Büsten Peter Joseph Imhoffs verstärkt ein, also zu einer Zeit, als die neuen aufklärerischen Vorstellungen von der Würde des Individuums in Frankreich revolutionäre Brisanz annahmen. Es ist Ausdruck einer neuen, emanzipierten Selbsteinschätzung, wenn außer dem Landesherrn fortan auch verdiente Bürger durch bildliche Verewigung im Denkmal geehrt wurden.
Diese neuhumanistische Wertschätzung des Individuums als geistiges oder sittliches Vorbild verdichtete sich im weiteren Verlauf des 19. Jahrhunderts zu einem ausgeprägten Personen- und Denkmalkult. Der Gedanke des weltlichen Denkmals ist in Köln erstmals 1805 nachweisbar. Damals rief F. F. Wallraf zu Spenden für ein dann nicht zustande gekommenes Denkmal für Peter Paul Rubens auf. Es wäre das erste Künstlerdenkmal der Welt geworden. Die Säkularisation (1803), d. h. der vorübergehende Ausfall der kirchlichen Auftraggeber sowie der nach dem Übergang des Rheinlandes an Preußen (1815) wachsende Einfluß der Berliner Kunst auf die Kölner Bildhauerei begünstigten zusätzlich die Ausbreitung der Denkmalsidee bzw. der profanen Skulptur. Die Porträtaufträge mehren sich in den 1830er fahren, wie man anhand der Kataloge des Kölner Kunstvereins nachprüfen kann. 1823 realisiert Peter Joseph Imhoff in Elberfeld das erste öffentliche Denkmal der Rheinprovinz für einen Bürgerlichen. Es ähnelt stark dem Todesgenius des Grabmals Hamm auf Melaten. Erst nach der 1848er Revolution und wohl auch in indirektem Zusammenhang mit ihr entstehen dann auch in Köln erste weltliche Denkmäler ohne jeden sepulkralen Bezug. 1855 regte der auf Melaten beerdigte Kölner Oberbürgermeister Stupp die Errichtung eines Denkmals für Friedrich Wilhelm III. an. Das erst 1878 vollendete Kolossalmonument zeigte außer dem Reiterbild des Hohenzollernkönigs viele bedeutende Persönlichkeiten aus dem rheinischen Wirtschafts- und Geistesleben, darunter auch bedeutende Kölner wie Merkens und Camphausen. Beide haben auf Melaten ihre letzte Ruhe gefunden. Dem von Gustav Blaeser, einem in Köln geborenen, in Berlin ausgebildeten Bildhauer geschaffenen Denkmal folgten weitere Exportstücke der vorbildgebenden Berliner Denkmalskunst.
Waren die ersten rheinischen Denkmäler noch von sepulkralplasti-

schen Vorbildern abhängig gewesen, profitierte die Grabplastik auf Melaten nach 1850 nun umgekehrt vom weltlichen Denkmal: Tote werden bildlich in Medaillons, Büsten, Reliefs, ganzfigurigen Standbildern und schließlich sogar in Fotos vergegenwärtigt. An die Stelle überindividueller Allegorien und abstrakter Sinnbilder, wie sie der Klassizismus zur sittlichen und geistigen Bildung des Menschen ausgebildet hatte, tritt nun das dokumentarische Abbild, d. h. die historische, einmalige Persönlichkeit. Das früheste Porträt ist das 1853 datierte Profilbildnis auf der Grabplatte für Friedrich Peter Herstatt (Abb. 128). Ihr Schöpfer ist der Bonner Bildhauer Hermann Heidel. Heidel beteiligte sich 1860 mit anderen, meist Berliner Künstlern um das erwähnte Kölner Königsdenkmal. Mitkonkurrent war auch der Kölner Dombildhauer Christian Mohr. Von Mohr stammen mehrere qualitätvolle Bildnisse, so die zerstörte Kolossalbüste vom Grabmal des Generals Engels (gest. 1855; Abb. 115), die charaktervolle Marmorbüste für Merkens von 1856 (Abb. 139), die zerstörte Büste Mallinckrodts (1858; Abb. 138), das bronzene Porträtmedaillon Zwirners (gest. 1861; Abb. 41), die Büste des Verlegers Ahn (gest. 1865) und schließlich die 1879 datierte Grabplatte für Johann David Herstatt (Abb. 129). Mohrs Porträts kennzeichnet ein durch den Klassizismus gegangener Naturalismus. Von Peter Fuchs, dem Nachfolger Mohrs als Dombildhauer, haben sich allem Anschein nach keine Porträtplastiken auf Melaten erhalten. Von Anton Werres hingegen, dem zeitweisen Mitarbeiter Mohrs in der Dombauhütte, haben etliche Bildnisse überdauert. Allerdings ist sein bedeutendstes Werk, das 1867 enthüllte Doppeldenkmal für Wallraf und Richartz, zerstört (Abb. 164). Ihm war 1849/50 ein Modell zu einem Wallraf-Denkmal von Johann Joseph Imhoff d. J. voraufgegangen, das aus einer sieben Fuß hohen, die Büste Wallrafs bekrönenden Colonia bestehen sollte. Es wurde ebenso wenig verwirklicht wie die späteren Entwürfe Raschdorffs. Werres' an Rietschels Weimarer Goethe-Schiller-Denkmal von 1857 anknüpfendes Monument war das erste ganzfigurige auf Melaten. Ihm folgte um 1874 Heinrich Hoffmeisters prosaisches Standbild des Generals Frankenberg (Abb. 42). Es ist mit dem von Fritz Schaper wenig später modellierten Kölner Bismarckdenkmal stilistisch verwandt, folgt damit ganz der Auffassung der offiziellen Berliner Denkmalskunst. Die Büsten bzw. Porträtmedaillons für Franz Weber (gest. 1876; Abb. 43), Heinrich Bürgers (gest. 1878; Abb. 96), Ferdinand von Hiller (gest. 1885; Abb. 130), Joseph Kamp (gest. 1886) und Hermann Becker (1887; Abb. 44) erweisen Anton Werres als fähigen Porträtisten, als naturalistisch arbeitenden Schüler der Berliner Schule.

Abb. 74  Grab J. Schwartz († 1906) von Heuser-Greven

Abb. 75  Grab M. Dreesmann († 1916) von Karl Janssen

Gegen das Jahrhundertende mehren sich die Bildnisse. Anhand der Porträts des überaus produktiven Denkmalplastikers Wilhelm Albermann, der wie Werres in Berlin seine Ausbildung erfahren hatte, läßt sich die Entwicklung ins 20. Jahrhundert hinein verfolgen. Aus den 1880er Jahren stammen die Porträts für Dormagen (1888), Trimborn (gest. 1889) und Mevissen (gest. 1889). Ihnen folgen die in gemäßigtem Naturalismus gehaltenen Bildnisse Pflaumes (gest. 1901; Abb. 146) und Emil Guillaumes (gest. 1913; Abb. 125). Die Signatur seines Sohnes Franz Albermann trägt schließlich das 1906 entstandene Porträt am Grabmal Lemkes. Arbeiten von Johann Degen, einem Albermann-Schüler, stellen die Bildnisse an den Grabmälern Müller (1885), Obladen und Degen (?) dar. Unsigniert sind die Porträts von Auerbach (gest. 1899), Leichtenstern (gest. 1900) und Mestrum (gest. 1901). Der Urheber des ungewöhnlichen, den Kunstsammler Thewalt (gest. 1902) inmitten seiner Sammlung zeigenden Marmorreliefs ist ebenfalls unbekannt. Bedauerlicherweise ist auch das Porträt der Magdalena Wirtz (gest. 1896), das einzige selbständige Frauenbildnis auf Melaten, nicht bezeichnet. Frauenbildnisse treten sonst nur als Pendants zu den Porträts der Ehemänner auf, wie beispielsweise an den von Wilhelm Faßbinder gestalteten Grabmälern Creutz (1901; Abb. 73) und Beckmann (gest. 1900; Abb. 45). Ihnen lassen sich als weitere Arbeiten Faßbinders die Grabmäler Paas, Schönen (1894; Abb. 159), Rehe (1894; Abb. 151) und Welsch (1907) anschließen. Auf 1895 datiert ist der von dem Berliner Bildhauer Robert Toberentz modellierte, das Bildnis Grünebergs haltende mächtige Grabengel (Abb. 68). Er geht ebenso wie die Elemente des Jugendstils aufnehmenden Grabmäler Creutz und Beckmann auf spätbarocke Vorbilder zurück. Dem späten Jugendstil zuzurechnen ist das feinnervigelegante Bildnis des Theaterdirektors Purschian (gest. 1904) von dem Kölner Bildhauer Heinrich Stockmann (Abb. 149). Mit ihm fand die Porträtplastik auf Melaten (wie auch das profane Denkmal) ein Ende. Die Porträtfotos am Grabmal Derkum (gest. 1915) sowie die vereinzelt noch nach dem Ersten Weltkrieg auftretenden Bildnisse etwa an den Gräbern Fries (1938), Ostermann (1939), Wolff (gest. 1940), Baum, Horst und Liessem (gest. 1973) sind verspätete Nachläufer in einer bereits vor 1914 einsetzenden Entwicklung. Innerhalb dieser Entwicklung legte das Grabmal alle die Persönlichkeit des Verstorbenen kennzeichnenden Merkmale ab. Mit der Reduktion des Inhaltes lief eine Reduktion der Form parallel.

## Sprache, Wort und Schrift

Wort und Schrift haben in der Entwicklung des Grabmals durchaus nicht immer die gleiche Rolle gespielt. Generell läßt sich sagen, daß die Sitte inschriftlicher Mitteilungen im Laufe des 19. Jahrhunderts zurückgeht. In unserer nüchternen Zeit beschränken sie sich gewöhnlich auf faktische Angaben wie Name und Lebensdaten. Für die Frühzeit des Friedhofs ist die lange, dreisprachige Inschrift am Grabmal de Latte charakteristisch. Ausführlich wird hier über das traurige Schicksal zweier 1811 im Alter von 12 bzw. 2 Jahren an Scharlach gestorbenen Knaben berichtet. Ihre Charaktereigenschaften, Fähigkeiten und Gestalt werden liebevoll gerühmt, die Trauer der Eltern gefühlvoll vermerkt. Daß die Inschrift teils in französischer, teils lateinischer und deutscher Sprache abgefaßt ist, wirft ein Schlaglicht auf die historische Situation: Köln ist von den Franzosen besetzt; die Sprache der Besatzer, die vielleicht die Muttersprache der Verstorbenen war, erscheint neben Deutsch als der Landessprache auf dem Grabstein. Das Lateinische tritt schließlich als internationale Sprache der Gebildeten hinzu, als eine antike Sprache, die mit der antikisierenden Gestaltung des Grabsteins übereinstimmt.

Aus humanistisch-akademischem Geist entwarf F. F. Wallraf für das in ägyptisierenden, dem revolutionären französischen Klassizismus verpflichteten Formen errichtete Friedhofsportal folgende Inschrift:

Funeribus Agrippinensium sacer locus
Have in beatius aevum seposta seges
Transi non sine votis, mox noster
(Für die Leichen Kölns geheiligte Stätte.
Gruß dir, auf bessere Zukunft gesäete Saat!
Geh' nicht vorüber ohne fromme Gebete, du, bald der Unsrige!)

Bei der Abfassung dieser den Ernst der Architektur unterstreichenden Zeilen scheint Wallraf Vorschläge eines eigens ausgeschriebenen Wettbewerbs aufgegriffen und verarbeitet zu haben. Die eingesandten Inschriften wurden von ihm mit kritischen Kommentaren 1809 veröffentlicht. Man sieht, welch große Bedeutung der Inschriftenfrage beigemessen wurde. Späteren, mit dem nationalistisch gefärbten Motto »Sprich Deutsch, gut Deutsch allerwegs« argumentierenden Generationen leuchteten die Notwendigkeit und der Sinn des Lateinischen nicht mehr ein. So bedurfte es 1911 der Nachforschung in den Archiven, um schließlich zu erkennen, daß die Wahl des Lateinischen aus der Depression der napoleonischen Besatzung zu verstehen sei. In der erwähnten Schrift von 1809 heißt es: ». . . daß nach zweihundert Jahren und weiter, wo dieser Gottesacker noch für unsere Nachkömmlinge dauern wird, auch vielleicht kein Mensch mehr selbst das Teutsche oder Französische unserer Tage lesen oder verstehen würde . . . Diese lebenden Sprachen ändern und vergehen; die toten, wie Latein, sind nunmehr unveränderlich . . .« Mag sein, daß die die Kölner ausdrücklich als Agrippinensier ansprechende Inschrift auch an die glorreiche Vergangenheit der alten Rheinmetropole erinnern und damit unter den Augen der Besatzer das Selbstbewußtsein der Kölner etwas stärken sollte.

Ausführliche, wegen ihrer umständlichen und blumigen Sprache für den Beginn des Jahrhunderts charakteristische Biographien sind die ebenfalls von Wallraf für seine akademischen Kollegen, den Mathematiker Heister († 1815) und den Mediziner Rougemont († 1818) entworfenen Grabinschriften (Abb. 127). Während sie in lateinischer Sprache abgefaßt sind, bedient sich Wallraf beim klassizistischen Grabmal für den Hauptpfarrer am Kölner Dom, Michael Dumont († 1818), der deutschen Sprache (Abb. 113). Überhaupt tritt das Lateinische seit etwa 1820 den Rückzug an, um der deutschen Sprache den Vortritt zu geben. Es liegt nahe, hierin einen Ausdruck wachsenden Nationalbewußtseins zu sehen.

Mit dem allmählichen Rückzug des Lateinischen, mit dem die Ablösung klassizistischer durch neugotische Formen weitgehend parallel verläuft, endet auch die Verwendung von Antiquaschrift. Ein spätes Beispiel für Antiqua stellen noch die strengen Versalien am 1853 errichteten Denkmal für die im napoleonischen Heer gefallenen Kölner dar (Abb. 30). Nur ein kurzes, modisches Intermezzo scheint die Bevorzugung einer biedermeierlich-akkuraten Kursivschrift gewesen zu sein, wie sie den Grabstein Keller († 1839) ziert (Abb. 133). Am Grabmal des 1854 verstorbenen Professors Eichhorn (Abb. 114), unter dessen neugotischem Gewand noch eine klassizistische Grundhaltung durchschimmert, hat eine schöne Fraktur die Antiqua verdrängt. Fraktur in allerlei Varianten blieb bis nach 1900 die bevorzugte Schrift. Eine Kuriosität am Rande ist die stenographierte Widmungsschrift am Grabmal Auerbach, des 1899 verstorbenen Vorsitzenden des Verbandes der Rheinisch-Westfälischen Stenographen. Ansonsten war — wie gesagt — Fraktur für die sich ab 1850 mehrenden Bibelzitate und Inschriften an Grabsteinen von Protestanten und Katholiken üblich. Ob die zunehmende Zitierfreudigkeit, diese eingemeißelten Glaubensbekenntnisse, durch das sogenannte Kölner Ereignis von 1837 und später durch den Kulturkampf einen zusätzlichen politischen Impuls erhalten hatten, kann hier nicht näher untersucht werden. Über Name und Lebensdaten hinausgehende biographische Angaben werden in der zweiten Jahrhunderthälfte ungebräuchlich. Verse sind kaum noch zu finden. Eine ungewöhnliche Ausnahme bildet der in kölnischer Mundart abgefaßte Spruch am Grabmal Bergsch:

Dat Häzje, dat he litt,
dat es sing Levve quitt.

In diesen den Ernst des Todes mit scheinbar unbeschwertem Humor übergehenden Zeilen wird etwas von jener diesseitsbezogenen, spezifisch kölnischen Mentalität greifbar, die dem Tod mit einem Augenzwinkern begegnet — aus welchen Gründen auch immer. Wenn man einmal davon absieht, daß sich zu Beginn des Ersten Weltkrieges politische Parolen wie »In Treue fest / Durch deutsche Kraft zum Sieg« vereinzelt an Grabmäler verirren (Grab Paxmann), ist insgesamt festzustellen, daß das Grabmal im 20. Jahrhundert ausgesprochen wortkarg wird. Kaum etwas gibt Auskunft über das individuelle Schicksal, berichtet über Biographie, Verdienst, Beruf, Jenseitshoffnung, Trauer oder Trost. Manche Grabsteine der jüngsten Vergangenheit nennen nur noch den Familiennamen, einige wenige verzichten selbst auf diesen. Für diese sich in der Uniformität wie in der Wortkargheit gleichermaßen äußernde Entpersonalisierung des Grabmals ist weder die Erkenntnis der Gleichheit aller vor dem Tode, noch künstlerisches Reformdenken eine hinreichende Erklärung. Entscheidend ist, daß Geburt und Tod nicht mehr in der Mitte der Familie stattfinden. Diese beiden elementaren Ereignisse der menschlichen Existenz sind dem persönlichen Erleben entzogen. Sie sind in die wissenschaftliche Sphäre der Medizin verdrängt und damit sozusagen objektiviert worden. Das subjektive Schicksal ist zum »Fall«, zum statistischen Datum geworden. Man kann sich des Eindrucks nicht erwehren, daß die prosaische, auf die Angaben von Fakten reduzierte Sprache der heutigen Grabsteine ein getreues Spiegelbild einer Gesellschaft ist, die die Sicherheit von Fakten den Ungewißheiten des Glaubens und Fühlens vorzieht.

## Melaten im Vergleich zu anderen rheinischen Friedhöfen

Die Besonderheiten von Melaten auf eine handliche Formel zu bringen, ist nicht ganz einfach, ja angesichts der Vielfalt der Erscheinungen eigentlich unmöglich.

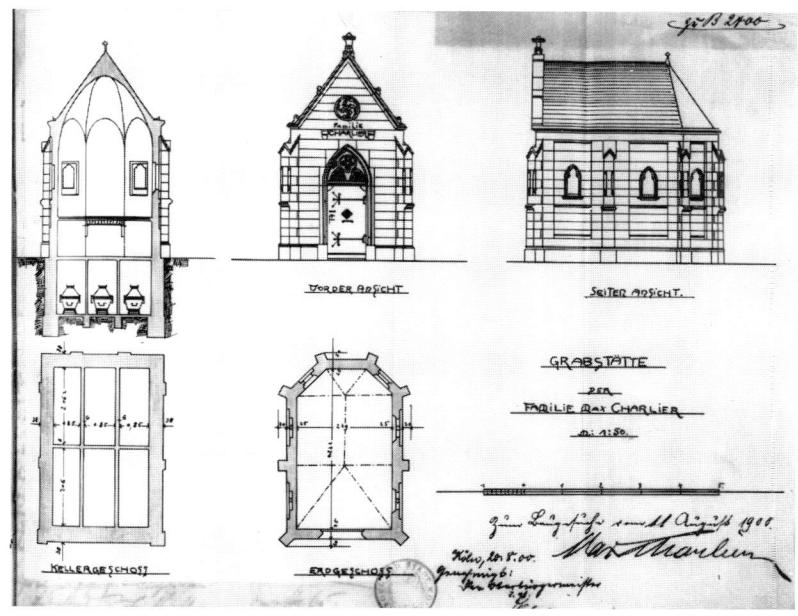

Abb. 76 Entwurf zur (zerstörten) Grabkapelle der Familie M. Charlier, 1900

Abb. 77 Grabkapelle O. Betzler, errichtet 1913

Abb. 78　Grab A. Sauer († 1907) von Wilhelm Faßbinder; hist. Foto

Abb. 79  Grab G. v. Mallinckrodt († 1904) von W. Faßbinder, hist. Foto

Abb. 80  Grab J. Fröbus, um 1915

Abb. 81   Grab E. Leyendecker († 1902) von Ludwig Cauer

Abb. 82  Grab P. J. Früh († 1915) von Ludwig Lindelauf

Abb. 83  Entwurf zum Grab L. Stollwerck von Carl Moritz, 1916

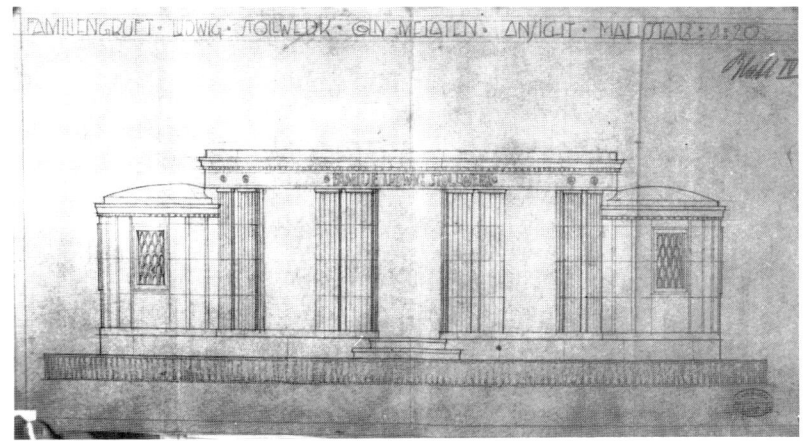

Abb. 84  Grab J. N. Heidemann († 1913) von Hugo Lederer; Detail

Abb. 85  Grab L. Hagen († 1932) von Hugo Dunkel und Hugo Lederer

Abb. 86  Nicht ausgeführter Entwurf für ein Kriegerdenkmal von Franz Brantzky, 1916

Abb. 87   Grab P. J. Thelen von Georg Grasegger, 1924

Entscheidend ist, daß sich anhand der hier bestatteten Persönlichkeiten und den zu ihrem Gedächtnis errichteten Denkmälern in seltener Geschlossenheit mehr als eineinhalb Jahrhunderte stadtkölnischer Geschichte betrachten lassen. Es ist vor allem das für die Entwicklung Kölns zur neuzeitlichen Großstadt so entscheidende 19. Jahrhundert. Dieses unter preußischen Vorzeichen stehende Jahrhundert brachte Köln nicht allein die Vollendung des gotischen Domes (1842—1880), die die Aufmerksamkeit der Nation und der Welt auf die Stadt lenkte. Mit dem Bau der ersten festen Rheinbrücke (1859) seit der Römerzeit kam auch die Eisenbahn (1839) und mit der Eisenbahn Industrie großen Stils nach Köln. Köln erlebte einen die Glanzzeiten der reichsstädtischen Vergangenheit noch bei weitem übertreffenden wirtschaftlichen Boom. Folge dieser durch den siegreichen Krieg von 1870/71 noch angeheizten Entwicklung war eine Bevölkerungsexplosion. Sie sprengte den mittelalterlichen Mauerring, führte zu Stadterweiterungen (ab 1881) und Eingemeindungen (ab 1888), in deren Verlauf der einst weit vor den Toren der Stadt angelegte Melatenfriedhof allmählich wieder mit der Stadt verwuchs (Abb. 7).
Kölns Entwicklung zu einem Zentrum des Handels, der Industrie und des Verkehrs wäre ohne den Unternehmergeist und die Weitsicht fähiger Köpfe nicht möglich gewesen. Männer wie der Bankier Delius, der Großhändler Richartz, der Erfinder Otto, der Fabrikant Langen, der Reeder Merkens stellten die Weichen für die Zukunft. Ihr Wirken greift über Köln hinaus. Mit ihnen und anderen geistesverwandten Persönlichkeiten zum Teil aus den alten Kölner Familien traten tatkräftige Generationen auf den Plan, die der Stadt ihr Gepräge verliehen. Sie haben auch auf dem Friedhof unübersehbare Spuren hinterlassen.
An der vom Volksmund treffend »Millionenallee« genannten Ost-West-Achse und an den Hauptwegen liegen ihre Gräber. In dem Wort »Millionenallee« mag ein mißbilligender Unterton, eine dezente Kritik an dem mitunter »neureichen« Gebaren einzelner Monumente mitschwingen. Bezeichnenderweise stammen gerade diese nicht selten von auswärtigen Künstlern. Alles in allem aber überwiegt trotz des verständlichen Selbstdarstellungsbedürfnisses durchaus ein gesunder, bürgerlich zu nennender Instinkt für das Vertretbare, das Vernünftige, der allerdings eingestandenermaßen durchaus nicht immer mit einem Sinn für künstlerische Qualität gekoppelt sein mußte. Spitzenleistungen sind selten; es überwiegt eine respektable Gediegenheit. Weder Auftraggeber noch Künstler — fast ausschließlich werden Ortsansässige beauftragt — ließen also die Bäume in den Himmel wachsen. Wie

hoch dieses auf Melaten lieber zur Unter- als zur Übertreibung greifende Vermögen der richtigen Selbsteinschätzung zu bewerten ist, weiß jeder, der die abschreckende Denkmalhybris auf so manchem europäischem Großstadtfriedhof kennengelernt hat.

Wenn man nun Melaten mit anderen bedeutenden Friedhöfen des 19. Jahrhunderts im Rheinland vergleicht, so könnte man sagen, daß eines seiner besonderen Merkmale darin besteht, Spiegel einer aufblühenden Wirtschaftsmetropole und eines alteingesessenen Bürgertums zu sein, dem in der rheinischen Wirtschaft tragende Rollen zufallen. Der alte Bonner Friedhof hingegen ist aufs engste mit der Geschichte der Universität und über sie mit Berlin verbunden. Hier sind die Brüder Boisserée und führende Köpfe des rheinischen Geisteslebens bestattet. Viele von ihnen sind nicht in Bonn geboren. Ihre Denkmäler haben auswärtige Künstler gemacht. Auf dem Zentralfriedhof der noch im Ersten Weltkrieg bedeutenden Festungs- und Garnisonstadt Koblenz stehen die Zeugnisse der politischen Geschichte, d. h. der Heeresgeschichte, im Vordergrund. Der Nordfriedhof in der Akademiestadt Düsseldorf ist schließlich schon allein wegen der Vielzahl der dort tätigen, nach Berlin blickenden Bildhauer interessant. So leistet jeder der angeführten Friedhöfe auf seine Weise einen speziellen Beitrag zur Kunst- und Kulturgeschichte des Rheinlandes im 19. Jahrhundert. Aber diese stillen Stätten, wo Geschichte am Einzelschicksal erfahrbar, Vergangenheit somit unmittelbar greifbar wird, haben nur dann eine Zukunft, wenn sie hinreichend vor Zerfall und Zerstörung geschützt werden.

## III. Der Friedhof Melaten in Vergangenheit und Zukunft

Immer wieder hat der Friedhof Melaten Menschen aus allen Bevölkerungskreisen angeregt, Grabinschriften zu notieren, Grabmäler zu skizzieren und zu fotografieren, Listen von nennenswerten Denkmälern aufzustellen oder Stimmungsbilder und Beschreibungen anzufertigen. Diese Arbeiten erschienen u. a. als Beiträge in Zeitungen und Zeitschriften, als Broschüre, Fachbuch oder Dissertation. Sie zeigen die Verfasser und ihre Leserschaft jeweils als Kinder ihrer Zeit. Die einzelnen Autoren verfolgen mit ihren Arbeiten unterschiedliche Ziele. Neben der religiösen Betrachtung über den Tod steht die Pflege der vaterstädtischen Geschichte im Vordergrund. Häufig sind auch die Arbeiten über rechtliche, hygienische, städteplanerische und kirchenrechtliche Fragen. Kunsthistorische und denkmalpflegerische Aspekte treten erst relativ spät auf; die Verfasser beschränken sich dann in der Regel auf den alten Teil des Friedhofs. Das vorliegende Material ergibt aufgrund der unterschiedlichen Ansatzpunkte ein vielschichtiges Bild von Melaten. Einige Bereiche blieben jedoch in allen Arbeiten weitgehend unberücksichtigt. So wird bis auf wenige Ausnahmen kaum etwas über die auf Melaten tätigen Kölner Künstler bzw. Kunsthandwerker überliefert. Auch fehlt eine umfassende Ikonographie der Kölner Denkmäler.
Bei heutigen Arbeiten stehen gerade die kunsthistorischen und denkmalpflegerischen Aspekte im Vordergrund. So wird zur Zeit ein umfangreiches Verzeichnis der Grabmäler auf Kölner Friedhöfen zusammengestellt, das als Grundlage für notwendige konservatorische Maßnahmen dienen soll.
Es wäre wünschenswert, wenn neben der Erstellung dieser aktuellen Dokumentation auch ein stärkeres Augenmerk auf die bisher kaum genutzten Quellen wie Zeitungsberichte, Protokolle des Gemeinderates, Friedhofsakten, Kataster und Artikel in Zeitschriften gerichtet würde. Es ist auch zu vermuten, daß sich viele offene Fragen mit Hilfe der Bürger beantworten lassen. Den Verfassern dieses Buches wurde z. B. häufig leihweise aufschlußreiches Bild- und Urkundenmaterial aus der Kölner Bevölkerung zur Verfügung gestellt. Das Bildmaterial zeigt zum Teil in drastischer Weise, wie Gräber innerhalb weniger Jahre verwahrlosen können.
Aktive Denkmalpflege gibt es nicht erst heute. Schon im vorigen Jahrhundert beispielsweise wurden Grabkreuze von alten Pfarrfriedhöfen auf Melaten wiederverwendet. Das alte Friedhofskreuz vom

Brigidenfriedhof diente jahrzehntelang als Friedhofskreuz auf Melaten. Nach der Errichtung des neuen Friedhofskreuzes wurde es als Grabkreuz für die Schwestern vom Bürgerhospital aufgestellt. Der Bildstock »Komm zur Heimat« ist ursprünglich ein Grabstein gewesen, den die Stadt nach Ablauf der Belegfrist zum Bildstock umfunktionierte und damit rettete (Abb. 109).

Zu Beginn des 20. Jahrhunderts kam es dagegen zu einer Reihe von Initiativen, die vor allem der angeblichen »Unkultur« der Gründerzeit auf dem Friedhof den Kampf ansagten. Dabei kamen Grabsteine aus der ersten Hälfte des 19. Jahrhunderts günstiger weg als die späteren Denkmäler, von denen die galvanoplastischen Industrieprodukte gewiß nicht immer zu Unrecht als Negativbeispiel vorgezeigt wurden. Gegen Ende der zwanziger Jahre wurden dann unter dem Stadtkonservator H. Vogts die ersten konservatorischen Maßnahmen ergriffen, die allerdings nicht langfristig wirkten. Zweifellos ist seit dem Zweiten Weltkrieg einiges unternommen worden, um Melaten zu erhalten. Anerkennung für ihren Einsatz gebührt der öffentlichen Denkmalpflege und denjenigen Grabstellenbesitzern, die ihre Gräber erhalten. Man muß dabei berücksichtigen, daß die Nachkriegszeit andere, zugestandenermaßen zunächst dringlichere Aufgaben zu bewältigen hatte. Andererseits ging leider eine Fülle von Grabsteinen verloren, ohne daß die Bevölkerung in angemessener Weise reagierte, obwohl sie den Verlust wahrnahm.

In jüngster Zeit sind verstärkte Bemühungen und erste Erfolge zu verzeichnen. Für einige gefährdete Denkmäler sind Patenschaften zustande gekommen, so daß deren Fortbestand ohne den Einsatz öffentlicher Mittel gewährleistet erscheint. Möge dieses Modell weiterhin Schule machen. Dennoch ist nicht zu übersehen, daß in Anbetracht der Größenordnung der Aufgabe hier nur durch starke Aufklärungsarbeit und den unmittelbaren Appell an die breite Öffentlichkeit zu wirksamen Lösungen zu kommen ist.

Die öffentliche Denkmalpflege kontrolliert einerseits, steht aber andererseits unter öffentlicher Kontrolle. Sie hat den politischen Auftrag, sich um die Erhaltung der Kunstdenkmäler zu kümmern und — was ebenso schwierig ist — um die gesetzlichen Grundlagen für ihre Arbeit zu ringen. Aus diesem Grund kann sie in der Regel erst mittel- bzw. langfristig wirken. Da der Zustand der Denkmäler aber keinen längeren Aufschub mehr erlaubt, ist jede ideelle, materielle, personelle und auch informatorische Unterstützung durch den Bürger absolut unentbehrlich. Es wäre wünschenswert, wenn sich Kirchen, Parteien, Vereine und Verbände oder Berufsgruppen (Steinmetzen, Bildhauer,

Friedhofsgärtner) in weit stärkerem Maße, als es bis jetzt schon dankenswerterweise geschehen ist, für die Erhaltung von Grabmälern einsetzten.

Der Verlust an Erhaltenswertem ist enorm hoch. Als erhaltenswert werden hier Denkmäler verstanden, die aufgrund eines oder mehrerer der folgenden Faktoren auffallen: hohes Alter, bekannter oder verdienstvoller Verstorbener, qualitätvolle Gestaltung und außergewöhnliches Material, bedeutender Künstler oder besondere Originalität. Daneben sollen einzelne Grabmäler als typische Repräsentanten bestimmter Denkmalsformen ebenso geschützt werden wie ganze Ensembles.

Auf den ersten Blick mag diese Auswahl zu weit gefaßt und daher utopisch erscheinen. Die Zahl der nach dieser weit gefaßten Auslegung erhaltenswerten Grabsteine ist aber als Folge der bisherigen Verluste relativ gering. Ein vergleichender Blick auf die großen Verluste an Kölner Baudenkmälern während des Krieges bzw. als Folge verkehrstechnischer oder anderer Notwendigkeiten verbietet es, allzu wählerisch zu sein.

Der Friedhof ist außerdem eine Oase in jeder Beziehung. Auf ihm lassen sich noch denkmalpflegerische Konzepte verwirklichen, weil es hier keine Probleme wie Bodenspekulation u. ä. gibt. Neben den rein denkmalpflegerischen Aspekten gibt es auch noch einen anderen Gesichtspunkt, der in der Öffentlichkeit zu wenig beachtet wird.

Wenn Denkmäler auf Melaten verfallen, ist dies nicht nur die Folge von alltäglichen Sachzwängen, wie Bedarf an neuen Grabstellen oder rechtliche und finanzielle Probleme, sondern auch ein Zeichen für den Verlust an Geschichtsbewußtsein. Auf der Verlustliste von Melaten stehen Grabmäler von Persönlichkeiten aus allen Lebensbereichen, die zu ihrer Zeit überregionale Bedeutung hatten. Meistens sind sie der breiten Öffentlichkeit heute nicht mehr bekannt.

Konkrete Zahlenangaben über die bisherigen, sich täglich mehrenden Verluste an erhaltenswerten Grabstätten auf Melaten können aus verschiedenen Gründen nicht gemacht werden. Als Ausgangspunkt kann keine der heute vorliegenden Listen genommen werden, da keine alle oben genannten Auswahlkriterien erfaßt. Selbst Vogts' verdienstvolles Standardwerk »Der Kölner Friedhof Melaten« berücksichtigt nur den alten Teil Melatens, den er hauptsächlich unter familienkundlichen Aspekten untersuchte. Auch bedürfen alle zugänglichen Dokumentationen einer eingehenden Überprüfung, da offensichtlich Fehler unterlaufen sind.

Die heute noch nachweisbaren Grabsteine sind teilweise nur fragmen-

Abb. 88　Grab W. Spangenberg/ W. Winterberg († 1933); abgetragen

Abb. 89　Melaten gegen Ende des Zweiten Weltkrieges

tarisch erhalten. Bei einer zahlenmäßigen Erfassung müßte eine so breite Differenzierung vorgenommen werden, daß diese Zahlenangaben kaum noch einen deutlichen Aussagewert hätten.

Das zur Verfügung stehende Material läßt aber dennoch einige Schlüsse zu. Zum Beispiel hatte ein normales Reihengrab durch den § 10 der Begräbnisordnung keine Chance, die Belegfrist zu überstehen. Nur noch Friedhofsakten, Zeitungsartikel (z. B. die schon erwähnte Jambga) und Abbildungen belegen, daß einst Holzkreuze, Kopfsteine und in großer Zahl gußeiserne Kreuze auf diesen Gräbern standen. Die Privatgräber erster und zweiter Klasse, die sich an den breiten Wegen bzw. an den zur Innenseite der Flure zeigenden Rändern befinden, blieben erhalten, wenn sie von den Nachkommen wieder erworben wurden. Das verhinderte nicht, daß viele Grabsteine durch falsche Behandlung zerfielen. Die Familiengräber und Grüfte liegen exponiert an den Hauptwegen und besonders schön gelegenen Stellen. Durch den Bombenkrieg und langsamen Zerfall sind viele von ihnen untergegangen. So sind die Grabkapellen bis auf eine Ausnahme verschwunden. Durch die Bindung der verschiedenen Grabarten an bestimmte Lagen konnte der Charakter des Friedhofs zum großen Teil erhalten

Abb. 90   Grab C. H. Speiman († 1810); kriegszerstört

Abb. 91   Grab W. Ahrweiler († 1820); z. Z. nicht auffindbar

Abb. 92   Grab P. J. Imhoff († 1844); abgeräumt

Abb. 93   Grab C. Th. Schülgen († 1834); kriegszerstört

Abb. 94   Grab J. Chr. H. Nollen
(† 1834); kriegszerstört

Abb. 95   Grab J. Chr. Zehnpfennig
(† 1842); kriegszerstört

Abb. 96   Grab Heinrich Bürgers
(† 1879); kriegszerstört

Abb. 97   Grab Th. Ernst († 1886);
abgeräumt

bleiben. Privat- und Familiengräber bilden den konstanten Faktor, während die Reihengräber durch die relativ kurze Belegfrist den Gesamteindruck oft verändern. Da diese Flure durch Privatgräber eingerahmt sind, fällt dieser Wechsel kaum auf. Auf den ersten Blick mag es scheinen, daß sich auf Melaten kaum etwas verändert hat. Erst durch historische Aufnahmen sieht man, daß zahlreiche markante Denkmäler, die den Gesamteindruck bestimmten, heute fehlen.
Die Gründe für die Verluste an Grabstätten sind vielfältig. Die Zahl der zur Verfügung stehenden Grabstellen ist knapp bemessen. Erweiterungsmöglichkeiten existieren nicht. Werden nach Ablauf der Belegfrist die Gräber nicht wieder neu von den Hinterbliebenen erworben, können die Gräber abgetragen werden. Ist ein Grab verfallen oder bildet es eine Gefahr für die Friedhofsbesucher, ist es bald verschwunden. Manche Grabsteine sind in einem derart ungepflegten Zustand, daß sie von vielen als »öffentliches Ärgernis« empfunden werden. Viele Grabstelleninhaber lassen sich verleiten, einen schönen alten Grabstein durch einen modernen zu ersetzen. Nicht ganz unschuldig am Raubbau sind schließlich die Reformbestrebungen zu Beginn unseres Jahrhunderts, die zweifellos wertvolle Anstöße gegeben haben, die aber, wie das in jeder Reformbewegung der Fall zu sein scheint, von unduldsamen Eiferern ins Extrem getrieben wurden. Erwähnenswert sind dann auch politische Beweggründe. Nach dem Zweiten Weltkrieg wurden einige Ehrengräber des Nationalsozialismus entfernt oder auch »entnazifiziert«. Die größten Verluste aber richteten die Bomben des letzten Weltkrieges an. Ärgerlich ist es, daß sich in letzter Zeit Fälle mutwilliger Beschädigungen und auch Diebstähle häufen. Letztere stellen in der umfangreichen Verlustbilanz des Friedhofs einen — allerdings traurigen — Beweis dafür dar, daß sich die positive Einschätzung der Friedhofskunst nicht nur bei Rat und Verwaltung, sondern auch in Liebhaberkreisen durchgesetzt zu haben scheint. Insofern dürfen diese jüngsten Verluste, so bedauerlich sie sind, vielleicht als indirektes Indiz für die durch allgemein wachsendes Interesse steigenden Überlebenschancen dieser einzigartigen Stätte rheinischer Geschichte und Kunst gewertet werden.

## IV. Alphabetisches Gräberverzeichnis

Das Verzeichnis bemüht sich um einen ausgewogenen Überblick sowohl über die verschiedenartigen Denkmäler und ihre Künstler als auch über die verschiedenen Bevölkerungsgruppen, die auf Melaten ihre letzte Ruhestätte fanden. Diese auf das Repräsentative und Typische zielende Aufgabenstellung machte eine strenge Auswahl notwendig, bei der kunsthistorische, stadtgeschichtliche und familienkundliche Aspekte nicht immer allein ausschlaggebend waren. Vieles mußte gezwungenermaßen unberücksichtigt bleiben, so daß dem aufmerksamen Friedhofsbesucher ein breiter Spielraum für eigene Entdeckungen bleibt.

Die Grabstätten sind meist nach dem Familiennamen des zuerst Verstorbenen geordnet. Bei den Standortangaben werden die offiziellen Bezeichnungen der Friedhofsverwaltung verwendet. Die Angabe Lit. (Littera = Buchstabe) bezeichnet die Wege des älteren Teils des Friedhofs. Die Flure (Grabfelder) werden durch Zahlen oder Buchstaben gekennzeichnet.
Um ein schnelles Auffinden der Grabstellen zu ermöglichen, sind die Standorte der Grabsteine auf dem Faltplan (am Schluß des Buches beigeheftet) von links oben (Flur 93) nach rechts unten (Flur 31) reihenweise durchnumeriert, in Gruppen zusammengefaßt und in Klammern gesetzt. Diese Findnummer steht im alphabetischen Gräberverzeichnis halbfett gedruckt vor der Angabe des Standorts.
HWG = östlicher Hauptweg
wHWG = westlicher Hauptweg
MA = Ost-West-Achse (»Millionenallee«)

ADENAUER, Hanna, Dr. phil.
Stadtkonservator in Köln. Köln
1904—1978 Köln

**Nr. 139**, Flur 20 in E
Grabstätte der Kölner Juristenfamilie Adenauer.
Am Fuße eines schlichten steinernen Hochkreuzes mehrere Kopfsteine. Am Hochkreuz die Inschrift: »Ex umbris et imaginibus in veritatem.« (»Aus den Schatten und Schemen zur Wahrheit«).
Höhe des Hochkreuzes ca. 300 cm.
Zustand: gut erhalten


AHN, Franz, Dr. phil.
Verleger. Aachen 1796—1865 Neuss

**Nr. 72**, zwischen Lit. V und Lit. W
Um die Jahrhundertwende entstandenes Grabmal der Kölner Verlegerfamilie Ahn.
Breite Stele in Form einer gemauerten Wand mit Gesims als Abschluß. Der Wand vorgelagert eine Säule mit reichem Kapitell, das die Marmorbüste des Verstorbenen trägt.
Gesamthöhe: ca. 325 cm; Höhe der Büste: ca. 70 cm. Zustand: Büste stark angegriffen und ausgebessert
Bildhauer der Büste: Christian Mohr


ALBERMANN, Max
Bürgermeister und Beigeordneter.
Köln 1870—1927 Köln und
ALBERMANN, Josef, Dr. Geologe. Köln 1909—1941 gefallen vor Leningrad

**Nr. 140**, Flur 20 in E
Schlichte dreiteilige Stele, deren erhöhter mittlerer Teil in Hochrelief den auferstandenen Christus mit dem Kreuz in der Linken zeigt.
Höhe: ca. 260 cm. Zustand: gut erhalten
Signiert: W. Albermann
Max Albermann war der letzte Bürgermeister der ehemals selbständigen Stadt Kalk, die heute ein Stadtteil von Köln ist. Nach Eingemeindung von Kalk war er Beigeordneter in Köln.


ALBERMANN, Wilhelm (d. Ä.)
Bildhauer. Werden 1835—1913 Köln

**Nr. 36**, Lit. L, zwischen Lit. Q und Mauer
Breite Stele aus rotem Granit in Form eines (geschlossenen) Tores, für dessen lapidare Gestalt offensichtlich das rund hundert Jahre ältere Melatener Hauptportal Ausgangspunkt gewesen ist.
Im giebelartigen, mit Christusmonogramm als Akroterion bekrönten Oberteil neugotisches Bronzerelief mit Jüngstem Gericht: Das aufgeschlagene Testament in der Linken, thront Christus als Weltrichter auf einer Wolkenbank. Als Fürbitter sind ihm Maria und Reinoldus, der Schutzpatron der Bildhauer und Steinmetzen, zugewandt.
Mit Posaunen verkünden Engel den Beginn des Weltgerichts. Flächiglineare, symmetrisch aufgebaute Komposition in spätnazarenischem Stil.
Gesamthöhe: ca. 330 cm. Zustand: insgesamt gut erhalten; Relief patiniert

Grabmal vermutlich nach einem Entwurf des Verstorbenen selbst oder seiner Söhne Willy (1873—?) bzw. Franz, die beide in Köln als Bildhauer tätig waren.
Wilhelm Albermann d. Ä. war einer der produktivsten Denkmalplastiker des Rheinlandes. Zunächst bei einem Elberfelder Holzbildhauer geschult, trat er 1855 in die Berliner Kunstakademie ein, wo er von dem Rauch-Schüler August Fischer und dem Wichmann-Schüler Hugo Hagen ausgebildet wurde. 1865 ließ er sich in Köln nieder. Neben seiner reichen Tätigkeit als freier Bildhauer übte er das Amt eines Lehrers an der »Gewerblichen Zeichenschule« aus, deren Begründer er war. Albermann gehörte von 1893 bis 1900 dem Kölner Stadtrat an. 1902 wurde er mit dem Professorentitel geehrt. Seine Hauptwerke in Köln sind die Sitzstatuen Wallrafs und Richartz, das Jan-von-Werth-Denkmal und der Hermann-Joseph-Brunnen. Rund zwanzig Gräber des Melatenfriedhofs sind aus dem Atelier Albermanns hervorgegangen.

AMELUXEN, Elisabeth 1887—1973

**Nr. 45**, Flur 37
Grabplatte mit kurioser Liegefigur: Alte Dame im Sonntagsstaat mit Regenschirm, Gesangbuch und Rosenkranz, wie auf dem Weg zur Kirche.
Maße: ca. 150 x 50 cm. Zustand: gut erhalten

ANDREAE siehe unter SCHNITZLER

ANDRIEL, Wilhelmine Henriette geb. Geiseler. Stettin 1782—1832 Köln

**Nr. 211**, Lit. D, zwischen Lit. R und Lit. G
Schlicht profilierte klassizistische Stele aus rotem Sandstein. Als Bekrönung Palmette über gegenläufigem Volutenpaar.
Unter Grabinschrift das Bibelzitat:
»Der Staub muß wieder zu / der Erde kommen, wie er gewesen / ist und der Geist wieder zu Gott, / der ihn gegeben hat!
   Pr. Sal. XX (sic!), 7.«
Höhe: ca. 150 cm. Zustand: gut erhalten

ANHEISSER, Wilhelm 1819—1895 Köln und LANDMANN, Johann Jakob Bildhauer bzw. Steinmetz. 1787—1851 Köln

**Nr. 58**, Lit. Q, zwischen Lit. K und Lit. L
Grabmal vermutlich ursprünglich in Form eines gotischen Hochkreuzes (?). Sandstein. Die Seiten des dreizonig aufgebauten Sockelblocks sind durch über Eck gestellte Strebepfeiler sowie durch je einen Blendbogen mit Wimperg gegliedert. In einem der Bogenfelder die Inschrift:
»Selig sind die Todten / die in dem Herren sterben, / von nun an. / Ja der Geist spricht, / daß sie ruhen von ihrer Arbeit; / denn ihre Werke folgen ihnen nach.
   Offenb. Joh. 14,13.«
Gesamthöhe: ca. 300 cm. Zustand: Kreuz fehlt; sonst gut erhalten
Signiert: Si(e)gert

Johann Jakob Landmann war Bildhauer bzw. Steinmetz in Köln. Von ihm stammt beispielsweise die Grabplatte des J. J. Moll auf dem Friedhof Weyerthal (1826).

ANTON, Wilhelm
Unkel 1766—1845 Köln

**Nr. 258**, Lit. J, zwischen Lit. A und Lit. B
Schönes gußeisernes Kreuz auf Steinsockel. Die Kreuzarme enden spitzbogig. Sie sind mit Krabben und Kreuzblumen besetzt. Vierpässe und andere gotische Maßwerkformen füllen sie aus. Auf dem Kreuzesstamm die Inschriften: »Betet für die Seele des Herrn... Ihrem guten Vater die dankbaren sieben Kinder.«
In der unmittelbaren Nachbarschaft zwei weitere gußeiserne Kreuze nach gleichem bzw. ähnlichem Gußmodell. Vielleicht Güsse der Sayner Hütte (vgl. ähnliche Kreuze auf dem Bendorfer Friedhof).
Höhe: ca. 215 cm. Zustand: verrostet, aber sonst gut erhalten
Abb. 98

AUERBACH, Hermann
1854—1899 Köln

**Nr. 118**, Flur 64
Schlichte Stele mit bronzenem Porträtmedaillon; darunter eine Inschrift in Stenogramm: »Dem Dahingeschiedenen zum Andenken, den Lebenden zur Erinnerung«.
Auf dem Sockel die Widmungsinschrift: »Seinem verdienstvollen / Vorsitzenden / der Verband / Rheinisch-Westfälischer / Stenographen / (System Gabelsberger).«
Höhe: ca. 210 cm; Durchmesser des Medaillons: 25 cm. Zustand: gut erhalten; Medaillon patiniert

BACHEM, Lambert
Weinhändler. Köln 1789—1854
Köln und
BACHEM, Joseph
Verleger. Köln 1821—1893 Honnef

**Nr. 31**, Flur V
Grabmal der Drucker- und Verlegerfamilie Bachem.
Blendarkatur mit Kleeblattbögen und Maßwerkgiebelchen über Gesims, das von Blattkonsolen getragen wird. Die schräg ansteigenden seitlichen Wangenmauern mit spitzbogigen Blendbögen und Krabben verziert. Im Scheitel der die Inschrifttafeln rahmenden Blendarkatur ein Kreuz auf schlicht profiliertem Sockel.

Abb. 98   W. Anton

Zum Grabmaltypus vergleiche das fast gleichzeitige Grabmal Schmits/Meurer.
Zustand: Architektur schadhaft
Signiert: Stang & Wingen Köln
Lambert Bachem war zunächst Weinhändler in Honnef. 1822 übernahm er die Buchhandlung seines Bruders Johann Peter in Köln.
Joseph Bachem war Buchdrucker und Verleger in Köln. Er begründete und verlegte die bedeutende Kölnische Volkszeitung.

BAUM, Anton
Bierbrauer. 1792—1839 Köln
**Nr. 143**, Lit. R, zwischen Lit. D und Lit. E
Schlichte klassizistische Stele aus Sandstein. Im giebelförmigen Abschluß brennendes Herz, Anker, Kreuz, Palm- und Olivenzweig (?). Darunter romanischer Blendbogenfries auf Konsölchen.
Höhe: ca. 210 cm. Zustand: im unteren Teil verwittert; obere Bekrönung (Kreuz?) fehlt.

vom BAUM, J. H.
Ronsdorf 1785—1856 Köln
**Nr. 181 a**, Flur Z
Säulenstumpf auf Plinthe, Sandstein. Inschrift: »Hier ruht die Hülle / eines charakterfesten edlen / Mannes und unvergeßlichen / Gatten und Vaters / J. H. vom Baum / geb. in Ronsdorf / am 28. October 1785 / gest. in Cöln / am 10. Januar 1856. / In reiner Liebe lebt sein / Andenken fort.« Vergleiche Grabmal Göller.
Höhe: ca. 160 cm. Zustand: gut erhalten

BAUMANN, Max
1812—1899 Köln
**Nr. 109**, Flur 63
Auf naturalistisch gebildetem, von Efeu umranktem Felsblock ein mit Blumenkranz geschmücktes Baumkreuz, an dessen Stamm ein Anker lehnt. Vor dem Felsblock aufgeschlagenes Buch mit der Grabinschrift.
Symbolträchtiges Grabmal, dessen Ikonographie an Vorbilder der Romantik denken läßt. Bedeutung der Symbole im einzelnen: Fels: Festigkeit im Glauben; Anker: Hoffnung; Efeu: Sinnbild der Treue und des ewigen Lebens; Baumkreuz: Symbol des Lebens aus dem Tode; Rose: Symbol der Liebe; Blumenkranz: Krone der Gerechtigkeit und des Lebens.
Höhe: ca. 200 cm. Zustand: gut erhalten
Signiert: Louis Wethli, Zürich
Abb. 99

Abb. 99  M. Baumann

BECHEM, Hubert Anton
siehe unter
RICHARTZ, Johann

BECKER, Hermann, Dr. jur.
Elberfeld 1820—1885 Köln

**Nr. 11,** HWG, zwischen Lit. M und Lit. T
Schlanke Stele mit bronzenem Bildnismedaillon, das Becker im Profil zeigt. Als Bekrönung der Stele ein Relief der Colonia, der Verkörperung der Stadt Köln.
Höhe: ca. 365 cm; Durchmesser des Medaillons: 52 cm. Zustand: gut erhalten
Signiert: A. Werres fec. 1887; die Colonia ist mit »Albermann« bezeichnet. Der architektonische Entwurf stammt von Hermann Otto Pflaume.
Becker, dem revolutionäre Betätigung 1848 eine mehrjährige Festungshaft und zugleich den Spitznamen »roter Becker« einbrachte, war ein bedeutender Kölner Oberbürgermeister. Während seiner Amtszeit (1875—1885) wurde mit der großen Stadterweiterung begonnen.
Abb. 44

BECKER, Julius Albert
Lebensdaten unbekannt

**Nr. 155,** Flur 60
Schlichter Stein mit dornenbekröntem Christuskopf aus grobem Steinmaterial.
Eines der wenigen Beispiele für spätexpressionistische Plastik.
Höhe: ca. 190 cm; Höhe des Kopfes: ca. 33 cm. Zustand: gut erhalten
Signiert: Georg Grasegger

BECKMANN, Mathias
1850—1900 Köln

**Nr. 18,** Flur 76
Hohe Stele mit Giebelabschluß und Eckakroterien. Auf der Front in weißem Marmor die einander zugewandten Porträtmedaillons der Eheleute Beckmann. Sie werden von einem üppig wuchernden Weinstock mit Trauben umrankt, dessen fleischiges Blattwerk bis zu dem die Komposition abschließenden Kreuz hinaufreicht. Unterhalb der beiden Bildnisse eine Schriftrolle mit den Namen und Lebensdaten der Verstorbenen.
In dem wohl kurz nach 1900 entstandenen Grabmal verbinden sich klassizistische Elemente (Architektur), Merkmale des Jugendstils (florale Dekoration) und realistische Züge (Porträtreliefs) zu einer schillernden Einheit, die für die Stilunsicherheit der Jahrhundertwende bezeichnend ist.
Höhe: ca. 400 cm. Zustand: gut erhalten
Bildhauer: Wilhelm Faßbinder
Abb. 45

BERGER, Jacob
? — 1911 Köln und
FUCHS, Peter
Bildhauer. Mülheim 1829—1898 Köln

**Nr. 182,** Lit. R, zwischen Lit. D und Lit. E

Grabmal in Art eines Wegekreuzes. Innerhalb der steinernen Umfriedung mehrere Kopfsteine. Auf dem Kreuz, dessen Arme knospenförmig endigen, ein Medaillon mit dem Lamm Gottes.
Höhe des Kreuzes: ca. 400 cm. Zustand: gut erhalten
Signiert: Daners
Peter Fuchs war einer der fruchtbarsten Meister der Kölner Neugotik. 1843 als Steinmetzlehrling in die Kölner Dombauhütte eingetreten, bildete er sich bei dem Kölner Architekten Vincenz Statz (siehe dort), dem Speyerer Bildhauer Gottfried Renn und dem Thorvaldsen-Schüler Eduard Schmidt von der Launitz in Frankfurt weiter. 1865 wurde er als Nachfolger Christian Mohrs Dombildhauer in Köln. Die rund 700 Skulpturen umfassende plastische Ausstattung des Kölner Domes stellt wohl sein Hauptwerk dar. Er starb 1898, von der Öffentlichkeit fast vergessen, in Köln. Mehrere Grabmäler des Melatenfriedhofs sind Arbeiten von Fuchs; sie haben sich jedoch nur fragmentarisch erhalten.

BERGSCH, August
1864—1925 Köln

**Nr. 161,** Flur 61
Steinernes Kreuz auf hohem, dreiteiligem Sockel. Am mittleren Teil in Goldschrift auf schwarzer Steinplatte der mundartliche Spruch: »Dat Häzje, dat he litt, / dat es sing Levve quitt.« (»Das Herzchen, das hier liegt, das ist sein Leben los«.)
Zustand: gut erhalten

BEST, Heinrich
1853—1901 Köln

**Nr. 252,** Lit. U, zwischen Lit. B und Lit. C
Grabstein in Form eines gotischen Lesepults mit aufgeschlagenem Buch. Auf den Buchseiten die Grabinschriften. Wappenschild mit Inschrift des Familiennamens auf der Rückseite des maßwerkverzierten Pultes. Sandstein.
Höhe: ca. 130 cm. Zustand: Maßwerk schadhaft und bereits mit Zement ausgebessert.

BETZLER, Otto
Lebensdaten unbekannt

**Nr. 59,** MA an Flur 68
Einziges erhaltenes, 1913 für die Familie Betzler errichtetes Mausoleum. Quadratischer Bau, der im Dachgeschoß ins Achteck übergeht. Ihm vorgelagert eine Vorhalle mit steilem Giebel, die durch ein neuromanisches Säulenportal zu betreten ist. Relief eines Totenkopfes in der Spitze des Giebeldreiecks. Fenster vergittert.
Zustand: gut erhalten
Abb. 77

BEUDEL, Franz
1837—1893 Köln

**Nr. 187,** Flur 54
Grabmal in Form einer kreuzbekrönten Ädikula, deren Giebelfeld Kranz und Palmwedel ausfüllen. In

der rundbogigen Nische darunter Relief mit trauernder Witwe am Sarkophag, die von einem Engel getröstet wird. Die durch Schleier und Grabkranz gekennzeichnete Witwe trägt die Mode der Zeit um 1890; der geflügelte Engel ist als sanfte Schönheit charakterisiert.
Höhe: ca. 300 cm; Relief: ca. 132 cm. Zustand: Architektur intakt; Relief leicht verwittert, die Hände des Engels zum Teil abgebrochen
Signiert: A. Iven
Abb. 69

BIERCHER, Peter Anton
Tuchhändler. ? — 1836 Köln und
BIERCHER, Matthias (Matthäus)
Architekt, Köln 1797—1869 Köln

**Nr. 203**, HWG, zwischen Lit. C und Lit. D
Klassizistische Stele mit giebelförmigem Abschluß; dabei Kopfstein für Matthias Biercher.
Höhe der Stele: ca. 290 cm, Zustand: verwittert
Künstler: Stele wahrscheinlich nach einem Entwurf von M. Biercher.
Matthias Biercher war einer der wichtigsten Baumeister des Klassizismus in Köln. Von ihm stammen u. a. das ehemalige Regierungsgebäude und das Theater auf der Komödienstraße. Außer öffentlichen Großbauten hat er mehrere bedeutende Restaurierungen an mittelalterlichen Bauten durchgeführt. Darüber hinaus war Biercher als Stadtverordneter und als Vorstand des Zentral-Dombau-Vereins für Köln tätig.

BIRGEL, Willy
Schauspieler. 1891—1973
**Nr. 195**, Lit. D, an Flur 34
Neues Grabkreuz im Stil des 18. Jahrhunderts.
Birgel war ein beliebter Filmstar, vor allem in den 30er und 40er Jahren. Er hat viele Hauptrollen gespielt.

BIRKHÄUSER
Lebensdaten unleserlich und
WAHLEN, Jakob
Fabrikant. 1788—1845 Köln.

**Nr. 215**, Lit. J, Ecke Lit. C
Auf Fernsicht berechnetes klassizistisches Tabernakelgrab in Form eines ionischen Tempelchens. Darin Christusfigur nach der vielfach reproduzierten Kopenhagener Christusstatue des dänischen Bildhauers

Abb. 100  Birkhäuser/Wahlen

Bertel Thorvaldsen. Auf dem Dach Akroterien sowie eiserne Posaunen des Jüngsten Gerichts. Eine dorische Version dieses Grabmaltyps siehe unter Butz!
Zustand: Architektur und Figur stark verwittert; Kreuz auf dem Dach abgebrochen; Posaunen stark verrostet; Inschriften am Sockel kaum noch lesbar. Reste einer Farbfassung. Fortbestand des Grabmals gefährdet.
Künstler: Christusfigur von J. J. Imhoff d. J.
Jakob Wahlen, der »goldene Wahlen« genannt, war Fabrikant in Köln. Er gehört einer alten Guts- und Ziegeleibesitzerfamilie an.
Abb. 100

BODENHEIM, Heinrich, Dr. jur. Rechtsanwalt. 1884—1949

**Nr. 8,** Flur 83
Figur eines nackten Jünglings, der in der erhobenen Rechten ein Schwert hält. Die vermutlich um 1940 entstandene Figur repräsentiert in ihrer heroischen Nacktheit und Anonymität ein menschliches Idealbild, das in der Staatskunst des Nationalsozialismus propagiert wurde (vgl. das Spätwerk von Georg Kolbe).
Höhe der Figur: 130 cm. Zustand: gut erhalten
Abb. 101

BÖCKLER, Hans, Dr. h. c. Gewerkschaftsführer. Trautskirchen 1875—1951 Köln

**Nr. 115,** Flur 60 A
Grabmal in Form eines großen Zahnrades (Gewerkschaftssymbol) auf Kegelstumpf.

Abb. 101   H. Bodenheim

Abb. 102   H. Böckler

Höhe: ca. 300 cm
Signiert: Entwurf Prof. Gies
Böckler war zunächst Bezirkssekretär des Allgemeinen Deutschen Gewerkschaftsbundes, 1924—1928 Stadtverordneter in Köln, 1928—1933 Mitglied des Reichstages (SPD), 1949 1. Vorsitzender des Deutschen Gewerkschaftsbundes. Böckler ist Ehrenbürger der Stadt Köln.
Abb. 102


BOISSEREE, Bernhard
Schiffahrtsagent und Sägewerksbesitzer. Köln 1773—1845 Köln
**Nr. 273,** HWG, zwischen Lit. A und Lit. B
Hohes gußeisernes Kreuz; am Fuß Familienwappen; auf dem Querbalken die Inschrift: »Herr, Dein Wille geschehe.« Darüber Schmetterling als Sinnbild der zum Himmel entschwebenden Seele. Auf der Rückseite des Kreuzes: »Errichtet von Bernhard Boisserée 1834.«
Höhe: ca. 500 cm. Zustand: gut erhalten; Inschrift, Wappen und Symbole neu vergoldet.
Bernhard Boisserée entstammt einer bekannten Kölner Familie, deren berühmteste Mitglieder wohl die leidenschaftlichen Sammler mittelalterlicher Kunst Sulpiz und Melchior sind (beide auf dem alten Bonner Friedhof begraben). Bernhard Boisserée war Mitglied der Handelskammer, Mitbegründer der Rheinisch-Preußischen Dampfschiffahrtsgesellschaft und Stadtverordneter.
Abb. 103

Abb. 103   B. Boisserée

BONN, Leonhard, Witwe
geb. Gertrud Klett. 1814—1899
**Nr. 4,** Flur R 2
Auf hohem Sockel steinerner Grabengel, dessen Hände zum Gebet ineinandergelegt sind.
Höhe: 260 cm; Figur: 120 cm. Zustand: Figur stark verwittert und verschmutzt
Signiert: F. Custodis


zur BONSEN, Rudolf Walter
siehe unter
SCHANZLEH, Wilhelm


BORNHEIM, Wilhelm
1853—1923
**Nr. 61,** MA, an Flur 69
Vor schlichter Stele kreuztragender

Christus, der unter der Last des Kreuzes in die Knie gesunken ist.
Höhe der Skulptur: ca. 170 cm.
Zustand: gut erhalten
Signiert: Prof. Arthur Bock

BRACH, Paul, Prof. Dr. med.
Arzt. 1740—1815 Köln
bzw.
BUNGARTZ, Adolph
Lohamtsmeister. 1683—1767

**Nr. 262,** Lit. J (provisorisch abgestellt)
Wiederverwendetes niedriges Steinkreuz mit Korpus (2. Hälfte 18. Jahrhundert) vom Kirchhof der Mauritiuskirche. Darauf außer der neuen Inschrift für Paul Brach noch die ursprüngliche: »Ao. 1767 d. 29. Decb. starb Adolph Bungartz, des respective Loh-Ampts Mitmeister, seines Alters im 84. Jahre. Ao.1769 d. 15. July starb die ehrsame Frau Maria Bachems alters 69 Jahre. Eheleute.« Einer der ältesten Grabsteine auf dem Melatenfriedhof.
Höhe: 150 cm mit Fundament. Zustand: verwittert
Der in Paris ausgebildete Paul Brach war Professor für Anatomie und Chirurgie an der Kölner Universität.
Abb. 104

BRANDT, Gustav
Lebensdaten unbekannt

**Nr. 84,** MA, zwischen HWG und Lit. P
Hohe Stele aus rotem Granit, davor sarkophagähnliche Bank mit weitgewandeter weiblicher Sitzfigur

Abb. 104  P. Brach; hist. Foto

Abb. 105  G. Brandt

aus weißem Marmor. Die Arme seitlich auf die Bank abgestützt, ähnelt die Gestalt in ihrer weit ausgreifenden Gebärde einer Schutzmantelmadonna. Ihr geschlossener pyramidaler Aufbau und ihre symmetrische Frontalität verleihen ihr eine eigentümliche Strenge, die allerdings durch eine vom Jugendstil beeinflußte lineare Stilisierung des Faltenspiels gemildert wird. Vergleiche das ähnliche Grabmal Euskirchen von Moest, um 1906.
Höhe der Figur: ca. 160 cm. Zustand: Marmor der Skulptur stark verwittert
Künstler: Wilhelm Faßbinder
Abb. 105

BREWER, Peter Andreas, Dr. Hofgerichtskommissar. 1757 (?)—1841 und
von HAUPT, Anna Maria
Witwe des vorgenannten P. A. Brewer. 1787—1861 und
DE NOEL, Mathias
Kunstsammler und Konservator. Köln 1782—1849 Köln
**Nr. 179**, Lit. D, zwischen Lit. G und HWG
Große gotische Fiale mit reichem Maßwerk. Im hinteren Bogenfeld bekränztes Kreuz.
Höhe: ohne die fehlende Bekrönung (Kreuz?) ca. 330 cm. Zustand: vor allem im oberen Bereich stark beschädigt; Reste einer gußeisernen Grabeinfriedung mit Vierpässen.
Künstler: C. Stephan
Der Kunstsammler De Noël war der erste Konservator des Städtischen Museums (Wallrafianum). Er betätigte sich daneben als Zeichner und volkstümlicher Dichter (siehe S. 34) und bemühte sich erfolgreich um die Wiederbelebung des Kölner Karnevals. De Noël heiratete Anna Maria von Haupt, Witwe des Peter Brewer.

BROELSCH, Caspar
1812—1884
**Nr. 130**, HWG, zwischen Lit. E und Lit. F
Vor hoher Ädikula mit Rundbogen Sarkophag mit flankierenden Todesgenien (Engeln), die einen Kranz niederlegen. Im Bogenfeld Medaillon mit dornenbekröntem Christuskopf. Schmiedeeiserne Grabumfriedung.
Höhe: ca. 500 cm. Zustand: gut erhalten
Signiert: W. Albermann
Abb. 106

Abb. 106   C. Broelsch; Detail

BROICHSCHÜTZ, August
1822—1874
**Nr. 259**, Lit. A, zwischen Lit. H und Lit. J
Zum Grabmal umfunktionierter, spätklassizistischer Säulenofen aus Gußeisen, der einfach auf einen Sockel gesetzt ist. Kurioses Beispiel dafür, wie alltägliche Gebrauchsgegenstände denkmalhafte Formen annehmen können, so daß sie mitunter tatsächlich als Denkmal verwendet werden können. Um das Grabmal ranken sich mehrere amüsante Anekdoten, die auf Seite 27/28 nachzulesen sind.
Höhe: ca. 170 cm. Zustand: Ofen stark verrostet; Oberteil fehlt
Abb. 107

BRÜNINGHAUSEN, Maria
1866—1906
**Nr. 165**, Lit. J, zwischen Lit. D und Lit. E
Neubarocker Grabengel mit weitausgebreiteten Flügeln. Gesenkter Blick und die auf die Brust gelegte Linke zeigen Trauer an. Der vermutlich auf ein Modell des Bildhauers Liebhaber zurückgehende Engel existiert auf dem Melatenfriedhof in etlichen galvanoplastischen Abgüssen. Er ist u. a. auch auf Berliner Friedhöfen zu finden.
Höhe: 290 cm; Engel: 125 cm. Zustand: linker Arm beschädigt.
Modell: Liebhaber
Abb. 108

Abb. 107 Broichschütz; hist. Foto

Abb. 108 M. Brüninghausen

BÜCHEL, Josef
1851—1916 und
DEPENHEUER, Franz
Lebensdaten unbekannt

**Nr. 90,** Flur 66
Stele in Form einer Ädikula. Auf kannelierten Säulen ein monolithisches Giebeldreieck; darunter Bronzerelief mit einer kniend am Grab trauernden Frau. Schönes Beispiel für den Neoklassizismus der Zeit um den Ersten Weltkrieg.
Höhe: ca. 350 cm. Zustand: gut erhalten
Signiert: Wilhelm Faßbinder 1913


BÜRGERHOSPITAL, Schwestern des

**Nr. 108,** MA, zwischen Lit. G und Lit. R
Sammelgrabstätte der Barmherzigen Schwestern des Bürgerhospitals. Das vom Kirchhof der einst bei Groß St. Martin gelegenen St. Brigiden-Kirche stammende Kreuz ist ein Werk des 16. Jahrhunderts (durch moderne Kopie ersetzt?). Nach Schließung der innerstädtischen Kirchhöfe auf F. F. Wallrafs Veranlassung Wiederverwendung als Friedhofskreuz auf Melaten. Es wurde nach Vogts 1866 hierher versetzt und mit einem neuen Sokkel versehen. Darauf die Inschrift: »Die Stadt Coeln den hier ruhenden, / zu allen Zeiten und besonders zur / Zeit der Cholera Epedemie 1849 treuen / und aufopfernden Pflegerinnen / ihrer Kranken, den Barmherzigen / Schwestern des Bürgerspitals.« Vor dem Kreuz Kopfsteine.

Höhe: ca. 400 cm. Zustand: gut erhalten


BÜRGERS, Arnold Victor
Tabakhändler und Bankherr. Köln 1768—1854

**Nr. 226,** HWG, zwischen Lit. B und Lit. C
Grabmal in Gestalt eines gotischen Portals mit reichem Maßwerkschmuck; davor einige Kopfsteine.
Höhe: ca. 430 cm. Zustand: gut erhalten
Johann Arnold Victor Bürgers stammt aus einer Kaufherren- und Bankierfamilie.


BUNGARTZ, Adolph
siehe unter
BRACH, Paul


BUNGE
siehe unter
SCHNITZLER


BURKART, Susanne
Lebensdaten unbekannt

**Nr. 260,** Lit. A, an Kapelle
Bildstock mit Marmorrelief, das einen Engel zeigt, der einer jugendlichen Erdenpilgerin die Hand auf die Schulter legt. Inschrift: »Komm zur Heimat.«
Höhe: ca. 310 cm. Zustand: gut erhalten
Signiert: E. Renard
Abb. 109

Abb. 109  S. Burkart

BUTZ, Johann
1760—1844

**Nr. 255**, Lit. J, zwischen Lit. A und Lit. B
Tabernakelgrabmal in Form eines dorischen Tempelchens, das eine große verhüllte Urne aufnimmt. Auf dem Dach ein Kreuz; am Sockel in Flachrelief Amphoren. Vergleiche das fast gleichzeitige, allerdings in ionischer Ordnung errichtete Grabmal Birkhäuser / Wahlen und das im Jahrzehnt später erbaute neugotische Grabmal Engels.
Höhe: ca. 450 cm. Zustand: Witterungsschäden; Bestand gefährdet
Abb. 34

CAMPHAUSEN, Gottfried Ludolf
Bankier und preußischer Ministerpräsident. Hünshoven 1803—1890 Köln

**Nr. 23**, Lit. L, an Flur R
Kleiner, abgestumpfter Obelisk.
Höhe: ca. 230 cm. Zustand: leichte Witterungsschäden; Umfriedung entfernt
Camphausen war Bankier in Köln; 1839—1848 Präsident der Handelskammer, 1843 Mitglied des Provinziallandtages, 1848 Ministerpräsident. Begründer der Dampfschleppschiffahrt auf dem Rhein.

CARSTANJEN, Emma
1814—1839

**Nr. 277**, Lit. B, zwischen Lit. G und HWG
Schöne klassizistische Stele mit feiner Umrahmung und Volutenbekrönung. Inschrift: »Im Herzen rein, / im Wandel unschuldig, / Im Schmerz und Pein / des Siegbetts geduldig, / Gott und den Ihren / in Liebe ergeben, / so war sie im kurzen / doch köstlichen Leben.«
Höhe: ca. 150 cm. Zustand: Voluten beschädigt
Signiert: Mannebach

CHARLIER, Max
Industrieller. Köln-Deutz 1854—1939

**Nr. 93**, MA, an Flur 67
Breite Stele mit barock geschweiftem Abschlußgesims über seitlichen Pilastern; Familienwappen über der Inschrift: »Omnia vincit amor! Et nos cedamus amori.« (»Alles besiegt die Liebe. Und wir mögen uns der Liebe beugen.«)

Das Grabmal ersetzt die 1900 errichtete und 1944 zerstörte Grabkapelle der Familie. Ein Entwurf zu dieser Kapelle siehe Abbildung 76.
Höhe: 290 cm. Zustand: gut erhalten
Signiert: Franz und Josef Peters Grabmalkunst
Max Charlier gehört einer Kölner Industriellenfamilie an, die 1845 zusammen mit der Familie van der Zypen im heutigen Stadtteil Deutz eine Waggonfabrik gründete.

CLAHSEN, Rosalie, geb. Imhoff
1837 (?)—1881 Köln
**Nr. 3**, Flur R 2
Neugotische Stele.
Höhe: ca. 230 cm. Zustand: Rückwand beschädigt; oberer Abschluß (Kreuz?) fehlt.
Signiert: A. Imhoff

CLASSEN-KAPPELMANN, Johann
Industrieller und Landtagsabgeordneter. Sinzig 1816—1879 Köln
bzw.
IBSCHER, Familie
**Nr. 55**, Lit. P, zwischen Lit. K und Lit. L
Obelisk auf künstlichem Felssockel. Grabmal wiederverwendet für die Familie Ibscher.
Höhe: ca. 240 cm. Zustand: gut erhalten
Classen-Kappelmann war Mitglied des Gemeinderates und bis 1874 Stadtverordneter in Köln; 1866—1870 Mitglied des Landtages. Mitverantwortlicher für das liberale Abgeordnetenfest in Köln, das durch Einschreiten des Militärs verhindert wurde. Seltsamerweise spendete Classen-Kappelmann dennoch 1873 für das Grabmal seines Gegners Frankenberg (siehe dort) den Betrag von fünf Thalern.

CLOUTH, Franz
Fabrikant. Köln 1838—1910 Köln
**Nr. 102**, MA, zwischen HWG und Lit. G
Von Pfeilern flankierte Wand, auf deren Abschlußgesims der Name der Familie steht. Vor der Wand steinerne Bank. Auf den Pfeilern zwei weibliche allegorische Figuren: links Mädchen mit Dornenkranz, rechts Frau mit Efeukranz. Die Bronzefiguren führen mit ihrer geschlossenen Silhouette und strengen Frontalität die Vertikallinien der Architektur fort. Anlage steht dem Jugendstil Otto Wagners bzw. Joseph M. Olbrichs nahe.
Zustand: gut erhalten
Signiert: Rudolf Bosselt 1904
Franz Clouth gründete 1862 die Rheinische Gummiwarenfabrik.

CORNILLE, Carl
1781—1813 Köln
**Nr. 247**, Lit. G, zwischen Lit. B und Lit. C
Stele mit symbolischem Schmuck; im Giebel ein Kreuz. Schöne klare Schrift. Inschrift: »Hier ruht Herr Carl Cornille / Er starb unverehelicht / XXXII Jahre alt / Am XXIX November MDCCCXIII / Ein Opfer seines Mitleids / gegen pestkranke Krieger / Mutter, Bruder, Schwestern / bestatteten ihn /

mit dem schmerzlichsten Thränen. /D.L.D.H.L.I.«
Carl Cornilles Bruder kam bei der Rettung eines Ertrinkenden ums Leben.
Höhe: 170 cm. Zustand: gut erhalten

CREMER, Wilhelm
1794—1847

**Nr. 213**, Lit. G, zwischen Lit. C und Lit. D
Stele aus rotem Sandstein, deren Front ein aus einer Blumenranke gebildetes Kreuz ziert. Zugrunde liegt ein Entwurf des Kölner Neugotikers Vincenz Statz, welcher in dessen musterbuchartiger Publikation »Gotische Einzelheiten«, erschienen ab 1854, unter Nr. 114 veröffentlicht ist. Daneben in hellerem Stein Grabmal nach dem gleichen Vorbild. Signiert: W. Reusteck.
Höhe: ca. 270 cm. Zustand: gut erhalten
Signiert: P. Reusteck
Abb. 110

CREUTZ, Ludwig Wilhelm
1853—1900

**Nr. 15**, Flur 76
Ein antik gewandeter Engel breitet eine Blütengirlande über die einander zugewendeten Porträtreliefs der Eheleute Creutz aus. Qualitätvolle Arbeit, bei der das Erbe des Klassizismus und des Biedermeier in einer vom Berliner Neubarock berührten Formulierung fortwirkt.
Höhe: ca. 310 cm. Zustand: gut erhalten
Signiert: W. Fassbinder 1901
Abb. 73

Abb. 110  W. Cremer

DAHMEN
siehe unter
WOLF

DAHMEN, Heinrich
1818—1879

**Nr. 106**, MA, zwischen Lit. G und HWG
Neuklassizistisches Grabmal in Form eines säulengetragenen Blendbogens, der ein übergiebeltes Marmorrelief auf Konsolen überfängt. Das Relief stellt zwei antik gewandete Gestalten dar, die eine riesige Weintraube tragen (die Kundschafter aus Kanaan; 4. Mos. 13, 24).

Darunter das Bibelzitat: »Ich bin der Weinstock, ihr seid die Reben!« Wohl das letzte Grabmal aus der Hand des vielbeschäftigten Faßbinder († 1915).
Höhe: ca. 330 cm. Zustand: gut erhalten
Relief signiert: W. Fassbinder 1915

von DECHEN, Ernst Heinrich Theodor
Generalmajor. Berlin 1794—1860 Köln

**Nr. 186,** Lit. R, zwischen Lit. D und E
Liegende gußeiserne Platte mit Familienwappen und schöner Schrift.
Maße: ca. 190 × 93 cm. Zustand: verrostet; Wappen entfernt

DEGEN, Johannes (Jean)
Bildhauer. Köln 1849—1916 Köln

**Nr. 26,** Lit. M, zwischen HWG und Lit. O
Stele mit Giebelabschluß und Akroterien. In den Stein eingelassen die einander zugewendeten Porträtreliefs der Eheleute aus Bronze. In dem geschweift konturierten Unterteil der Stele Bronzekranz mit Schleifen.
Höhe: ca. 300 cm. Zustand: alle Bronzeteile entfernt
Stele und Reliefs von Degen selbst?

DEICHMANN, Wilhelm Ludwig
Bankier. Rodenberg/Deister 1798—1876 Mehlem

**Nr. 81,** MA, zwischen Lit. P und HWG
In steinerner Einfriedung hoher Obelisk aus Granit. Am Fuß eine Tür, die zur Gruft hinabführt.
Höhe: ca. 10 m. Zustand: gut erhalten
Architektur nach Entwurf von Hermann Otto Pflaume; Bildhauerarbeiten von Wilhelm Albermann. Deichmann war Schwiegersohn des Kölner Bankiers Schaafhausen, dessen Bank er leitete. Gründer des Bankhauses Deichmann und Mitbegründer der Deutschen Bank. Geheimer Kommerzienrat.
Abb. 63

DELIUS, Daniel Heinrich
Regierungspräsident. Reineberg Krs. Lübbecke 1773—1832 Köln

**Nr. 234,** HWG, zwischen Lit. B und Lit. C
Einfacher neuer Stein als Ersatz für

Abb. 111   D. H. Delius

das zerstörte ursprüngliche Grabmal: ca. 10 m hoher Obelisk. Daran Relief eines trauernden Genius mit verlöschender Fackel von P. J. Imhoff. Ein 1833 datierter Konkurrenz(?)-Entwurf von Johann Peter Weyer ist hier abgebildet. Unter Delius wurde das teilweise noch erhaltene Regierungsgebäude in Köln gebaut. Siehe auch Grabmal des Architekten Biercher.
Abb. 111

DELTGEN, René
Schauspieler. 1909—1979
**Nr. 196**, Lit. D, an Flur 34
Holzkreuz.
Deltgen war ein beliebter Kölner Bühnenschauspieler, der in vielen Theaterstücken Hauptrollen spielte sowie häufig in Film, Funk und Fernsehen mitwirkte.

DE NOEL, Matthias
siehe unter
BREWER, Peter Andreas

DEPENHEUER, Franz
siehe unter
BÜCHEL, Josef

DEQUER DE JOUY, Cigit Jean Louis
Postdirektor. 1770—1834 Köln
**Nr. 221**, Lit. C, zwischen HWG und Lit. H
Kleiner abgestumpfter Obelisk in Form eines Meilensteines mit eisernem Kreuz. Auf dem Stein ein fast völlig verwittertes Wappenschild: im Schild unten eine Mauer, darüber nicht mehr erkennbare Figur; im Helmschmuck eine Lilie (Angaben nach Vogts).
Höhe: ca. 250 cm. Zustand: stark verwittert, Wappenschild bereits nicht mehr erkennbar
Dequer de Jouy war Directeur des Postes à Cologne während der Franzosenherrschaft.

DERKUM, Valentin
1855—1915
**Nr. 129**, Flur 11 in F
Neugotisches Kreuz mit Korpus auf einfachem Sockel. Daran die ovalen Porträtfotografien der Verstorbenen.
Höhe: ca. 285 cm. Zustand: gut erhalten

DIEL, Paul Rudolf
1879—1882
**Nr. 29**, HWG, zwischen Lit. M und Lit. L
Unter einer von seitlichen Strebebögen gestützten Rundbogennische Marmorkruzifix mit schönem Korpus. Schmiedeeiserne Grabeinfriedung mit Blütenmotiven.
Höhe: ca. 400 cm, Zustand: gut erhalten
Signiert: W. Fassbinder; Korpus nach Ernst Rietschel

DOMKAPITEL, Grabmal für das 1838 errichtet
**Nr. 174**, HWG, zwischen Lit. D und E
Neugotischer Fialturm mit Inschrift: »Canonicis / ecclesiae majo-

Abb. 112  Domkapitel

ris / in Christo / defunctis / 1838.«
(»Den in Christus verstorbenen
Kanonikern der Hohen Domkirche.
1838«.) Wappen von Kur-Köln. Auf
der Wand dahinter die Namen der
Verstorbenen.
Höhe: ca. 600 cm. Zustand: restauriert, Kreuz durch Kreuzblume ersetzt; Umfriedung beseitigt
Entwurf: vermutlich von Dombaumeister Ernst Zwirner
Abb. 112

DORMAGEN, Hubert A., Dr.
med.
Arzt. Köln 1806—1886 Köln

**Nr. 124,** Flur 5 in P
Liegende Granitplatte mit bronzenem Porträtmedaillon, das den Verstorbenen im Profil nach links
zeigt. Vergleiche die ähnliche Porträtauffassung am Grabmal Zwirners, bei dem allerdings die naturalistischen Züge zugunsten einer idealisierenden Grundhaltung etwas stärker zurücktreten.
Maße: 200 × 100 cm; Durchmesser des Medaillons: 50 cm. Zustand: gut erhalten
Signiert: W. Albermann fec. 1888
Der Wundarzt und Geburtshelfer Dormagen ist als Stifter eines Behinderten-Heimes (Stiftung Dormagen) und als Sammler altkölnischer Malerei bekannt.

DREESMANN, Maria
1903—1916

**Nr. 217,** Flur 2 in M
Schutzengel, der mit den unteren Spitzen seiner mächtigen Flügel ein blumenbekränztes Mädchen umfängt, das mit über der Brust gekreuzten Armen und erhobenem Blick vor ihm steht. Inschrift: »Von einem Tage, den die Menschen leben, / erblickt ich nur das Morgenrot. / Vor Stürmen, die der Menschen Brust durchbeben, / bewahrte mich ein früher Tod. / Verweile, Wanderer, nicht mich zu beweinen. / Geh hin und tröste mir die lieben Meinen.«
Höhe: ca. 260 cm. Zustand: Oberfläche verwittert und verschmutzt.
Signiert: Karl Janssen Düsseldorf
Abb. 75

DUMONT, Marcus
Zeitungsverleger. 1784—1831

**Nr. 272,** HWG, zwischen Lit. A und Lit. B

Grabmal der Kölner Fabrikanten- und Verlegerfamilie. Neuer, 1962 aufgestellter Stein als Nachfolger eines zerstörten, gußeisernen Monumentalkreuzes: am Sockel Relief mit zwei schwebenden, einen Kranz haltenden Genien. Darunter flacher Sternenbogen als Sinnbild für die Unendlichkeit und Ewigkeit Gottes.
Marcus Dumont war der Gründer der Kölnischen Zeitung.

DUMONT, Michael Joseph, Prof. Dr. jur.
Hauptpfarrer am Kölner Dom.
Köln 1746—1818 Köln
**Nr. 224**, HWG, zwischen Lit. B und Lit. C

Abb. 113  M. J. Dumont

Klassizistische Stele mit Volutenbekrönung, die ein aufgeschlagenes Buch trägt. Dahinter liegender Löwe und Schlange, die in das Buch schaut (Löwe: Sinnbild der Auferstehung; sein Brüllen kündigt neues Leben, neue Kraft an; Schlange: Kreislauf, Erneuerung u.a.m.). Zwischen den Voluten geflügelter Engelskopf. Am Gesims Kelch als Symbol für den geistlichen Stand des Verstorbenen; am Sockel kleines Tondo mit Anker und Kreuz. Inschrift: »Hier wählte sein Grab der erste Einsegner dieses Gottesackers der Ehrw. H. Michael Joseph Dumont, Docktor beyder Rechte, seit 1806 Hauptpfarrer am Dom zu Cölln und Domherr zu Aachen, vorher ordentlicher Professor des geistlichen Rechts und der Reichsgeschichte an unserer Universität — auch Dechant des St. Apostelen und Capitels des edelen St. Gereon Stiftes. Ein Mann für jede Würde seines Standes, vielseitig in Wissen und streng im Handeln, ein Priester, wie ihn Religion, Humanität und seine Vaterstadt binnen den Stürmen unserer Zeit erforderten — er erlebte kaum die Morgenröthe des neuen Völkerfriedens hienieden, da nahm ihn Gott zum Genusse der ewigen Ruhe in seinem Reiche den 30. Nov. 1818, dem 73. seines Lebens, dem 49. seines Priesterthums. Allgemeine Trauer feierte seinen Leichenzug. Sein Andenken sey gesegnet...«
Höhe: ca. 250 cm. Zustand: Witterungsschäden
Entwurf: Ferdinand Franz Wallraf
Abb. 113

ECKERT, Christian Laurenz Maria, Prof. Dr. jur. Dr. phil.
Mainz 1874—1952 Köln

**Nr. 189**, Flur 54
Steinernes Kreuz zwischen zwei gleichförmigen, einfachen Rechteckstelen. Auf dem Kreuz im Relief der auferstandene Christus mit Kreuzstab im Kreisnimbus. Inschrift: »Ich fahre auf zu / meinem Vater und / zu meinem Gott und / zu eurem Gott.« (Joh. 20,17)
Höhe: ca. 260 cm. Zustand: gut erhalten
Signiert: L. Lindelauf
Eckert war seit 1902 Professor an der Handelshochschule in Köln, seit 1904 ihr Direktor. Seit 1914 Leiter des Museums für Handel und Industrie in Köln. 1919 erster Rektor der wiederbegründeten Kölner Universität. Vizepräsident der Mainzer Akademie der Wissenschaften und der Literatur. 1946—1949 Oberbürgermeister von Worms.

EICHHORN, Carl Friedrich
Professor. Jena 1782—1854 Köln

**Nr. 49**, Lit. O, zwischen Lit. K und Lit. L
Neugotische Stele mit Blendbogen und Zinnenkranz über Blattgesims. Davor sechs Kopfsteine.
Höhe: 260 cm. Zustand: oberer Abschluß (Kreuz?) fehlt
Eichhorn war Professor für Kirchen- und Staatsrecht und Oberjustizrat in Köln.
Abb. 114

Abb. 114   C. F. Eichhorn

EIGEL, Th.
Lebensdaten unleserlich

**Nr. 192**, Flur 56
Auf hohem Sockel mädchenhafter, blumenbekränzter Engel, der sich in lässigem Kontrapost mit der Linken auf ein Kreuz stützt.
Höhe: ca. 400 cm; Figur: ca. 170 cm. Zustand: Figur sehr stark verwittert
Signiert: A. Iven

ENGELS, Friedrich Ludwig G.
Generalmajor. Hamm i. W. 1790—1855 Köln

**Nr. 51**, Lit. K, zwischen HWG und Lit. O
Neue liegende Platte von H. Calleen als Ersatz für ein zerstörtes Tabernakelgrab: über quadratischem Grundriß spitzbogige Balda-

chinarchitektur mit Zinnen undEcktürmchen im Stil der englischen Neugotik. Darunter auf kanneliertem Säulenschaft die Kolossalbüste des Verstorbenen aus Marmor. Vgl. die rund 10 Jahre früheren Varianten dieses Grabmaltyps in antiken Formen für Birkhäuser und Butz. Entwurf der Architektur: Julius Raschdorff; Büste: Christian Mohr
In einer alten Beschreibung des zerstörten Grabmals ist über die Verdienste von Engels folgendes zu lesen: »General Engels war 1848 Kommandant von Köln und trug durch sein besonnenes, maßvolles Verhalten wesentlich dazu bei, daß diese schlimme Zeit für Köln ohne größere Unruhen vorüberging. Dies wurde ihm um so höher angerechnet, als erst zwei Jahre vorher bei Gelegenheit der Martinskirmes am 3. und 4. August 1846 schwere Ruhestörungen mit Verlust eines Menschenlebens stattgefunden hatten, und dabei zwischen den staatlichen und den städtischen Behörden nicht das beste Einvernehmen bestand. Durch die Errichtung dieses Monuments ehrte die Stadt das Andenken des Generals.«
Abb. 115

Abb. 115  F. L. Engels; zeitgenössische Lithographie

ERFURT, Gertrud Josepha Petronella
1806—1830

**Nr. 216**, Lit. C, zwischen Lit. H und Lit. J
Niedrige, antiken Vorbildern nachgebildete Stele mit Giebelabschluß. Unter Taube mit Ölzweig (Symbol des göttlichen Friedens) die Inschrift: »Hier ruhet die irdische Hülle der Frau Gertrud Josepha Petronella Erfurt, geb. Hasselweiler, geb. am 19. Dec. 1806, gieng ihre Seele zu ihrem Schöpfer am 20. April 1830 — die Ihrigen, Sie als liebende Mutter betrauernd, trösten sich mit der Hoffnung des jenseitigen Wiedersehens.«
Höhe: ca. 110 cm. Zustand: verwittert
Signiert: F. R . . . (unleserlich)

ERNST, Karl Jakob
1806—1880

**Nr. 208**, HWG, zwischen Lit. C und Lit. D
Grabmal mit freistehender neugotischer Madonna.
Höhe der Skulptur: ca. 150 cm. Zustand: stark verwittert

Abb. 116   K. J. Ernst; Detail

Madonna: Johann Degen
Abb. 116

ESCH, Cornelius
Widdersdorf 1830—1900 Köln

**Nr. 62,** Flur 69
Vor zinnenbekrönter, niedriger Wand hohe Sockelarchitektur mit Kreuz. Am Sockel vorn unter Spitzbogennische spätnazarenische Herz-Jesu-Figur aus Marmor. Die Architektur stellt eine um 1900 offenbar sehr beliebte Form dar, die in vielerlei Ausprägungen auf dem Melatenfriedhof erhalten ist. Herz-Jesu-Darstellungen sind hingegen selten. Eine ähnliche, um 1895 entstandene Herz-Jesu-Statue von Alexander Iven befindet sich bei der Kölner Herz-Jesu-Kirche.

Höhe: ca. 450 cm; Christusfigur: ca. 140 cm. Zustand: Goldmosaikverzierungen der Schrifttafeln angegriffen
Signiert: W. Albermann
Abb. 40

ESSER, Ferdinand, Dr.
1867—1927

**Nr. 91,** MA, an Flur 66 A
Auf einfachem Sarkophag halb aufgerichtete weibliche Liegefigur mit entblößtem Oberkörper, die aufzuerstehen scheint. Davor ein paar Kübel mit steinernem Blumen- und Girlandenschmuck.
Höhe: ca. 300 cm. Zustand: Rotsandstein zeigt erste Anzeichen der Verwitterung
Signiert: D. Greiner, Jugenheim
ADB
Abb. 117

Abb. 117   F. Esser

Abb. 118  J. Th. Essingh     Abb. 119  E. Euskirchen

ESSINGH, Johann Theodor
1789—1847
**Nr. 227,** HWG, zwischen Lit. B und Lit. C
Torartiges Grabmal in Form einer Ädikula mit Volutengiebel, welche eine Urne aufnimmt. Reiche florale Reliefdekoration im Stil der italienischen Renaissance.
Höhe: ca. 350 cm. Zustand: restauriert
Abb. 118

EUSKIRCHEN, Eduard
1855—1906
**Nr. 116,** Flur 60 A
Vor einem mit Dornenkrone behangenem Kreuz, das sich aus einer im Bogen ansteigenden Mauer entwickelt, eine sitzende Frauenfigur aus weißem Marmor. Streng pyramidal aufgebaute, mit der Sitzbank eine formale Einheit bildende Skulptur, bei der sich tektonische Geschlossenheit und jugendstilhafte Linearität verbinden. Sehr ähnlich das Grabmal Brandt von Wilhelm Faßbinder.
Höhe: ca. 320 cm; Figur: ca. 220 cm. Zustand: stark verschmutzt
Signiert: Moest
Abb. 119

FARINA, Johann Baptist
Fabrikant. Köln 1758—1844 Köln
**Nr. 268,** HWG, zwischen Lit. A und Lit. B
Gußeisernes Kreuz auf fein profiliertem Sockel. Die Kreuzarme endigen in Dreipässen.

Höhe: ca. 285 cm. Zustand: stark verrostet
Johann Baptist Farina war der Enkel des berühmten Kölnisch-Wasser-Herstellers Johann Maria Farina. Er führte später mit seinen beiden Brüdern das großväterliche Geschäft.

FARINA, Johann Maria Karl
Fabrikant. Köln 1840—1896 Köln
**Nr. 156,** Flur 60
Trauernder Grabengel vor romanischem Altar mit eingestellten Ecksäulen und Kleeblattkreuz auf der Vorderseite.
Höhe: ca. 290 cm; Engel ca. 210 cm.
Zustand: gut erhalten
Signiert: Prof. Janensch 1898
Johann Maria Karl Farina leitete die bekannte Kölnisch-Wasser-Fabrik. Zusammen mit Otto Christian Johann Maria Farina und Johann Maria Carl Hubert Heimann festigte und erweiterte er mit großem Erfolg die in- und ausländischen Geschäftsverbindungen.

FEITH, Anton
Fischhändler. 1768—1852
**Nr. 35,** Lit. R, zwischen Lit. L und Lit. M
Spitzbogig konturierte Stele. Im Bogenfeld Flachrelief, das einen Fischkutter darstellt. Vergleiche die Schiffsdarstellung auf dem Grabstein des Rheinschiffers Hölzken (Abb. 131).
Höhe: ca. 200 cm. Zustand: stark verwittert; Kreuz fehlt
Signiert: J. Wolff (?)

Abb. 120   Th. Feuser

FEUSER, Theodor
1850—1905 und ehemals
RICHARTZ, Franz Xaver
1773—1863
**Nr. 21 a,** Lit. O, zwischen Lit. L und Lit. M
Grabmal in Form eines gotischen Bildstocks mit Pietà. Das Versperbild stammt aus dem 15. Jahrhundert. Inschrift: »Sehet ob ein Schmerz/dem meinen gleicht«.
Höhe: ca. 340 cm, Pietà ca. 65 cm
Zustand: verwittert; Beine der Christusfigur abgebrochen.
Signiert: W. Fassbinder
Abb. 120

FISCHER, Adolf
Intendant, Schriftsteller, Ethnologe. Wien 1856—1914 Meran

**Nr. 43**, Flur 76 A
Auf monolithischem Sockelblock ein Feuerbecken aus Stein in Form einer flachen Schale mit Ringhenkeln. Inschrift: »Adolf Fischer / Frieda Fischer / Stifter des Museums für / Ostasiatische Kunst / die dankbare Stadt / Köln / 13.IV.1914 / 23.XII.1945.« Grabmal typisch für die lapidare Formensprache der vierziger Jahre.
Höhe: ca. 240 cm. Zustand: gut erhalten
Signiert: Grasegger
Fischer war 1890 Intendant des Schauspielhauses in Königsberg, 1896 Schriftsteller und Ethnologe in Berlin. 1901 Professor. 1909 Stifter und Direktor des Museums für Ostasiatische Kunst in Köln.
Seine Ehefrau Frieda Fischer übernahm nach seinem Tod die Leitung des Museums. Sie heiratete 1922 den Senatspräsidenten Dr. jur. Wieruszowski.

FISCHER, Peter Josef
1807—1833 und
FISCHER, Wilhelm
1809—1835

**Nr. 267**, HWG, zwischen Lit. A und Lit. B
Mit Gittern und Pfeilern umgebene Grabstelle. Die Pfeiler als Stationen eines Kreuzweges mit entsprechenden Reliefs ausgestattet. Eines der ersten neugotischen Grabmäler auf dem Friedhof.
Höhe der Pfeiler: ca. 190 cm; Reliefs: 43 x 46 cm. Zustand: 1928 restauriert; Kreuz zerstört; Reliefs stark beschädigt.
Künstler: Christoph Stephan
Abb. 28

Abb. 121   Flammersheim/Steinmann

FLAMMERSHEIM und STEINMANN
Lebensdaten unbekannt

**Nr. 79**, MA, an Flur U
Komplizierte neugotische Architektur, die unter einem von dünnen Säulen getragenen Spitzbogen ein maßwerkgerahmtes Relief trägt. Das Relief zeigt den auferstehenden Christus. Darüber Darstellung Gottvaters. Über dem Bogen zwei kaum noch erkennbare Statuen (Maria und Johannes?), die das abschließende Kreuz flankieren. Am Kreuz Lamm Gottes.
Höhe: ca. 10 m. Zustand der Architektur: stark beschädigt und baufällig; Relief verwittert, jedoch noch konservierbar.
Signiert: VS ligiert (Vincenz Statz)
Abb. 121

FÖRSTER, Otto H.
siehe unter
SCHNITZLER

FRANCK, Werner, cand. med.
1914—1938
**Nr. 190**, Flur 55
Schlichte Stele mit Äskulapstab und Motorflugzeug über Eichenlaub in Basrelief. Am Sockel die Inschrift: »In des Lebens Blüte entriß uns das Geschick / Dich unseren einzigen, unser ganzes Glück.«
Höhe: ca. 160 cm. Zustand: gut erhalten
Signiert: L. Lindelauf

von FRANKENBERG, Robert Januarius
Generalleutnant. 1807—1873 Köln
**Nr. 251**, Lit. C, zwischen Lit. R und Lit. U
Neben dem (zerstörten) Doppeldenkmal für Wallraf und Richartz einziges ganzfiguriges Porträt auf dem Melatenfriedhof. Das Standbild zeigt den barhäuptigen General in knielangem Waffenrock. In leichtem Kontrapost ist das linke Bein nach vorn gesetzt. Die rechte Hand ist ans Revers geführt, während die Linke entspannt herabhängt. Die naturalistische Schilderung der Leibesfülle und Behäbigkeit des alten Generals bewirken eine unheroische, zivil zu nennende Charakterisierung seiner Person. Am Sockel die Inschrift: »Zum Andenken / an den General der Infanterie / Robert Januarius / von Frankenberg / Gouverneur von Cöln in den / Jahren 1864—1870, geb. 28. /März 1807 gest. 16. Mai 1873 / von Bürgern Cölns.«
Das Denkmal ist stilistisch und auch typologisch dem 1876 in Auftrag gegebenen und 1879 enthüllten Kölner Bismarck-Denkmal von Fritz Schaper verwandt. Es steht der Berliner Denkmalskunst nahe. Der 1874 datierte Vertrag zwischen Bildhauer Hoffmeister/Frankfurt a. M. und Oberbürgermeister Bachem als Vertreter des Denkmal-Komitees ist im Stadtarchiv erhalten.
Höhe: ca. 360 cm; Statue: ca. 200 cm. Zustand: Marmorfigur verwittert, Schnurrbart, Degen und Finger der linken Hand abgebrochen, verschmutzt
Monogrammiert: Heinrich Hoffmeister
Frankenberg war 1864—1870 Stadtkommandant von Köln. Weitere Angaben zu seiner Person siehe unter Classen-Kappelmann, Johann.
Abb. 42

FRANZISKUS, HL.
(»Schreckensmönch«)
**Nr. 261**, vor der Friedhofskapelle
Statue des hl. Franziskus (18. Jahrhundert?) aus dem ehemaligen Minoritenkloster auf Veranlassung von Johann Nepomuk Xaver Metternich nach Melaten verbracht. Der mit Kutte und halblangem Kapuzenumhang bekleidete Franziskus schaut meditierend auf ein Kruzifix in seiner Rechten, während die Linke Buch und Totenschädel hält. Zu seinen Füßen Lamm und Weltkugel mit Kreuz. Nach Höveler bedeutet das Kreuz das Reich Christi auf Erden sowie

den globalen Einfluß des Franziskanerordens. Das Lamm geht auf eine legendäre Überlieferung zurück.
Höhe: ca. 220 cm. Zustand: von Wilhelm Albermann schon einmal restauriert; stark verwittert; Bestand gefährdet

FREMERY, Bruno
1804—1866
Nr. 27, Lit. M, zwischen Lit. O und HWG
Grabmal in Gestalt eines Meilensteines: Auf Sockel mit Giebelchen und Eckakroterien Säulenschaft mit oberem Palmettenfries und knaufartigem Abschluß. Auf dem Schaft die Inschrift: »Die Liebe / höret nimmer auf / 1. Corinth. 13,8.« Unmittelbar daneben befindet sich noch ein zweites Exemplar dieses Grabsteins (Grab Nacken).
Höhe: 270 cm. Zustand: gut erhalten; verschmutzt
Signiert: W. Holz

FRIEDHOFSKREUZ, altes
1850
Nr. 207, HWG, an Lit. D
Über breitem Unterbau mit Zinnenbekrönung monumentales Steinkreuz mit großem neugotischen Korpus. Die Füße sind in der Art der Frühgotik übereinander genagelt. Das Haupt gemahnt an Veit Stoß.
Höhe: ca. 10 m. Zustand: Sandstein gut erhalten; restauriert
Entwurf: Vincenz Statz; Ausführung: W. Siegert; Figur: Karl Hoffmann
Das Friedhofskreuz stellt eines der frühesten Werke von Vincenz Statz dar. Es entspricht weitgehend einem bildlich überlieferten Entwurf, bei dem allerdings auf dem Sockel noch die Statuen für Maria und Johannes vorgesehen sind. Im Stadtarchiv hat sich ein Beschwerdebrief Johann Joseph Imhoffs erhalten, der unter dem Namen seines längst verstorbenen Vaters Peter Joseph Imhoff heftige Kritik daran übt, daß die Kölner Künstler bei der Auftragsvergabe übergangen und kein Wettbewerb ausgeschrieben worden sei. Über die Frage, ob die Verwaltung eigenmächtig Geld für ein Friedhofskreuz ausgeben dürfe, kam es darauf hin zu einem heftigen Streit zwischen Gemeinderat und Verwaltung. Im Gemeinderat wurde der künstlerische Wert des Kreuzes bestritten: der Korpus habe zu lange Arme, die Stichwunde sei auf der falschen Seite. Darüber hinaus würden »Schießscharten« schwerlich zu einem Kreuz passen. Die Tagespresse polemisierte die Angelegenheit zusätzlich, indem sie das Kreuz mit einer »Vogelscheuche« verglich.
Abb. 37

FRIEDHOFSKREUZ, neues
Nr. 160, wHWG
Neuromanischer Kruzifix mit breitem, nach oben giebelförmig zulaufenden Postament. An dessen Front Kleeblattbogennische auf kurzen Säulchen mit Würfelkapitellen. Die Füße des mit knielangem Lendenschurz bekleideten Korpus auf Suppedaneum nebeneinandergenagelt.
Höhe: ca. 800 cm. Zustand: gut erhalten

Signiert: Bolte Arch. und Steinbach Bild.
Im Stadtarchiv hat sich ein von J. B. Schreiner, Willy und Franz Albermann und anderen Kölner Künstlern unterzeichneter Beschwerdebrief von 1904 erhalten, in dem sowohl an dem Vorgehen des Preisgerichts als auch an der historisierenden Gestalt des zur Ausführung bestimmten Kreuzentwurfs harte Kritik geübt wird.

FRIEDRICH, Emilie
1829—1848

**Nr. 103,** Lit. F, zwischen Lit. G und HWG
Klassizistisches Grabmal in Form eines Pfeilers. An den Ecken verlöschende Fackeln. Über schlichtem Abschlußgesims Palmettendekoration; darüber einst bekrönende Leier. Inschrift: »Die mit Thränen säen / werden mit Freuden ernten.«
Höhe: ca. 200 cm. Zustand: stark verwittert, Leier abgebrochen
Signatur: durch neue Inschrifttafel verdeckt (Daners?)
Abb. 32

FRÖBUS, Jul., Familie

**Nr. 201,** Flur 3 in N
Pfeiler mit Urne, die mit einer Blütengirlande behängt ist. Dahinter Wand mit Girlandenschmuck und je einem Marmorrelief links und rechts. Links: Trauernde mit Kranz am Grab; rechts: Sanitäter, der einen Verwundeten verbindet. Interessantes Beispiel für den Rückgriff auf Vorbilder des Biedermeier, das auch in der Diktion der langen Grabinschriften präsent zu sein scheint: »Hier ruht in Gott / unsere innigstgeliebte gute / unvergeßliche Mutter / Rosa Fröbus / geb. 21. Juli 1865 / gest. 30. April 1926.« »Hier ruht in Gott / unser lieber Sohn und Bruder / Ferdinand Fröbus / geb. 3. Oktober 1888 / gest. den Heldentod / vor Dünaburg am 4. Nov. 1915 / im Dienste der Barmherzigkeit / traf ihn das tödliche Geschoß des Feindes.«
Höhe: ca. 290 cm. Zustand: gut erhalten
Abb. 80

FRÖHLICH, Anna Maria
geb. Greven. 1834—1905

**Nr. 285,** Lit. A, zwischen HWG und Lit. H
Neuromanisches Grabmal. Breite Wandstele mit Giebeldreieck. In Nische Relief: Die drei Frauen am leeren Grab Christi.
Höhe: 340 cm. Zustand: gut erhalten
Signiert: Willy Albermann 1906
Anna Maria Fröhlich war mit dem Geh. Justizrat und Notar Stephan Fröhlich (gest. 1919) verheiratet.

FROITZHEIM, Jakob
1870—1956

**Nr. 148,** Flur 59
Auf sarkophagähnlichem Sockel hingelagerte Trauernde. Während die Linke den Kopf stützt, ist die Rechte auf eine Urne gelegt.
Höhe: ca. 220 cm, Figur 110 cm. Zustand: gut erhalten
Signiert: Felderhoff

FRÜH, Peter Joseph
Brauereibesitzer. 1862—1915

**Nr. 27**, Flur 72 A
Nischenarchitektur in Form einer antikisierenden Mausoleumsfassade. Unter flacher, von zwei kannelierten Säulen getragener Kuppel große Zweiergruppe aus Marmor: Ein eine junge Frau mit dem mächtigen linken Flügel hinterfangender Engel weist mit der erhobenen Rechten zum Himmel. Die ihn erstaunt-fragend anschauende Frau hat die rechte Hand betroffen auf die Brust gelegt, während die linke unsicher nach vorn verweist. Ausgehend von Markus 16, 1—6, wo ein Engel den drei den Leichnam Christi suchenden Frauen am Grabe erscheint und ihnen die Auferstehung des Herrn verkündet, ist hier wohl eine Hinterbliebene gemeint, der ein Engel die Auferstehung des Toten mitteilt. Die formal an die Platon-Aristoteles-Gruppe in Raffaels »Schule von Athen« erinnernde Skulptur könnte allerdings auch anders gedeutet werden: der Todesengel ruft die junge Frau aus dem Leben ab.
Höhe: ca. 450 cm, Höhe der Skulptur: ca. 220 cm. Zustand: die Architektur aus Muschelkalk leicht angegriffen
Signiert: Ludwig Lindelauf
Abb. 82

FUCHS, Peter
siehe unter
BERGER, Jacob

FÜRTH, Laurenz
Colonel-Lieutenant. Köln 1735—1812 Köln und
STELZMANN, Arnold, Dr. phil.
Historiker. Köln 1896—1959

**Nr. 225**, HWG, zwischen Lit. B und Lit. C
Steinkreuz auf mehreckigem, glattflächigem Sockel
Höhe: ca. 260 cm. Zustand: gut erhalten
Fürth war Ratsherr in Köln, 1797 Appellations-Kommissar und Colonel-Lieutenant. Er gilt als der Erretter der Jesuitenkirche. In der Erinnerung Kölns lebt er auch als Erbauer des Schenkenhofs in Mauenheim fort.
Stelzmann hat zahlreiche historische Abhandlungen über Köln und das Rheinland verfaßt. Besonders hervorzuheben ist seine 1958 erschienene Illustrierte Geschichte der Stadt Köln.

FUNKE-KAISER, Karl, Dr.

**Nr. 97**, MA, an Flur 36
Modernes Grabmal aus verchromtem Stahl. Abstrakte Skulptur (Titel »Vertikale V 1.11.71«)
Höhe: ca. 225 cm
Künstler: Roberto Cordone
Funke-Kaiser war Liebhaber und Sammler der plastischen Arbeiten Cordones.

GADE, Johann Joseph
Anwalt. 1765—1834

**Nr. 212**, Lit. G, zwischen Lit. C und Lit. D
Großes Kreuz aus Rotsandstein. Darauf geflügelter Puttenkopf als

Abb. 122   J. J. Gade

Abb. 123   Opfer der Gasexplosion

romantisches Sinnbild für die kindliche Reinheit des Glaubens.
Höhe: ca. 280 cm. Zustand: baufällig, Bestand gefährdet.
Abb. 122

GASEXPLOSION, Denkmal für die Opfer der
um 1851

**Nr. 57**, Lit. Q, zwischen Lit. L und Lit. M
Turmartiges Monument über quadratischem Grundriß. Oberer Abschluß durch Zinnenkranz und Eckturmchen. Unter preußischem Adler in Vierpaß Monogramm Friedrich Wilhelms IV. In Spitzbogennische die Widmungsinschrift: »Hier ruhen / die am 31. März / 1851 durch die / Explosion / im hiesigen / Laboratorium / verunglückten / Kameraden.« Das Denkmal ist in Formen der englischen Neugotik gehalten und stilistisch mit dem Grabmal Engels vergleichbar, dessen architektonische Details jedoch feingliedriger sind.
Höhe: ca. 230 cm. Zustand: leicht verwittert, einzelne Blöcke verrutscht, Oberteil geborsten; das Monument ist umgesetzt worden
Entwurf: vielleicht von Julius Raschdorff
Am 31. März 1851 explodierte am Karthäuserwall das Laboratorium des Artillerie-Pulvermagazin. Insgesamt fanden zwanzig Menschen, Soldaten und Feuerwerker des 30 und 38. Infanterie-Regiments, der Tod. Die Ursache der Explosion konnte nicht geklärt werden.
Abb. 123

GELLERT, Catharina
?—1838 und
GELLERT, Margarethe
?—1823

**Nr. 210**, Lit. D, zwischen Lit. G
und HWG
Liegende gußeiserne Platte mit
schöner neugotischer Maßwerkdekoration in Gestalt eines Fensters.
Lateinische Grabinschrift: »Piae
memoriae / Catharinae J. G. Gellert / natae Birck def. 15. Apr.
1838 / uxoris / et / Margarethae
Gellert / natae Helbron def. 5. Jan.
1823 / matris / fundatoris moestissimi.« Im Maßwerk die Buchstaben:
D — O — et — M
Maße: 220 x 110 cm. Zustand: gut
erhalten, Einfriedung entfernt
Das Grabmal entstand 1838 im
Auftrag des Appellationsgerichtsrates J. G. Gellert.
Abb. 33

GESSE, Adolph
1837—1893

**Nr. 149**, Flur 59
Auf hohem Postament ein steinernes Kreuz; davor auf maßwerkverziertem Gestühl kniend die lebensgroße Porträtfigur (?) des Verstorbenen in Anbetung des Kreuzes, zu
dem er hoffnungsvoll emporblickt.
Er trägt einen modischen Paletot.
Eigentümliches, szenisches Denkmalsarrangement, dessen ungewöhnliche Thematik vom Gedankengut des Pietismus gespeist zu
sein scheint. Inschrift: »Im Kreuz
ist Heil.« Der Typus in barocken
Papst- und Bischofsgräbern vorgeprägt.

Abb. 124   A. Gesse

Höhe: 340 cm, Figur: 160 cm. Zustand: stark beschädigt, Fortbestand gefährdet
Abb. 124

von GEYR zu SCHWEPPENBURG, Joseph Emanuel, Freiherr
Aachen 1774—1814 Köln

**Nr. 235**, HWG, zwischen Lit. B
und Lit. C
Großes, von Schlange umwundenes
Steinkreuz auf Steinhaufen als Sokkel. Daran zwei Inschrifttafeln.
Höhe: ca. 400 cm. Zustand: gut
erhalten

GLADBACH, Wilhelm
1868—1931

**Nr. 69**, MA, an Flur 70
Monumentales Steinkreuz auf brei-

tem Postament. Am Fuß des Kreuzes kniend Maria Magdalena mit Salbgefäß, die, im Schmerz zusammengesunken, den Kreuzesstamm umschlingt.
Höhe: ca. 400 cm. Zustand: Oberfläche stark angegriffen
Signiert: W. Fassbinder
Abb. 70


GÖLLER, Franz, Dr. phil.
Lehrer. 1790—1853

**Nr. 144**, Lit. E, zwischen Lit. R und Lit. G
Kannelierter Säulenstumpf mit Kranz auf fein profiliertem Sockel. Auf der Vorderseite die Inschrift: »Hier ruht / der wohlachtbare Herr / Franz Göller / Doctor der Philosophie / und Professor / am katholischen / Gymnasium ... Leicht sei ihm die Erde.« Vergleiche auch Grabmal vom Baum.
Höhe: 250 cm. Zustand: auf der Rückseite beschädigt
Signiert: Schmengeler


GÖRLINGER, Robert
Elektrotechniker. Gensheim/Pfalz 1888—1954 Köln

**Nr. 112**, Flur 60 A
Stilisierte Trauernde aus Stein.
Höhe: ca. 260 cm. Zustand: gut erhalten
Künstler: Ludwig Gies
Görlinger war 1949—1954 Stadtverordneter in Köln, ab 1946 Mitglied des Landtages, ab 1949 Mitglied des Bundestags, Bürgermeister bzw. Oberbürgermeister von Köln von 1949 bis 1954.

GREIN, Melchior
1809—1833 bzw.
GREIN, Caspar
Landwirt und Kaufmann. 1. Hälfte 19. Jahrhundert

**Nr. 205**, Lit. C, zwischen HWG und Lit. H
Hohe klassizistische Stele mit weit ausladendem Abschlußgesims. Als Bekrönung einst noch ein Baumkreuz. Die Kanten der sich nach oben verjüngenden Stele als nach unten gekehrte Fackeln ausgebildet. An der Vorderseite in von Mohn umrankter Flachnische eine verhüllte Urne in Flachrelief.
Höhe: ca. 280 cm (ohne Kreuz); Zustand: Kreuz fehlt, Witterungsschäden, verschmutzt; unter der erneuerten Inschrifttafel vermutlich noch die ursprüngliche Grabinschrift: »O bilde du im Leben den Geist zur Ewigkeit, was nützt ein eitles Streben — schau hier Vergänglichkeit« (zitiert nach Vogts).
Signiert: J. H. J. Schmitz et W. Barten
Abb. 31


GREVEN, Wilhelm
Verleger. Köln 1820 — 1893 Köln

**Nr. 252a**, Lit. R, zwischen Lit. B und Lit. C

Sandsteinstele mit Zinnenkranz auf künstlicher Felsformation. Inschrifttafel aus Marmor.
Höhe: ca. 320 cm. Zustand: gut erhalten
Signiert: A. Boller in Worms

Wilhelm Greven, dessen Vater Anton Greven den Greven Verlag 1827 gründete, verlegte neben dem Adreßbuch und einer Tageszeitung, zu

165

deren Autoren auch der Weltpostmeister Heinrich von Stephan gehörte, u. a. Bücher von Lassalle und Raveaux.

GREVEN, Ant. Carl
Verleger. Köln 1850—1910 Köln
**Nr. 188,** Flur 54
Hohe, geschweift konturierte Stele mit Kreuz in Oval, das von einer Lorbeergirlande umkränzt ist.
Höhe: ca. 240 cm; Zustand: gut erhalten
Ant. Carl Greven war Inhaber des von seinem Großvater 1827 gegründeten Greven Verlages und Teilhaber der 1858 von seinem Vater mit Herrn Bechtold gegründeten Druckerei Greven & Bechtold.

GRONEWALD, Johann Joseph
Direktor der Taubstummenschule. 1804—1873
**Nr. 279,** Lit. B, zwischen Lit. R und Lit. G
Dreigeschossiges Grabmal der Neorenaissance in Gestalt eines breiten Portals, das wie ein Bühnenprospekt ein vielfiguriges Relief rahmt. Am Sockel die Inschrift: »Hier ruht / Johann Joseph Gronewald / erster Direktor der Taubstummenschule zu Coeln / geboren 1804, gestorben 1873 / Zur Erinnerung an die aufopfernde Nächstenliebe, zu welcher er Thätigkeit und / Vermögen dem Wohle der Taubstummen widmete, setzten ihm dieses Denkmal / die Stadt Cöln, die Taubstummenschule und seine Freunde.«

Unter der reich ornamentierten Korbbogenarchitektur Relief im spätnazarenischen Stil: vor weiter Hügellandschaft mit zinnenbewehrtem Stadttor im Vordergrund heilt Christus im Beisein einer vielköpfigen Menge ein taubstummes Kind. Über dem verkröpften Abschlußgesims der Bogenarchitektur lukarnenartiger Blendgiebel mit dem Wappen Kölns. Seitlich Voluten und steinerne Vasen.
Höhe: ca. 400 cm. Zustand: Sandsteinaufbau und Marmorrelief gut erhalten
Relief: Anton Werres; Architektur: Julius Raschdorff?
Abb. 60

GRÜNEBERG, Hermann, Dr. phil.
Industrieller. Stettin 1827—1894 Köln
**Nr. 68,** MA, an Flur 70
Auf glattem Sockel voluminöser neubarocker Grabengel in bauschigem Gewand, unter dem sich die üppigen weiblichen Körperformen abzeichnen. Blick und rechter Arm sind deklamatorisch zum Himmel gerichtet. Die einen Palmwedel haltende Linke ruht auf einem Porträtmedaillon, das den Verstorbenen im Profil nach links zeigt. Eine der pathetischsten Grabplastiken auf dem Melatenfriedhof. Sie repräsentiert beispielhaft die Haltung und Auffassung der Berliner Grabmalskunst am Ausgang des 19. Jahrhunderts. Inschrift: »Die Liebe höret nimmer auf. 1. Cor. 13,8.«
Höhe: ca. 400 cm. Zustand: gut erhalten

Signiert: Robert Toberentz 1895 (Skulptur), Kessel & Röhl Granitwerk Berlin (Sockel); architektonischer Entwurf von Otto March, Berlin
Grüneberg gründete 1858 nach einem Studium der Naturwissenschaften und Chemie zusammen mit Julius Vorster in Kalk bei Köln eine noch heute bestehende chemische Fabrik. Ihm gelang es, Kalisalze zu Salpeter zu verarbeiten.
Abb. 68

GUILLEAUME, Emil, Dr. Ing. h. c.
Industrieller. Engelskirchen 1846—1913 Köln

**Nr. 122**, Flur 5 in P
Schön konturierte, mit Rahmenleiste und Lorbeerzweigen verzierte

Abb. 125   E. Guilleaume

Stele, die über biedermeierlich anmutender Schrift ein Porträtmedaillon mit dem nach links gewendeten Profil des Toten zeigt.
Höhe: ca. 150 cm. Zustand: gut erhalten
Signiert: W. Albermann (Bronzemedaillon)
Abb. 125

GUILLEAUME, Franz Carl
Fabrikant. Solingen 1789—1837 Köln

**Nr. 107**, MA, zwischen Lit. G und Lit. R
Bekränztes Hochkreuz mit steinerner Brüstung als Einfriedung
Höhe: ca. 500 cm. Zustand: gut erhalten
Signiert: M. L. Schleicher, Berlin; Entwurf von Statz (nach Ibach)

Franz Carl Guilleaume gründete vor 1823 mit seinem Schwiegervater Johann Theodor Felten die noch heute existierende Firma Felten & Guilleaume.

von HAGEN, Friedrich Busso
Leutnant. Brandenburg 1809—1842 Köln

**Nr. 264**, Lit. H, zwischen Lit. A und Lit. B
Ehemals gotische Säule mit Wappenschild am Schaft und Engelsfigur als Bekrönung.
Zustand: nur noch ein kurzer Säulenstumpf erhalten
Bildhauer: Heider (nach Vogts)
Busso von Hagen war Leutnant beim 28. Infanterie-Regiment. Er wurde durch das seinerzeit vielgesungene Kölner Domlied bekannt.
Abb. 126

Abb. 126   B. v. Hagen; hist. Foto

HAGEN, Gustel
geb. Wolff. 1874—1914

**Nr. 30**, Lit. L, zwischen HWG und Lit. P
Vor geschweifter Stele Trauernde, die eine Urne umklammert.
Höhe: 370 cm, Figur: 190 cm. Zustand: Galvanoplastik leicht beschädigt
Signiert: L. Vordermayer Berlin 1907. Württembergische Metallwarenfabrik Geisslingen/Steige

HAGEN, Louis, Dr. phil. h. c., Dr. jur. h. c., Dr. Ing. h. c.
Bankier, Köln 1885—1932 Köln

**Nr. 94**, MA, an Flur 67
Neoklassizistisches Grabmal in Form eines monumentalen antiken Sarkophags auf Stufenpodest, das von einander zugewendeten Löwen flankiert wird. An der Vorderseite des in einfachen Formen gehaltenen Sarkophags drei Figuren in Hochrelief: Hermes als Gott des Handels und zugleich als Seelenführer zwischen männlicher und weiblicher Gestalt. Die Frau trägt zwei Kinder auf dem Arm (Tod und Schlaf?), während der Mann einen nicht mehr erkennbaren Gegenstand (Steuerruder, Hammer?) hält. Vergleiche das stilistisch verwandte Grabmal Athanassoula und das ebenfalls von Lederer stammende Grabmal Heidemann.
Höhe: ca. 310 cm. Zustand: der grobe Muschelkalk relativ gut erhalten
Signiert: Hugo Dunkel Architekt BDA Charlottenburg, Relief: Hugo Lederer 1924
Louis Hagen (eigentlich Ludwig Levy) war Bankier in Köln, 1915—1932 Präsident der Industrie- und Handelskammer, bis 1929 Stadtverordneter. Er war Mitglied des Preußischen Staatsrates und des Rheinischen Provinzial-Landtages.
Abb. 85

HAHN, Peter Jo
Notar. 1781—1846

**Nr. 128**, Lit. F, zwischen HWG und Lit. H
Gußeisernes, maßwerkverziertes Kreuz auf Sockel. Am Sockel umgekehrte Fackeln sowie ein mit Efeu umrankter Anker. Vor Kreuz, das mit demjenigen des Grabmals Anton zu vergleichen ist, mehrere Kopfsteine.
Höhe: ca. 350 cm. Zustand: stark

verrostet, Spitze des Kreuzes abgebrochen, Umfriedung nicht mehr erhalten

d'HAME, Constantin
1767—1838
**Nr. 266**, Lit. A, zwischen HWG und Lit. H
Niedriger Obelisk mit verlöschenden Fackeln an den Kanten. Inschrift: »Sapienti medico amico amici« (»Dem weisen Arzt und Freund die Freunde«).
Höhe: ca. 200 cm (teilweise versunken). Zustand: bis auf leichte Witterungsschäden relativ gut erhalten

HAMM, Caspar
1779—1818
**Nr. 276**, Flur A
Geflügelter Todesgenius, der sich trauernd mit der Linken auf die verlöschende Fackel stützt, während die Mohnkapseln haltende Rechte um eine verhüllte Urne gelegt ist. Die Urne bildet den Abschluß einer schlichten, an der Vorderseite mit Sternenbogen und Inschrift verzierten Stele, an die sich der Genius mit übereinandergeschlagenen Beinen lehnt. Typus und Standmotiv gehen auf Thorvaldsens Todesgenius am Frankfurter Epitaph Bethmann-Hollwegs zurück, der seinerseits auf antike Vorbilder zurückgreift (siehe die Zeichnung Thorvaldsens nach dem Grabmal des fünfzehnjährigen Quintus Caecilius Ferox in Rom). Inschrift vorn: »Ad sidera spes... Pietas et superstes desiderium« (»Zum Himmel geht die Hoffnung... Frömmigkeit und dauerndes Verlangen«). Links: »Virtutis / intacta morti / corona / gentis Hammiae / funeribus / Th. Küpper. Vid. Hamm. / MDCCCXXI cal. Mart« (»Unberührt durch den Tod die Krone der mannhaften Bewährung...«).
Eines der letzten figürlichen Grabmäler des Klassizismus aus der Gründungszeit des Friedhofes und zugleich ein Hauptwerk des aus der weitverzweigten Kölner Künstlerfamilie Imhoff stammenden Bildhauers Peter Joseph Imhoff.
Höhe: ca. 260 cm. Zustand: stark beschädigt, jüngst gesichert und gereinigt, jedoch fehlende Teile wegen des zu weit fortgeschrittenen Zerfalls nicht mehr ergänzt
Abb. 27

HARFF, Stephan Joseph
?—1842
**Nr. 265**, Lit. A, zwischen HWG und Lit. H
Grabstein in Form eines gotischen Blendmaßwerkfensters.
Höhe: 290 cm. Zustand: ursprüngliche Inschriftplatte jetzt am Grabmal Christoph Stephan (siehe dort), Maßwerk beschädigt
Signiert: B. Imhoff

HARTMANN, Wilhelm
1824—1905
**Nr. 76**, MA, zwischen Lit. O und HWG
Steinernes Kreuz auf mächtigem, polygonalem Sockel. Vor dem spitzbogigen, von Konsolen getragenen Oberteil Figur eines sitzen-

den Engels auf gotischem Blattkapitell. Inschrift: »Vertrauet, denn ich habe die Welt überwunden.«
Höhe: ca. 500 cm. Zustand: gut erhalten, Figur jedoch verwittert; untere Partie bei Anbringung einer neuen Inschrift verändert: Kapitell wurde einst vermutlich von Säule getragen
Künstler: nach Jung/Ibach Peter Fuchs (?)

von HAUPT, Anna Maria
siehe unter
BREWER, Peter Andreas

HEHN, Friedrich
Bildhauer. 1858—1902
**Nr. 146,** Flur 56
Auf hohem Sockel Steinfigur einer Maria Immakulata. An der Plinthe geflügelte Puttenköpfe.
Höhe: ca. 330 cm, Figur 150 cm. Zustand: Figur stark beschädigt.
Über den Bildhauer Hehn ist nichts bekannt.

HEIDEMANN, Johann Nepomuk
Fabrikant. München 1841—1913 Köln
**Nr. 117,** Flur 64 A
Architektonisches Grabmal in Form eines von lapidarer Pfeilerstellung auf drei Seiten umschlossenen Bezirks. Im Inneren zwei Reliefs: alter bzw. junger Mann von Genien des Todes (?) flankiert.
Höhe: 350 cm; Relief: ca. 130 cm. Zustand: gut erhalten
Signiert: Prof. H. Lederer

Johann Nepomuk Heidemann war Generaldirektor der Köln-Rottweiler Pulverfabriken.
Abb. 84

HEIMANN, Johann Philipp
Kaufmann. Köln 1779—1832 Köln
**Nr. 141,** Lit. E, zwischen HWG und Lit. G
Gußeisernes Kreuz mit feinem Maßwerk und Krabben an den Kreuzarmen. Am Schaft unten Efeuranken. Vergleiche Grabmal Wilhelm Anton (ähnliches Gußmodell).
Höhe: ca. 300 cm. Zustand: gut erhalten, Sockel neu
Guß: Sayner Hütte
Kommerzienrat Heimann war Mitbegründer der Köln-Düsseldorfer Handelsschiffahrtsgesellschaft, Mitglied der Handelskammer und Präsident des Kölner Handelsgerichts.

HEIMANN, Philipp
1851—1910
**Nr. 16 a,** Flur 76
Wandgrabmal mit hohem Steinkreuz, daran Korpus. In den seitlichen Wandnischen steinerne Blumenkübel.
Höhe: ca. 430 cm. Zustand: gut erhalten
Signiert: Franz Albermann, Bildhauer Cöln.

HEIMSOETH, Heinrich Gisbert Maria, Dr. jur.
Jurist. Köln 1811—1887 Köln
**Nr. 10,** HWG, zwischen Lit. M und Lit. T

Unter vom Kreuz überhöhter und von Voluten flankierter Rundbogennische Frauenkopf in Marmor. An Haarband Stern. Das Haupt von Mohn und Laub umrahmt. Höhe: ca. 345 cm, Durchmesser des Reliefs: ca. 57 cm. Zustand: Architektur stark verwittert; Kopf unter Glas geschützt
Heimsoeth gehört einer bekannten Kölner Gelehrtenfamilie an. Er war erster Präsident des Rheinischen Appellationsgerichtshofes in Köln, später Präsident des Oberlandesgerichtes und Mitglied des Staatsrates.

HEISTER, Jakob, Prof.
Mathematiker und Naturwissenschaftler. Bonn 1780—1815 Köln

**Nr. 287**, Lit. J, zwischen Lit. B und Lit. C
Klassizistische Stele in Gestalt eines kleinen abgestumpften Obelisken. Darauf Darstellung eines von Sternen umgebenen großen Zirkels, dessen Gelenk als eine sich in den Schwanz beißende Schlange ausgebildet ist. Sie umschreibt ein gleichseitiges Dreieck (die Dreifaltigkeit?). Vom Gelenk gehen pfeilförmige Strahlen aus. Zwischen den Schenkeln des Zirkels vom Quadrat umschriebener Kreis. Darin Anker, Kreuz und Ring (?) als Symbole für Hoffnung, Glaube und Treue. Am Sockel drei Kränze, die je eine Inschrift einfassen: »Cognati / Collegae / Discipuli« (»Verwandte / Kollegen / Schüler«). Inschriften (nach Vogts): »Ingenio / et Candori / Jacobi Heister / Mathematum / inter nos Prof. pub. / eruditissimi /

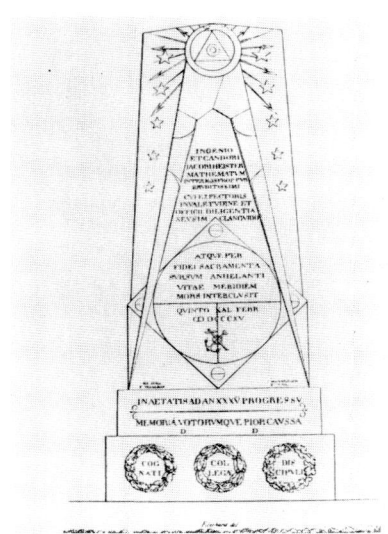

Abb. 127   J. Heister

— Cui expectoris / invaletudine et / officii diligentia / seusim clanguido / atque per / fidei sacramenta / sursum anhelanti / vitae meridiem / mors interclusit / quinto Kal. Feb. / MDCCCXV / in aetatis ad an. XXXV, progressu / memoriae votorumque piorum caussa D. D.« (»Der Begabung und dem Glanz des Jakob Heister, des höchst gebildeten unter uns öffentlichen Professoren der Mathematik. Ihm, der infolge einer Herzschwäche und des Eifers für sein Amt..., versehen mit den Sakramenten, seinen Geist aushauchte, schnitt der Tod den Mittag des Lebens ab am 28. Januar 1815, als er auf das 35. Lebensjahr zuging. Der Stein wurde errichtet des Gedenkens und der Bitten der Frommen wegen. Gott möge es schenken«).

Höhe: ca. 210 cm. Zustand: Original nach Versetzung in den Hof des Marzellengymnasiums im 2. Weltkrieg zerstört; die von Kribben 1929 angefertigte Kopie (ohne die drei Kränze) leicht verwittert
Signiert: Ex idea F. Wallraf (nach einer Idee von F. Wallraf); J. J. Mannebach F. Col. (J. J. Mannebach aus Köln hat's gemacht)
Abb. 127

HELFF, Familie
Lebensdaten unbekannt

**Nr. 88**, MA, zwischen Lit. Q und Lit. P
Sitzende Frauengestalt mit Bibel in der Rechten.
Höhe: ca. 300 cm, Figur ca. 120 cm.
Zustand: insgesamt stark verwittert und beschädigt
Signiert: Albermann

HERMELING, Gabriel
Goldschmied. Köln 1833—1904

**Nr. 175**, Lit. E, zwischen HWG und Lit. G
Hochkreuz mit dornengekröntem Christuskopf in Relief.
Höhe: ca. 340 cm. Zustand: Kreuz gut erhalten, jedoch Einfriedung entfernt
Gabriel Hermeling gehört einer seit dem 18. Jahrhundert in Köln tätigen Goldschmiedefamilie an.

HERSTATT, Arthur
1832—1919

**Nr. 231**, HWG, zwischen Lit. B und Lit. C
Liegende Grabplatte aus Bronze. Darauf in Hochrelief von Karyatiden getragener Rundbogen als Rahmung für die Inschrift. Im Bogenfeld Vase, aus der ein Rosen- und Dornenkranz aufwächst. Unten Relief im Stil der Beuroner Schule: Sitzend in der Mitte Mutter Erde, die mit erhobenen Armen von links und rechts herandrängende Gestalten empfängt. Darunter die Inschrift: »Mutter Erde / zu dir kehren wir alle wieder.«
Maße: 200 x 80 cm. Zustand: gut erhalten

HERSTATT, Friedrich Johann David
Bankier. Köln 1831—1888 Köln

**Nr. 184**, Lit. D., zwischen Lit. R und Lit. G
Grabmal im Stil der Neorenaissance. Vor Wand mit Girlandenfries und Palmettenbekrönungen ein von kannelierten Säulen getragener Blendbogen mit Kymation. Am Fries Muscheln als Symbol des Grabes, aus dem der Mensch auferstehen wird. Unter Bogenarchitektur Engel aus Marmor. Sein Blick ist gen Himmel gerichtet, während die Hände im Gebet vor die Brust genommen sind.
Höhe: ca. 400 cm, Engel: ca. 200 cm. Zustand: Substanz intakt, jedoch verschmutzt
Signiert: R. Cauer Roma 1889
Herstatt war Bankier und Präsident der Handelskammer in Köln.
Abb. 66

HERSTATT, Friedrich Peter
Bankier. Köln 1775—1851 Köln

**Nr. 232,** HWG, zwischen Lit. B und Lit. C
In einer die Jahreszahl 1834 tragenden, mehrere Grabplatten und Kopfsteine umschließenden Gittereinfriedung die liegende Bronzeplatte mit Reliefschmuck. Unter gegenständigem Engelpaar mit gekreuzten Palmwedeln in achteckigem Feld rundes Bildnismedaillon, das den Verstorbenen im Profil nach links zeigt. Seitlich Efeu- und Weingerank. Unten zwei weibliche Figuren mit Buch bzw. Kreuz, die trauernd an einer Urne knien.
Maße: 210 x 100 cm. Zustand: gut erhalten
Signiert: H. Heidel 1853
Kommerzienrat Friedrich P. Herstatt gehört der bekannten Kölner Bankiers-Familie an. Er war ein begeisterter Kunstsammler.
Abb. 128

HERSTATT, Johann David
Bankier. Köln 1805—1879 Köln
**Nr. 233,** HWG, zwischen Lit. B und Lit. C
Liegende Bronzeplatte. Über dem Scheitel eines von Hermenbüsten getragenen Rundbogens ein umkränztes Kreuz, das von antithetischen Engeln (Viktorien) gehalten wird. Unter dem Bogen in einem Eichenkranz das qualitätvolle Porträtmedaillon des Verstorbenen. Der charaktervolle, energische Kopf ist ins Profil nach rechts gewendet. Am Fuß der Platte in einer Dreierarkade die von Muschelnimbus überfangenen allegorischen Sitzfiguren der Spes, Fides und Caritas mit ihren Attributen. Inschrift: »Selig sind, die reinen Herzens sind, denn sie werden Gott schauen.«
Maße: 180 x 80 cm. Zustand: gut erhalten

Abb. 128  F. P. Herstatt; Detail

Abb. 129  D. Herstatt; Detail

Signiert: C. Mohr 1879
Abb. 129

von HILLER, Ferdinand
Musiker. Frankfurt 1811—1885
Köln
**Nr. 12**, HWG, zwischen Lit. M und Lit. T
Hochgesockelte Ädikulaarchitektur mit kannelierten Pfeilern und Dreiecksgiebel. Sie nimmt die Büste des Verstorbenen auf.
Höhe: ca. 370 cm, Büste: ca. 63 cm.
Zustand: Büste gut erhalten. Architektur vor allem im unteren Teil und am Giebel verwittert
Signiert: Eschweiler; die Büste stammt nach Vogts von Werres.
Hiller war 1849—1884 städtischer Kapellmeister in Köln. 1851—1853 leitete er die italienische Oper in Paris, später das Kölner Konservatorium.
Abb. 130

von HOCHSTEDEN, Amalia Gräfin
1779—1863
**Nr. 164**, Lit. J, zwischen Lit. D und Lit. E
Hochkreuz auf Sockel mit gotischer Blendarkatur. Inschrift: »Amalia Gräfin von Hochsteden, / verwitw. Freifr. C. H. v. Zandt / geboren 8. Februar 1779, / hingeschieden 12. April 1863 / Tochter des letzten Grafen von / Hochsteden entsprossen in direkter Linie von Lothar Graf / von Hochsteden, dem Bruder / des Erzbischofes Conrad Graf / von Hochsteden, dem Erbauer / des Domes zu Cöln. / Friede ihrer Asche!«
Höhe: ca. 280 cm. Zustand: gut erhalten

HÖLTERHOFF, Familie
und
ZERVOULAKOS, Marquis de la Forge
**Nr. 236**, HWG, zwischen Lit. B und Lit. C
Klassizistische Stele aus Sandstein, bekrönt von verhüllter Urne und Akroterien. Bei Vogts ist eine heute nicht mehr erhaltene Inschrift zitiert: »Hier ruhet die irdische Hülle von Joh. Daniel Hölterhoff, geb. zu Lennep den 24. April 1771, gest. zu Cöln den 1. März 1824.

Abb. 130  F. v. Hiller

Abb. 131   J. Hölzken

Am Grab des Frühheimgegangenen trauern seine nachgelassene Gattin und seine beiden Söhne. Ruhe seiner Asche.« Nach Vogts wurde der Stein erst 1834 gesetzt.
Höhe: ca. 250 cm. Zustand: gut erhalten, jedoch ursprüngliche Inschrift offenbar durch eine neue ersetzt
Signiert: P. J. Imhoff

HÖLZKEN, Johann
Rheinschiffer. 1775—1849
Nr. 34, Lit. P, zwischen Lit. M und Lit. L
Kleiner, einst mit Urne bekrönter Obelisk mit Relief eines Segelschiffs am Sockel.
Höhe: ca. 210 cm. Zustand: im unteren Drittel stark verwittert; Relief zeigt Reste einer Vergoldung; Urne abgebrochen
Abb. 131

HOHENSCHUTZ, Johann Joseph
siehe unter
von KLESPE, Anton Reiner

HORN, Familie und
ROBERTZ, Arnold
1848—1899
Nr. 99, MA, zwischen Lit. H und Lit. J
Auf Sockel mit Girlandenschmuck Figur eines stehenden Schmerzensmannes nach Vorbildern des 16. Jahrhunderts. Das Haupt ist dornenbekrönt. Die gefesselten Hände halten ein Schilfrohr (vgl. Matth. 27, 29).
Höhe: ca. 400 cm, Figur: ca. 180 cm. Zustand: Figur sandet
Signiert: J. Spiegel (Architektur) und Degen (Figur)

IMHOFF, Wilhelm Joseph
Bildhauer. Köln 1791—1858 Köln
Nr. 48, Flur 6 in Q
Auf querrechteckigem Stein mit Inschriftplatte quadratischer Sockel, der einen (unvollendeten) weiblichen Kopf sowie Hammer und Meißel, die Werkzeuge des verstorbenen Bildhauers, trägt. Auf der Plinthe die Inschrift: »Bei diesem Kopf brach ihm der Meißel ab / und der Künstler sank ins Grab!«
Höhe des Kopfes mit Plinthe: 41 cm. Zustand: Das ursprünglich von einem Baldachin überfangene

Abb. 132   W. J. Imhoff; hist. Foto

und nach Kriegszerstörung in stark reduzierter Form wiederaufgebaute Grabmal ist kürzlich abgetragen und durch einen neuen Stein ersetzt worden.
Wilhelm Joseph Imhoff gehört einer weitverzweigten Kölner Bildhauerfamilie an. Er schuf u. a. zwölf Posaunenengel für den Kölner Domchor.
Abb. 132

IVEN, Alexander
Bildhauer. Wegberg 1854—1934
Köln

**Nr. 218,** Lit. H, zwischen Lit. B und Lit. C
Moderner rechteckiger Stein. Daran vor angedeutetem Kreuz qualitätvoller, fein ponderierter Korpus aus Bronze im Stil des 18. Jahrhunderts. Die Füße sind auf Suppedaneum nebeneinander genagelt. Christus ist als Lebender aufgefaßt.
Höhe: ca. 190 cm. Zustand: gut erhalten, lediglich linke obere Ecke des Steines beschädigt
Künstler: Gußmodell von Iven. Alexander Iven war ein um die Jahrhundertwende vielbeschäftigter religiöser Bildhauer. Er hatte seine Ausbildung bei den Gebrüdern Kramer in Kempen erfahren und sich an der Kunstakademie in Löwen und auf Studienreisen nach Frankreich und Italien fortgebildet. 1883 ließ er sich in Köln nieder, wo er u. a. mit plastischen Arbeiten für die Paulus-Kirche, die St.-Alban-Kirche und die Herz-Jesu-Kirche beauftragt wurde. Neben ebenfalls neugotischen Skulpturen für die Marienkirche in Düsseldorf und die Friedhöfe in Köln und Düren sind schließlich noch seine Plastiken für die Kirche des niederrheinischen Dorfes auf der Kölner Werkbundausstellung von 1914 erwähnenswert. Diese späten Werke zeigen Ivens Lösung von historischen Vorbildern. Ein Spätwerk ist auch das Melatener Grabmal der 1932 gestorbenen Freiin von Schröder.

JANSEN s. unter WOLF

JOEST, Carl Wilhelm
Industrieller. Solingen 1786—1848
Köln

**Nr. 269,** HWG, zwischen Lit. A und Lit. B
Schönes gotisches Hochkreuz in Form einer mit reichem Maßwerk

verzierten Fiale. Nach Vogts 1854 gesetzt.
Höhe: ca. 500 cm. Zustand: gut erhalten
Signiert: Daners
Joest gehört einer bedeutenden Kölner Industriellen- und Forscherfamilie an. Er begann in Solingen als Stahlindustrieller und begründete später in Köln eine Zuckerfabrikation.
Abb. 36

KAAF, Jacob
Maler. Leutesdorf 1812—1897 Köln

**Nr. 21**, Flur R
Steinernes Kreuz mit schlichtem Maßwerkschmuck vor niedriger Rückwand mit Blendmaßwerk und Inschrifttafeln in Schildform.
Höhe: ca. 250 cm. Zustand: stark zerfallen
Signiert: W. Siegert
Kaaf war ein gesuchter Dekorateur, der als Innenausstatter von Theatern und Herrensitzen Bedeutendes leisteten. Er fördert den Kunstgewerbeverein und war selbst Sammler. Er ist der Verfasser des seinerzeit bekannten Projekts der Kaiserstraße (Ausbau der Burgmauer zu einer Hauptgeschäftsstraße).

KAESEN, Wilhelm
Kaufmann. Köln 1816—1887 Köln

**Nr. 83**, MA, zwischen HWG und Lit. P
Eingefriedetes architektonisches Grabmal aus poliertem Granit in Form einer hohen Stele, unter deren spitzgiebeligem oberen Abschluß Kreuz und Palmwedel als Bronzeattachen angebracht sind. Im mittleren Teil, ebenfalls in Bronze, zwei Kränze.
Höhe: ca. 500 cm. Zustand: gut erhalten
Signiert: E. Ackermann Weissenstadt/Fichtelgeb. (Architektur); Entwurf P. Fuchs
Kommerzienrat Kaesen war Stadtverordneter, Mitglied des Provinziallandtages und Verwaltungsrat. Er ist der Begründer des Kölner Volksgartens.

Abb. 133   C. Keller; Detail

KELLER, Carl
1811—1839

**Nr. 278**, Lit. A, zwischen HWG und Lit. G
Kleiner abgestumpfter Obelisk mit schöner Kursivschrift.
Höhe: ca. 170 cm. Zustand: gut erhalten

Signiert: Bachem & Cie. Königswinter
Abb. 133

von KEMPIS, Maximilian Joseph Maria
Hofrat. Bonn 1757—1823 Köln

**Nr. 204**, Lit. C, zwischen HWG und Lit. H
Mit gotischem Blendmaßwerk gegliederte Wand, angeblich Nachbildung des Eingangstores des Dominikanerklosters. Wappen der Familie von Kempis und von Herwegh. Eines der ersten neugotischen Grabmäler auf dem Friedhof, bei dem allerdings noch eine klassizistische Grundhaltung zu spüren ist.
Inschrift: »Memoria / D. Maxim. Jos. Mariae / a Kempis / filii Reineri a Kempis / et Theresiae a Sierstorff / Colleg. senat. Colon. memb. / pater paup. / dec. civ. / nati DXXI.M. Junii MDCCLVII / denati D. V. M. Nov. MDCCCXXIII.«
(»Dem Andenken des Herrn Maximilian Joseph Maria von Kempis, Sohn des Reiner von Kempis und der Theresia von Sierstorff, Mitglied des Kölner Senats, den Armen ein Vater, würdiger Bürger (?), geboren den 21. Juni 1757, gestorben den 5. November 1823«).
Höhe: ca. 280 cm. Zustand: gut erhalten
Von Kempis war kurkölnischer Hofrat. 1797 Präsident des Magistrats, später Stadtrat in Köln.
Abb. 134

KEPPELER, Otto
1877—1920

**Nr. 283**, Lit. U, gegenüber Flur 31
Im oberen Teil kleeblattförmig konturierte Stele mit rahmender Blattranke und kleinem, runden Mosaikbild eines radschlagenden Pfaus (Symbol der Auferstehung). Die Front mit farbigem Mosaikbild geschmückt, das eine nimbierte Heilige (?) mit Friedenstaube zeigt. Darunter die Inschrift: »Spes mea« (»Meine Hoffnung«).
Höhe: ca. 200 cm. Zustand: Rotsandsteinblock geborsten

von KLESPE, Anton Reiner
Bürgermeister. Köln 1744—1818 Köln
und
HOHENSCHUTZ, Johann Joseph
Landgerichtsrat. ? —1824

**Nr. 168**, Lit. D, zwischen Lit. H und Lit. J

Abb. 134  M. J. v. Kempis

Schlichtes Steinkreuz auf quadratischem Sockelblock mit bekrönenden Giebelchen. In den Giebelfeldern Mohnpflanzen.
Höhe: ca. 330 cm. Zustand: Reliefs sanden, am Sockel neue Inschrifttafel aus Bronze für Haehling von Lanzenauer
Klespe hatte gegen Ende des 18. Jahrhunderts zahlreiche städtische Ämter inne. Er war u. a. Ratsherr und Bürgermeister. Er mußte 1794 den heranrückenden Franzosen vor Melaten die Stadtschlüssel aushändigen. Große Verdienste um Köln erwarb er sich durch die Rückführung von Stephan Lochners Dombild und durch seine Initiativen für den Weiterbau des Domes.

KLOSTERMANN, Familie
Lebensdaten unbekannt

**Nr. 127**, Lit. E, zwischen Lit. H und Lit. J
Jugendstil-Stele mit geschwungen konturiertem Abschluß und stilisierter Trauerweide an der Vorderseite. Das aus einem Gefäß aufwachsende Geäst ist parallel geordnet und senkt sich, die Inschriftplatte rahmend, wie ein Vorhang herab. Inschrift: »Die Liebe höret nimmer auf. 1. Kor. 13,8.«
Höhe: ca. 230 cm. Zustand: sandet leicht; auf Sockel leicht verschoben

KOCH, Georg Heinrich
Kaufmann. 1783—1834

**Nr. 237**, HWG, zwischen Lit. B und Lit. C
Fragmentiertes Grabmal: auf polygonalem Sockel mit Blendmaßwerk

Abb. 135   G. H. Koch

Todesgenius in antikisierender Kleidung mit großer verlöschender Fackel. Die Rechte weist gen Himmel.
Höhe: ca. 370 cm. Zustand: Architektur um ein Geschoß verkürzt (vgl. Abb. 9), Figur stark verwittert, linke Hand ungeschickt erneuert
Künstler: Die etwas schwerfällig-ungelenke, teigige Formbehandlung läßt an den Umkreis Wilhelm Joseph Imhoffs denken.
Abb. 135

KOENIGS, Franz Wilhelm
1819—1882

**Nr. 87**, MA, zwischen Lit. Q und Lit. P
Auf hohem, mausoleumartigem Sockelbau, an dessen Vorderseite

eine Tür zur Gruft hinabführt, weibliche Sitzfigur (Trauernde?). Zu ihrer Linken eine Urne, zu ihrer Rechten ein sich anschmiegender knabenhafter Todesgenius mit umgekehrter Fackel.
Höhe: ca. 600 cm, Gruppe ca. 200 cm. Zustand: Gruppe sehr stark beschädigt; kaum noch zu retten
Signiert: Ludwig Brunow 1886 (Gruppe); Müller & Grah (Architektur)

KOERFER, Jacob, Prof.
Architekt. Aachen 1875—1930
Köln
**Nr. 85**, MA, zwischen Lit. P und HWG
Einfache liegende Platte.
Zustand: gut erhalten
Dr. Ing. E. h. Koerfer war Architekt in Köln und Professor an der TH Braunschweig. Er baute u. a. das Hansa-Haus in Köln, damals das erste Hochhaus Europas.

KOLVENBACH, Peter Joseph
1833—1916
**Nr. 214**, Flur 52
Massige Stele mit dornenumwundenem Christuskopf in Medaillon, welches mit Palmwedel und Efeuranke umkränzt ist. Die unvollständige (?) Stele flankiert von zwei sitzenden mädchenhaften Todesgenien mit verlöschender Fackel bzw. Kreuz. Inschrift: »Auf Wiedersehen.«
Höhe: ca. 330 cm. Zustand: Figuren stark verwittert, oberer Abschluß der Stele fehlt vermutlich; Grabstätte insgesamt verwahrlost
Signiert: Rupp und Moller, Köln

KRAUTHEUSER, Willi
1914—1967
**Nr. 50**, Lit. L, zwischen Lit. O und HWG
Schlichter moderner Stein mit Lebensbaum. Inschrift: »Mach dir Freud so lang et jeit / dat Leve durt kein Iwigkeit.«
Zustand: gut erhalten

KRIEGERDENKMAL für die im napoleonischen Heer gefallenen Kölner
1853
**Nr. 202**, Lit. D, Ecke HWG
Hohes Pfeilerdenkmal in klassizistischen Formen. Lorbeergirlande als Sockelprofil. Oben unter Gesims Palmettenfries; an den Ecken der kaiserliche Adler. Unter bekrönendem Waffenarrangement mit antikem Helm und Schwert Flachreliefs: Kränze bzw. das Monogramm Napoleons umgeben von sechs Feldzeichen. Inschrift: »Zum Andenken / an die / unter den Armeen / Napoleons / fern / von ihrer Heimat / gefallenen Krieger / der Stadt Coeln / errichtet von ihren / heimgekehrten Cameraden / am 6. Juli 1853.« Namen der Stifter auf den anderen Seiten.
Höhe: ca. 10 m. Zustand: gut erhalten, wohl mehrfach restauriert.
Entwurf: vermutlich von Johann Peter Weyer; Ausführung: Steinmetzmeister Siegert; signiert: ausgebessert Sigert (?)
Abb. 30

KRIEGERDENKMAL 1866
1870 errichtet

**Nr. 78**, Schnittpunkt HWG und MA
Baldachindenkmal in Formen der Spätrenaissance als Point-de-vue. Auf hohem quadratischen Sockel mit Girlandendekoration Doppelsäulenstellungen, die zwei sich im rechten Winkel durchdringende Flachtonnen tragen. Darüber Obelisk mit bekrönendem Adler, der seine Schwingen ausbreitet. Unter der Baldachinarchitektur Sturmgepäck als Trophäe auf Sockel.
Höhe: über 10 m. Zustand: relativ gut erhalten
Künstler: C. J. Goebel
Die »Cameradschaftliche Vereinigung von 1866« versuchte zunächst, das Denkmal mit Spenden zu bezahlen. Doch verschlechterte sich durch den Krieg von 1870/71 ihre finanzielle Situation derartig, daß sie dem Bildhauer Goebel 500 Thaler schuldig bleiben und schließlich die Stadt um einen Zuschuß bitten mußte (vgl. Protokoll der Stadtverordneten-Versammlung am 14.12.1871).
Abb. 61


KRIEGERDENKMAL 1870/71

**Nr. 13**, HWG, zwischen Lit. M und Lit. S
Vierflügeliges architektonisches Denkmal in Formen der Neorenaissance mit kreuzförmigem Grundriß. Über zentralem, die Flügel überragenden Sockelpfeiler, dessen Basis mit Eichenlaub umkränzt ist, mächtige Figur einer Germania, welche die ottonische Reichskrone sowie Schwert und Schild trägt. Zu ihren Füßen Pickelhauben. Die einzelnen Flügel mit Metopen und Triglyphen geschmückt. In den Metopen Wappenschilde der am Krieg beteiligten deutschen Länder. Die Stirnseiten mit Tympana ausgestattet, die mit Mohn, Efeu, Palmwedeln und Schmetterling ausgefüllt sind. Die bekrönenden Palmettenakroterien nehmen das eiserne Kreuz mit dem Monogramm Kaiser Wilhelms I. auf. Auf den Stirnseiten ferner je eine girlandengeschmückte tabula ansata, die den Namen eines Schlachtortes trägt. Die Seitenflächen der Flügel tragen die Namen der Gefallenen. Inschrift: »Zum Andenken an die zu Coeln in Folge des Krieges 1870/71 verstorbenen Söhne Deutschlands.«
Höhe: ca. 10 m. Zustand: gut erhalten, Germania jedoch zerstört. Das bronzene Sturmgepäck am Fuße des Denkmals stammt vom zerstörten Köln-Mülheimer Kaiser-Wilhelm-Denkmal.
Künstler: Hermann Weyer (Architektur), Anton Werres (Germania) und Jean Nothen (Bauplastik).
In unmittelbarer Nähe des Denkmals ehemals das Grab von Albert Langen († 1909), dem Mitbegründer des Simplizissimus, die Gräber der Gefallenen des Ersten Weltkrieges, die (inzwischen verlegten) Grabstätten von bekannten Nationalsozialisten und der Fliegeropfer von 1942 sowie die Gräber von drei 1956 ums Leben gekommenen Feuerwerkern. Auf engstem Raum also schicksalsträchtige Zeugnisse aus einem bewegten Jahrhundert deutscher Geschichte.
Abb. 62

KRIEGERDENKMAL der in Köln gestorbenen französischen Soldaten des Krieges 1870/71
**Nr. 9**, Lit. T, zwischen HWG und Lit. O
Schlichte Marmortafel mit Inschrift: »Erigé par leurs compatriotes / à la / mémoire /des soldats / français / décédés en / 1870/71 / R.I.P.« (»Errichtet von ihren Landsleuten zum Andenken an die 1870/71 gestorbenen französischen Soldaten. R.I.P.«). »Et nunc meliorem patriam appetunt. Heb. 11, 16 (»Und nun begehren sie eines besseren Vaterlandes«). Eine weitere Inschrift erinnert an den Leutnant im ersten Zuavenregiment Mazugan, der hier als Opfer des Krieges fern von seiner Heimat Albigny (Departement Rhone) im Alter von 28 Jahren am 11. Oktober 1870 starb. Allerheiligen 1907 gedachte der Kreis-Kriegerverband Köln der französischen Gefallenen mit einer Kranzniederlegung.
Höhe: ca. 350 cm. Zustand: sandet leicht, in der Substanz jedoch intakt

KROTT, Jakob
Schreinermeister. ?—1845
**Nr. 288**, Lit. J, zwischen Lit. B und Lit. C
Neugotisches gußeisernes Kreuz. Am Fuß im Dreipaß Winkel und Zirkel als Berufsembleme.
Höhe: ca. 340 cm. Zustand: gut erhalten; nach Vogts 1927 restauriert

KYLL, Julius
Rechtsanwalt. 1843—1909
**Nr. 151**, Flur 60
Hohe, schlanke Stele mit Girlandenbekrönung über Voluten. An den Ecken umgekehrte Fackeln und an der Vorderseite steinerner Kranz. Rückgriff auf Vorbilder des Klassizismus bei Steigerung des dekorativen Aufwandes.
Höhe: ca. 270 cm. Zustand: gut erhalten, verschmutzt
Signiert: W. Fassbinder

LAMMINE, Emil
1854—1923
**Nr. 92**, MA, an Flur 66 A
Nischenarchitektur mit dorischen Säulen und schwerem Giebel in Anlehnung an eine antike Tempelfront. Darin Bronzegruppe eines Engels (Genius), der seine Linke tröstend einer sitzenden Frauengestalt auf die Schulter legt und mit der Rechten gen Himmel weist. Siehe die thematisch vergleichbare Gruppe am Grabmal Früh, die sich allerdings von der etwas spröde wirkenden Gruppe des Grabmals Lammine durch größeren deklamatorischen Aufwand und eine gefällige Glättung der Form unterscheidet.
Höhe: ca. 550 cm, Gruppe ca. 220 cm. Zustand: Architektur und Einfriedung stark beschädigt. Plastik stellenweise durchlöchert
Signiert: A. Hertel (Architektur) und Düsseldorfer Bronce-Bildgiesserei GmbH (Guß der Gruppe)

LANCKART, Conrad Jos.
Kaufmann. 1736—1814
**Nr. 280 a**, Lit. G, zwischen Lit. A
und Lit. B
Kleines Steinkreuz, am Fuß Totenkopf und oben Schmetterling in Relief.
Höhe: ca. 80 cm. Zustand: gut erhalten

LANDMANN, J. J.
siehe unter
ANHEISSER, W.

LANDWEHR, Heinrich Joseph
Jurist. 1807—1878
**Nr. 120**, Lit. V, zwischen Lit. E
und Lit. F
Spitzbogig konturierter, von Blattstab gerahmter Sockel, der steinernes Kreuz trägt. Am Fuße des Kreuzes, dem Bogenlauf angeschmiegt, zwei kindliche allegorische Liegefiguren mit Waage und Schwert, den Attributen der Justitia.
Höhe: ca. 300 cm. Zustand: Oberfläche leicht verwittert
Landwehr war Justizrat und Notar.
Abb. 39

LANGEN, Johann Jakob
Fabrikant. Solingen 1794—1869
Köln und
LANGEN, Eugen
Industrieller. Köln 1833—1895
Köln
**Nr. 134**, HWG, zwischen Lit. E
und Lit. F
Grabmal der Kölner Fabrikantenfamilie Langen. In Maßwerkumfriedung von Fialen flankierter Spitzbogen, der die Stiftungsinschrift trägt. Davor mehrere Kopfsteine.
Höhe: ca. 170 cm. Zustand: gut erhalten
Johann Jakob Langen ist der Gründer der Firma J. J. Langen & Söhne. Seit 1839 war er Stadtverordneter, 1846—1856 Präsident der Handelskammer in Köln.
Sein Sohn Karl Eugen Langen war Ingenieur. Er erfand zusammen mit Nicolaus August Otto (siehe dort) den ersten Gasmotor. Begründer der Gasmotorenfabrik Deutz, Pionier der Zuckerindustrie. Mitinhaber mehrerer bedeutender Unternehmen, Begründer der Deutsch-Ost-Afrikanischen Gesellschaft. Die Wuppertaler Schwebebahn ist sein Werk.

de LATTE, Louis und Adolphe
François Xavier Napoléon
Aachen 1799—1811 Köln bzw.
Aachen 1809—1811 Köln
**Nr. 245**, HWG, zwischen Lit. B
und Lit. C
Kleiner Obelisk mit vierseitiger Inschrift in Deutsch, Französisch und Latein (nach Vogts): »Multis ille bonis flebilis occidit nulli flebilior quam patri... — A la tendresse de ses parens inconsolables aux beaux-arts et aux sciences qu'il cultivait, avec un succès au dessus de son age et qui donnait pour l'avenir les plus belles expectences... Ces deux chers enfants, victimes de la meme maldie de la fièvre charlatine qui a enlevé l'ainé au moins de 4 jours et le cadet en 23 jours, partagent au-

jourd'hui le meme tombeau. — Ipse non lugendi, lugendi parentes, quorum spem et gaudia secum abstulerunt. — Ludwig und Adolph / theure liebe Kinder / unser einziger / Trost ist, wir sehen uns / wieder / Vater und Mutter. — Ludovico amantimino, amatissimo et amore dignissimo filio puero in parentes reverentia, praecocibus facultatibus, candore, modestia et ingenio nec non corporis et animae pulchritudine praeclarissimo et Adolpho filio non minus dilecto, infanti optimo fratrique vultu et indole non impari afflictissimi parentes doloris et amoris monumentum hoc posuere, 1812.«
(»Jener starb für viele Gute beweinenswert, keinem beweinenswerter als dem Vater ... Denkmal, gewidmet der elterlichen Zärtlichkeit, den schönen Künsten und den Wissenschaften, denen er sich widmete und zwar mit einem für sein noch kindliches Alter erstaunlichen Erfolg, welcher für die Zukunft zu den schönsten Hoffnungen Veranlassung gab. ... Diese beiden lieben Kinder, Opfer von Scharlach, der den Erstgeborenen in weniger als vier Tagen und den Jüngsten in 23 Tagen hinwegraffte, sind heute im gleichen Grab vereint. — Sie selbst sind nicht zu betrauern, zu betrauern sind die Eltern, deren Hoffnung und Freuden sie mit sich nahmen. — Ludwig ..., dem geliebtesten und liebenswertesten jungen Sohn, der den Eltern gegenüber Ehrfurcht zeigte, in jungen Jahren hoch begabt war und durch Glanz, Bescheidenheit und Begabung und nicht zuletzt durch Schönheit des Körpers und des Geistes ausge-
zeichnet war und Adolph, dem nicht weniger geliebten Sohn, ihrem besten Kind und dem Bruder an Aussehen und Begabung nicht ungleich, setzten die hochbetrübten Eltern dieses Denkmal des Schmerzes und der Liebe, 1812.«).
Einer der wenigen erhaltenen Grabsteine aus der Gründerzeit des Friedhofes.
Höhe: ca. 190 cm. Zustand: verwittert, Inschriften nur noch teilweise lesbar

LEMKES, Prof. Dr.
1847—1909

**Nr. 257**, Lit. J, zwischen Lit. A und Lit. B
Stele mit zwei dünnen vorgeblendeten ionischen Säulen, welche Gebälk tragen. Zwischen den Säulen Porträtmedaillon des Verstorbenen in Bronze. Es zeigt Lemkes mit Zwicker im Profil nach links.
Höhe: ca. 280 cm, Durchmesser des Medaillons 54 cm. Zustand: bis auf geringe Ausbrüche gut erhalten.
Signiert: Franz Albermann 1906

LEUFFEN, Franz, Dr. med.
Arzt. Köln 1821—1900 Köln

**Nr. 193**, Flur 56
Nach unten konisch zulaufende Stele, deren Symbolsprache an die Zeit um 1800 erinnert. Unter Schlange und Ölbaumzweig (?) die griechische Inschrift: Γνῶσις (»Erkenntnis«) und das Zeichen der Trinität in Strahlennimbus. Am Fuß der Stele eine Sphinx mit Zirkel im Profil nach rechts. Dar-

unter nicht mehr lesbare lateinische Inschrift. Die ungewöhnliche Ikonographie nicht eindeutig zu interpretieren. Sie hängt vermutlich mit freimaurerischen Vorstellungen zusammen.
Höhe: ca. 220 cm. Zustand: stark verwittert

LEVEN, Adolph
1850—1902

**Nr. 113,** wHWG, am Rondell
Auf Stufenpodest vor Grabstein Sitzfigur einer Trauernden, deren weiter Rock in reichem Faltenspiel über die Stufen ausgebreitet ist. Sie schaut mit dem Ausdruck des Erstaunens zu einem Engel mit mächtigen Schwingen auf, dessen erhobene Rechte gen Himmel weist. Die szenisch arrangierte Skulpturengruppe greift formal auf Vorbilder des Spätbarock zurück. Eine eigentümliche Mischung von nüchternen Naturalismen und dekorativ-malerischen Elementen, welche vom Jugendstil berührt zu sein scheinen, kennzeichnet ihre stilistische Haltung.
Höhe: ca. 320 cm. Zustand: Plastik stellenweise durchlöchert
Abb. 136

LEYENDECKER, Ernst
1854—1902

**Nr. 152,** Flur 60
Blendarchitektur in Gestalt einer vereinfachten antiken Mausoleumsfassade, vor deren Folie drei antik gekleidete Gestalten von einem bärtigen Mann trauernd Abschied nehmen. Vorbild für dieses neuklassizistische Hochrelief waren attische Stelen. Völliges Fehlen christlicher Symbole. Inschrift: »Dem Auge fern, dem Herzen ewig nah.«
Höhe: ca. 500 cm; Relieffiguren ca. 200 cm. Zustand: gut erhalten
Signiert: Ludwig Cauer
Ernst Leyendecker ist vermutlich ein Nachkomme von Wilhelm Leyendecker, dem Begründer einer Maschinenfabrik und Eisengießerei im heutigen Stadtteil Ehrenfeld.
Abb. 81

Abb. 136   A. Leven

LÖHR, Franz
Goldschmied. Köln 1874—1918 Bonn

**Nr. 253,** Lit. U, zwischen Lit. B und Lit. C
Über niedrigen Grabstein sich beu-

gende Trauernde, ungewöhnlicherweise Aktfigur. Die Figur aus Rotsandstein wohl unvollendet, da Punktierspuren.
Höhe: ca. 155 cm. Zustand: gut erhalten
Künstler: vermutlich der Verstorbene selbst
Franz Löhr war zunächst Goldschmied, später dann autodidaktischer Bildhauer in Köln.

LOHR, Christiane, geb. Rhodius
1792—?
**Nr. 243**, Lit. C, zwischen Lit. G. und HWG
Ursprünglich von Urne bekrönte Stele in Form eines niedrigen Pfeilers. An der Frontseite Stephanos. Inschriften: Zitate aus den Korintherbriefen.

Abb. 137  Chr. Lohr; hist. Foto

Höhe: ca. 200 cm. Zustand: Urne fehlt, mehrfach stark bestoßen, Spuren von Vergoldung
Signiert: J. Hansmann
Abb. 137

THE LOSEN, Hermann
1847—1889
**Nr. 153**, Flur 60
Am Fuße eines (abgebrochenen) Kreuzes sitzender Grabengel in faltenreichem Gewand. Er hält in der Rechten einen Palmwedel. Die Linke ist vor die Brust genommen. Der Blick geht seitlich nach oben.
Höhe: ca. 310 cm. Zustand: Kreuz abgebrochen, sonst relativ gut erhalten.
Signiert: R. C. Cauer, Kreuznach
Abb. 67

LUDOWIGS, Johann Heinrich Caspar
Kaufmann. 1805—1835
**Nr. 228**, HWG, zwischen Lit. B und Lit. C
Frühe gotische Fiale mit einfachem Maßwerk. Inschrift: »Freuen werden sich alle, solche auf Dich hoffen und ewig werden sie frohlocken. PS. 5,12.«
Höhe: ca. 480 cm. Zustand: verwittert, Spitze abgebrochen

von MALLINCKRODT, Gustav
Kaufmann. Krombach 1829—1904
Köln
**Nr. 138**, HWG, zwischen Lit. E und Lit. F
Eines der wenigen Grabmäler mit

Abb. 138   G. v. Mallinckrodt; hist. Foto

ausgesprochener Jugendstildekoration. Vor einem vom Kreuz bekrönten Wandaufbau zwischen Wandpfeilerpaar Bronzefigur eines in strenger Frontalität gegebenen Todesgenius mit umgekehrter Fakkel. Darüber das Familienwappen mit Helmzier. Die Pfeiler oben mit stilisierten Mohnkapseln und Dornenranke verziert, die sich bis zum Kreuz hinaufzieht. An den niedrigeren seitlichen Wandstücken reiche florale Dekoration, ebenso am schmiedeeisernen Eingangstor und an den seitlichen Inschrifttafeln.
Höhe: ca. 500 cm. Zustand: Architektur gut erhalten, Genius verschwunden
Künstler: Wilhelm Faßbinder
Geheimer Kommerzienrat Gustav von Mallinckrodt, für dessen gleichnamigen Vater Christian Mohr und Friedrich Schmidt 1858 ein heute zerstörtes Grabmal (siehe die historische Abbildung) auf Melaten geschaffen hatten, gehört einer alten Kölner Fabrikanten- und Kaufmannsfamilie an, welche sich vor allem mit Lederhandel beschäftigte. Er war Schwiegersohn des Bankiers Wilhelm Ludwig Deichmann (siehe dort).
Abb. 79 und 138

MARTIN, Maria Clementine gen. »Klosterfrau«
Brüssel 1775—1843 Köln

**Nr. 256**, Lit. J, zwischen Lit. A und Lit. B
Mit einfachem Maßwerk verziertes Steinkreuz auf Sockel. Auf dem Querbalken die Inschrift: »Herr, dein Wille geschehe.«
Höhe: ca. 235 cm. Zustand: gut erhalten und gepflegt
Maria Clementine Martin gründete nach Studium der historischen Klostermedizin und Verlassen des in der Säkularisation aufgelösten Klosters 1826 in Köln die heute noch florierende Firma »Klosterfrau« zur Herstellung von Melissengeist u. a. Bei ihrer Beerdigung ehrte man sie mit dem Läuten der Domglocken.

MARX, Johann Nikolaus Hubert Wilhelm
Jurist. Köln 1863—1946 Bonn

**Nr. 98**, Lit. F, gegenüber Flur 36
Einfaches Steinkreuz mit Rückwand.
Höhe: ca. 300 cm. Zustand: gut erhalten

Marx war nach einer steilen juristischen Karriere (1922 Senatspräsident beim Kammergericht in Berlin) 1923—1925 Reichskanzler, 1925 Preußischer Ministerpräsident, 1926 Reichsjustizminister und von 1926 bis 1928 schließlich wieder Reichskanzler.

MAYER
siehe unter
PFEIFER

MEISTER, Simon
Maler. Koblenz 1800—1844 Köln
**Nr. 254**, Lit. J, zwischen Lit. A und Lit. B
Liegende Steinplatte mit von Eichenlaub und Lorbeer umrahmtem Wappen.
Maße: ca. 175 cm × 100 cm. Zustand: stark verwittert
Simon Meister, dessen Geburtsdatum bei Steimel mit 1796 und in den Katalogen des Wallraf-Richartz-Museums abweichend mit 1803 angegeben wird, ließ sich nach Studium bei Horace Vernet in Paris 1833 als Maler in Köln nieder. Er war dort zu seiner Zeit wohl der bedeutendste Porträt- und Historienmaler. Mehrere seiner Werke im Kölner Wallraf-Richartz-Museum und im Mittelrheinmuseum, Koblenz.

MERKENS, Peter Heinrich
Kaufmann. Mülheim a. Rh. 1777—1854 Köln
**Nr. 171**, HWG, zwischen Lit. D und Lit. E

Abb. 139   P. H. Merkens; Detail

Auf Sockel Nischenarchitektur in Form einer Ädikula. Darin die kolossale Marmorbüste des Verstorbenen. Der klassizistische Rückgriff auf den Typus der antiken Hermenbüste mit nacktem Brustausschnitt bewirkt eine eigentümliche Heroisierung des ansonsten realistischen Unternehmerporträts, welches den fleischigen Kopf des alternden Merkens ohne Beschönigung wiedergibt. Merkens ist als energische Persönlichkeit, als Mann von starker Willens- und Entschlußkraft charakterisiert. Inschrift: »Selig die Gestorbenen im Herrn / ihre Werke folgen ihnen nach.«
Höhe: ca. 500 cm. Zustand: gut erhalten
Signiert: Mohr fec. 1856 (Büste); die Architektur nach einem Ent-

wurf des Kölner Architekten Johann Anton Wallée
Merkens war Mitinhaber eines Bankhauses, einer Großhandlung und einer Spedition. Er gilt als Begründer der Dampfschiffahrt auf dem Rhein und war einer der Pioniere des modernen Versicherungswesens.
Abb. 139

MERREM, Johanna Maria
1829—1834
**Nr. 219,** Lit. C, zwischen HWG und Lit. H
Klassizistische Stele, darauf Kinderbüste. Inschrift: »Ihr habt nun Traurigkeit / aber ich werde euch wieder / sehen und euer Herz soll / sich freuen und eure Freude / soll niemand mehr von Euch / nehmen.«
Höhe: ca. 180 cm. Zustand: Stele stark beschädigt, Büste bis auf unkenntlichen Torso zerstört
Künstler: nach Vogts war die Büste mit Th. J. Schmitz bezeichnet

MERTZNICH, Gottfried
1835—1907
**Nr. 41,** Flur 76 A
Vor breitem Steinkreuz Bronzefigur einer trauernden Madonna mit gefalteten Händen. Mehrere Exemplare dieser Figur sind auf Melaten erhalten.
Höhe: ca. 350 cm, Figur: 135 cm. Zustand: gut erhalten
Signiert: Willy Albermann, Guß Bentele & Kleefisch (Figur)
Abb. 140

Abb. 140   G. Mertznich; Detail

Abb. 141   F. Meurer

MEURER, Franz
1841—1905

**Nr. 65**, MA, an Flur 69 A
Hoher Steinobelisk mit abschließendem Kreuz. Am Fuß des Obelisken Bronzerelief: ikonenhaft strenge Büste des bärtigen Christus, umrahmt von seitlichen Rosenstökken, die über dem nimbierten Haupt einen Bogen aus Blüten bilden.
Höhe: ca. 800 cm, Relief: ca. 110 cm. Zustand: gut erhalten
Signiert: W. Faßbinder
Abb. 141

MEURER, Wilhelm
siehe unter
SCHMITS, Clemens

von MEVISSEN, Gustav, Dr. jur. et phil. h. c.
Großindustrieller. Dülken 1815—1899 Bad Godesberg
und
von STEIN, Johann Heinrich
Bankier. Köln 1832—1911 Köln

**Nr. 136**, HWG, zwischen Lit. E und Lit. F
Grabstätte der Familien von Mevissen und von Stein. Im Scheitel einer Wand, an der Inschrifttafeln für die einzelnen Verstorbenen angebracht sind, Ädikula mit kannelierten ionischen Säulen, welche große bronzene Urne auf Sockel aufnimmt.
Höhe: ca. 500 cm. Zustand: gut erhalten, die Urne jedoch Ersatz für eine verlorengegangene Porträtbüste Mevissens
Künstler: Architektur nach Entwurf von Hermann Otto Pflaume, die ehemalige Marmorbüste von W. Albermann
Der Geheime Kommerzienrat von Mevissen war 1845 Mitglied und ab 1856 Präsident der Handelskammer in Köln. Er war Mitbegründer der Rheinischen Dampfschiffahrtsgesellschaft und Präsident der Rheinischen Eisenbahngesellschaft. 1866—1891 Mitglied des Herrenhauses und seit 1884 Mitglied des Staatsrates, Gründer der Kölner Handelshochschule; 1895 Ernennung zum Ehrenbürger der Stadt Köln.
Johann Heinrich von Stein gehört der bekannten Kölner Bankier-Familie an.
Abb. 65

MEYNEN, Georg
Rentner. 1838—1899

**Nr. 280**, Lit. A, zwischen Lit. G und Lit. R
Auf Sockel mit Girlandenschmuck steinerne Statue der Spes mit Anker in der Linken und Sternendiadem im Haar. Sie weist mit der Rechten gen Himmel.
Höhe: 380 cm. Zustand: Figur beschädigt, rechte Hand abgebrochen, Schaden am rechten Knie
Künstler: Bildhauer Meynen

MEYNEN, Walther
Lebensdaten unbekannt

**Nr. 16**, Flur 76
Übergiebelte Bogenarchitektur in Art eines Stufenportals, das als Symbol des Übergangs zwischen zwei Welten, zwischen Leben und Tod, Diesseits und Jenseits zu verstehen ist. Darin Hochrelief eines

Engels, der mit fürbittender Geste auf das Grab weist.
Höhe: ca. 450 cm, Relief ca. 230 cm. Zustand: gut erhalten
Signiert: Fassbinder 1912

MICHELS, Peter
Kaufmann. Köln 1801—1870 Köln
und
NEVEN, Familie

**Nr. 172,** HWG, zwischen Lit. D und Lit. E
Grabstätte der Kölner Kaufmannsfamilien Michels und Neven. Auf Steinsockel mit Bogenfries eisernes Kleeblattkreuz mit großem Korpus. Der dornenbekrönte Christus trägt knielangen Lendenschurz, dessen Gürtel und Saum gemustert sind. Die Füße sind nebeneinander genagelt. Vor dem Kreuz zahlreiche Kopfsteine.
Der Münchener Bildhauer Ludwig Michael Schwanthaler hatte das Kruzifix 1835/37 für den Hochaltar des Georgenchores des Bamberger Domes geschaffen, wo es sich noch heute befindet. Ein ähnliches Kreuz wurde dann 1840 für die Münchener Ludwigskirche gegossen. Weitere Nachgüsse sind auf vielen Friedhöfen zu finden.
Höhe: ca. 410 cm. Zustand: gut erhalten
Signiert: Gegossen von Ch. Hörner in München 1857. Modell Ludwig Schwanthaler.
Abb. 142

MIEBACH, Hans
1902—1934

**Nr. 32,** Lit. P, zwischen Lit. M und Lit. L
Auf Würfel, dessen Seiten ursprünglich mit Hakenkreuz verziert waren, einst bronzener Lorbeerkranz. Ehemalige Inschrift: »Hans Miebach ... starb den Fliegertod in der Ostsee. Seine Kugeln trafen die Verräter und öffneten der deutschen Freiheit am Rhein eine Gasse.«
Maße: 90 × 90 × 90 cm. Zustand: Kranz verloren, Hakenkreuz beseitigt; Grabstein versetzt

MILLOWITSCH, Peter
Schauspieler. Düsseldorf 1880—1945 Remagen

**Nr. 38,** Flur 72 A
Moderner Grabstein.
Millowitsch war Leiter eines noch

Abb. 142   Michels/Neven

heute bestehenden Mundarttheaters und bekannter Schauspieler in Köln.

MOLINARI, Jacob Hermann Joseph Aloys
Stadtrat. 1767—1831

**Nr. 274**, HWG, zwischen Lit. A und Lit. B
Hohes, 1835 gesetztes gußeisernes Kreuz mit geflügelter Sanduhr und verlöschenden Fackeln. Inschrift: »Ihr Andenken lebt in Segen / durch milde Stiftungen für Arme / und Waisen. / Dankbarkeit widmet ihnen dieses Denkmal.«
Auf dem Querbalken des Kreuzes »Dem Auge fern, dem Herzen ewig nah.« Vor Kreuz mehrere Kopfsteine.

Höhe: ca. 330 cm. Zustand: gut erhalten, Symbole am Sockel neu vergoldet. Jetziges Kreuz Ersatz für ein zerstörtes mit Maßwerk und Efeuranken am Schaft
Künstler: Grabeinfassung von Wilhelm Faßbinder
Guß: Sayner Hütte
Abb. 143

von MONSCHAU, Maria Franciska Angela Hubertina, Freifräulein
1794—1818

**Nr. 275**, Flur A
Klassizistisches Grabmal in Form einer mit Girlanden, verlöschenden Fackeln, Sternen und Ehewappen verzierten Aschenciste auf hohem Sockel. Inschriften (nach Vogts): »Rose des Lebens an Seel und

Abb. 143  J. H. J. A. Molinari; hist. Foto

Abb. 144  M. F. A. v. Monschau; hist. Foto

Herz, Dich nahm uns der Himmel.
— Seufzt Dich nicht Liebe zurück,
Sey uns ein tröstlicher Stern. —
Franz Rudolph, Ursula Caroline
von Monschau und von Erlenwein,
die Aeltern im tiefsten Schmerz
über den unvergeßlichen Verlust.
— Es folgte die Großmutter Maria
Catharina Regina verwitwete Frau
Geheimrätin von Monschau hochwohlgeboren, geborene Freyin von
Benzel zu Sternau den 30. Dec.
1821 im 89. Jahr ihres Alters, wovon sie 37 in vergnügter Ehe und
27 im Wittwenstande verlebte. Es
folgte der Vater, der hochwohlgeborene Herr Franz Rudolph
Reichsritter von Monschau, Ritter
des Roten Adler-Ordens, am
8. April 1841 im 82. Lebensjahre
wovon er 9 in erster und 45 in
zweiter vergnügter Ehe verlebte.«
Höhe: ca. 250 cm. Zustand: stark
beschädigt und verwittert
Franz Rudolph von Monschau war
Kurfürstl. Major a. D., Beigeordneter Bürgermeister der Stadt Köln.
Abb. 144

MOSLER, Gerhard
siehe unter
PALLENBERG, Franz Jakob

MÜLLEMEISTER
Lebensdaten unbekannt
**Nr. 6**, Flur 82
Über naturalistisch gebildetem Felsen drastische Figur des Todes als
angsteinflößender Knochenmann
mit Sense und Sanduhr, welche aus
Knochen gebildet ist. Über dem
Gerippe Draperie. Vorbilder für
diese auf Melaten einzigartige
Skulptur sind in der Sepulkralplastik des 18. Jahrhunderts, vor allem
der italienischen und französischen,
zu suchen. Ikonographisch geht der
»Sensenmann« in das 15. Jahrhundert zurück, wo er auch als Saturn
bzw. Chronos, als Gott der alles
dahinraffenden Zeit, auftreten
kann.
Höhe: ca. 300 cm. Zustand: sandet;
Sense verschwunden; leichte Schäden
Signiert: A. Schmiemann fecit
Ehrenfelder Eltern pflegten früher
ungehorsamen Kindern gelegentlich
zu drohen: »Wenn do jetz nit brav
beß, kütt dr Sensemann.«
Abb. 72

MÜLLER, Heinrich Pius
Maurer- und Zimmermeister.
1830—1893
**Nr. 176**, Lit. E, zwischen Lit. G
und HWG
Grabmal aus schwarzem Granit und
weißem Marmor. An Stele, welche
die dreiseitige, steinerne Pflanzenkübel und brennende Kandelaber
tragende Umfriedung überragt,
Porträtmedaillon, das den bärtigen
Verstorbenen en face zeigt. Inschrift: »Auf Wiedersehen.«
Höhe: ca. 250 cm. Durchmesser
Medaillon: ca. 40 cm. Zustand: gut
erhalten
Signiert: Degen fec. Köln 1885

MÜLLER, Joseph, Dr. theol.
Sievernich 1845—1921 Köln
**Nr. 166**, Flur 4 in O
Dreiteilige Stele, deren Mittelteil

unter dem Kreuz die bischöfliche Mitra und den Krummstab zeigt. Inschrift: »Hier ruhen in Gott / se. Bischöflichen Gnaden / der Hochwürdigste Herr Dr. Theologie / Joseph Müller Weihbischof von Köln / Titularbischof von Sarepta / Thronassistent Sr. Heiligkeit / des Papstes. Dechant der Metropolitankirche zu Köln... Wir bitten um das Almosen / des Gebetes.«
Höhe: ca. 330 cm. Zustand: Stein sandet, von Efeu überwachsen

MÜLLER von Königswinter, Wolfgang
Arzt und Dichter. Königswinter 1816—1873 Bad Neuenahr und
SCHNITZLER, Eduard
Bankier. Köln 1823—1900 Rolandseck

**Nr. 170**, HWG, zwischen Lit. D und Lit. E
Fragmentiertes Grabmal mit Kopfstein.
Wolfgang Müller von Königswinter (eigentlich Karl Müller) war zunächst Arzt in Düsseldorf, dann ab 1835 in Köln. Er heiratete 1847 Emilie Schnitzler. Müller war zu Lebzeiten ein sehr bekannter und geschätzter Dichter des Rheinlandes. Seine Gedichte erlebten mehrere Auflagen.
Schnitzler stammt aus einer Kölner Juristen- und Bankierfamilie.

NACKEN, Julius
Hünshoven 1809—1867 Köln

**Nr. 28**, Lit. M, zwischen Lit. O und HWG
Wie Grabmal Fremery (siehe dort).

Inschrift: »Befiehl dem Herrn / deine Wege / und hoff auf Ihn; / Er wird es wohl machen. Psalm 37,5.«
Höhe: ca. 295 cm. Zustand: stark verwittert

NELLES, Wilhelmina
1803—1822

**Nr. 286**, Lit. A, zwischen HWG und Lit. H
Klassizistische Stele mit symbolischem Schmuck: verlöschende Fakkeln, Taube und Schmetterling. Rundbogennische in Art eines Arkosoliums nahm einst eine Urne auf. Ursprüngliche Inschrift (nach Vogts): »Hier ruhet die Asche der Wohledlen Jungfrau Wilhelmina Nelles, sie ward geboren am 17. Dec. 1803 und starb am 24. Junii 1822. Der Glaube an Unsterblichkeit und Wiedersehen tröstet die trauernden Älteren und Geschwister bey diesem schmerzlichen Verluste.« Um 1838 erneuerte Inschrift (nach Vogts) : »Hier ruhet sanft im Schooße der kühlen Erde die Asche der Jungfrau Wilhelmina Nelles, gest. den 20. Juni 1822 im 19. J. i. A. — Anna Sibilla Kolping Ehefrau von Constant. Nelles, gest. den 17. Nov. 1826 in einem A. v. 59 Jahren. — Peter Nelles ledigen Standes, gest. den 31. Dec. 1835 in seinem 26. Lebensjahre. — Constantin Nelles, gest. den 13. Mai 1838 in einem Alter von 76 Jahren. Friede ihren Seelen, Seegen ihrem Andenken.«
Höhe: ca. 210 cm. Zustand: Urne nicht mehr vorhanden, verwittert

NEUBNER, Paul
1850—1908
Nr. 64, Flur 69
Vor rundbogig abschließender glatter Stele galvanoplastische Sitzfigur einer Frau, die mit der Linken einen Kranz und mit der Rechten eine Tafel hält, in deren Betrachtung sie versunken ist. Von dieser Figur noch ein weiteres Exemplar am Grabmal Vehring.
Höhe: ca. 330 cm, Figur ca. 150 cm.
Zustand: gut erhalten
Abb. 145

Abb. 145    P. Neubner

NEVEN
siehe unter
MICHELS, Peter

NEVEN DUMONT, Josef August Hubert, Dr. jur.
Verleger. Köln 1857—1915 Köln
Nr. 111, Flur 63 A
Breite Stele mit flachem Giebel, der mit Palmwedeln dekoriert ist.
Höhe: 260 cm. Zustand: gut erhalten
Josef Neven DuMont gehört der Kölner Fabrikanten- und Verlegerfamilie an (siehe auch unter DuMont). Verleger der »Kölnischen Zeitung«, Stadtverordneter, Präsident der Kölner Handelskammer und Mitglied des Provinziallandtages.

ODENDAHL, Leonhard
1787—1846
Nr. 200, Lit. J, zwischen Lit. D und Lit. C
Sich in drei Absätzen aufbauender, sechseckiger gotischer Pfeiler, dessen oberer Teil von Säulen umstellt ist. Nach Vogts einst von gußeiserner Fiale bekrönt. An den beiden unteren Abteilungen Spitzbogenfriese.
Höhe: ca. 320 cm. Zustand: 1930 instandgesetzt, Bekrönung fehlt
Signiert: P. P. H. (?) Imhoff

OELBERMANN, Emil
Kaufmann. Lennep 1833—1897
Nr. 70, MA, an Flur 70
Eines der aufwendigsten figürlichen Grabmäler des Friedhofes. Auf Stufenunterbau reich profilierter Sarkophag, über den ein Engel mit Posaune in der Rechten einen schweren, großgemusterten Stoff

breitet. Schönes Beispiel für den malerisch-dekorativen Neubarock Berliner Prägung, wie ihn Karl Janssen von Düsseldorf aus propagierte. Inschrift: »Vater, ich will, daß, wo ich bin, auch die bei mir seien, die du mir gegeben hast, daß sie meine Herrlichkeit sehen, die du mir gegeben hast; denn du hast mich geliebt, ehe dem die Welt gegründet ward« (Joh. 17,24).
Höhe: ca. 280 cm. Zustand: das mächtige, einst den Sarkophag in voller Länge überspannende Flügelpaar des Engels abgebrochen; verwittert und verschmutzt
Signiert: Karl Janssen 1898 (?)
Oelbermann war Großkaufmann. Er ging in den 1850er Jahren nach New York, von wo er 1878 nach Köln zurückkehrte.
Abb. 71

von OPPENHEIM
Familiengrab
Nr. 52, HWG, zwischen Lit. L und Lit. K
Neue Grabplatte und neues Kreuz als Ersatz für ein ursprüngliches, nach Kriegszerstörung mit einigen wenigen Fragmenten provisorisch wiederaufgebautes Grabmal. Es bestand aus einer Halle im Stil der italienischen Renaissance mit der Figur eines Genius.
Künstler: die Architektur des ursprünglichen Grabmals nach Entwurf von W. A. Hoffmann, Paris; der Genius von Kopf, Rom.
Neues Kreuz und Grabplatte von H. Calleen 1970.
Aus der Familie von Oppenheim gingen bedeutende Bankiers hervor.

196

Sie waren maßgeblich am Ausbau der rheinischen Eisenbahn und Dampfschiffahrt beteiligt.

OSTERMANN, Willi
Buchdrucker. Mülheim a. Rh. 1876—1936 Köln
Nr. 250, Lit. R, zwischen Lit. B und Lit. C
Moderner Grabstein mit Porträtmedaillon aus Bronze.
Höhe: ca. 200 cm, Durchmesser Medaillon 40 cm. Zustand: gut erhalten
Signiert: W. Klein 1939 (Medaillon)
Ostermann war ein weit über die Grenzen Kölns hinaus bekannter Verfasser von Rhein- und Karnevalsliedern.

von OTHEGRAVEN, Carl Thomas
Generalleutnant. 1769—1844
Nr. 238, HWG zwischen Lit. B und Lit. C
Feine neugotische Stele mit Blendspitzbogen, oberem Zinnenabschluß und symbolischem Pflanzenschmuck (Efeu, Rosenblüten). Im Tympanon Familienwappen mit Helmzier, daneben zahlreiche Orden und Ehrenabzeichen.
Höhe: ca. 230 cm. Zustand: verwittert
Othegraven war Kgl. Preußischer Generalleutnant und Ritter vieler Orden.
Abb. 35

OTTO, Nikolaus August, Dr. Ing. h. c.
Ingenieur. Holzhausen/Nassau 1832—1891 Köln

**Nr. 223**, Lit. C, zwischen HWG und Lit. H
Schlichter Stein. Inschrift: »Hier ruht / Nicolaus Aug. Otto / Der Schöpfer des Verbrennungsmotors ... Errichtet im Jahre 1936 von der Humboldt-Deutz Motoren KG Köln...«
Höhe: ca. 200 cm. Zustand: gut erhalten
Signiert: Arch. E. Zeller. Ausführung Wings & Iltgen Köln-Dellbrück
Otto erfand zusammen mit Eugen Langen (siehe dort) den Gasmotor und gründete mit diesem die Gasmotorenfabrik Deutz, heute Klöckner-Humboldt-Deutz AG. Einer seiner ersten Motoren steht heute als Denkmal vor dem Köln-Deutzer Bahnhof.

PALLENBERG, Franz
Möbelfabrikant. Köln 1808—1895 Köln

**Nr. 82**, MA, zwischen Lit. P und HWG
Architektonisches Grabmal im Stil der Neorenaissance mit bekrönendem Kreuz über Giebel, der mit Zweig und Kranz geschmückt ist. Ein fast identisches Grabmal siehe bei Pallenberg/Mosler.
Höhe: ca. 450 cm. Zustand: gut erhalten
Künstler: J. Spiegel (?)
Franz Pallenberg begründete zusammen mit seinem Bruder Johann Heinrich die durch ihre historistischen Möbel berühmt gewordene Möbelfabrik.

PALLENBERG, Franz Jakob
Möbelfabrikant. Köln 1834—1882 Köln und
MOSLER, Gerhard

**Nr. 75**, MA, zwischen Lit. O und Lit. J
Wie Grabmal zuvor.
Signiert: J. Spiegel
Franz Jakob Pallenberg war ebenfalls Möbelfabrikant in Köln.

PASTÖRE, Genossenschaftsgrab der Kölner

**Nr. 60**, MA, an Flur 68
Vor einfachem dreiteiligem Wandaufbau mit mittlerem Giebelchen kraftvolle steinerne Petrusfigur mit Schlüssel und umgekehrtem Kreuz als Attributen. Auf den Ecken der steinernen, etliche Kopfsteine umschließenden Balustrade je ein schildhaltender Engel. Inschrift: »Parochi Colonienses / Expectantes / Resurrectionem« (»Hier erwarten die Kölner Pastöre die Auferstehung«).
Höhe: ca. 350 cm, Petrusfigur ca. 190 cm, Engel ca. 120 cm. Zustand: instandgesetzt

PAXMANN, Friedrich
Referendar. Leutnant d. R. 1890—1914 und
PAXMANN, Erich
Leutnant. 1896—1915

**Nr. 167**, Flur 4 in O
Architektonisches Grabmal in glatten, kubischen Formen, deren

schmucklose Nüchternheit den Einfluß der Reformbestrebungen des Werkbundes nahelegt. An erhöhtem Mittelteil und an den Seitenteilen fast quadratische Bronzereliefs: links Leier in stilisierter Dornenkrone über gekreuzten Rosen; rechts Trauernde vor Altar mit zwei Helmen und der Aufschrift: pro patria; in der Mitte: Zwei nackte Krieger mit Schwert bzw. Speer brechen zum Kampf auf. Inschriften: »In Treue fest / Durch deutsche / Kraft zum Sieg.« . . . »Beide ausgezeichnet m. d. Eisernen Kreuz / fanden den Heldentod in den Kämpfen von Ypern.«
Höhe: ca. 250 cm. Zustand: Substanz intakt

PEILL, Robert
Kaufmann. Köln 1817—1877 Köln
**Nr. 137, HWG, zwischen Lit. E und Lit. F**
Hohe Stele mit Urne im Relief als Bekrönung. Am Sockel Girlandendekoration. Vor Stele, in gemauerter Einfriedung, mehrere einfache Liegeplatten aus Stein.
Höhe: ca. 410 cm. Zustand: gut erhalten
Signiert: Heuckeshoven & Woringen
Robert Peill gehört einer Kölner Kaufherrenfamilie an. Er war 25 Jahre Kölner Stadtverordneter und Mitbegründer des Zoologischen Gartens.

PERSUHN, Hermann
1875—1910
**Nr. 110, Flur 63 A**
Wandgrab mit Bronzerelief: Erdenpilger, der sich von weinender Frau und nacktem Kind verabschiedet. Inschrift: »Er ging dahin, den meine Seele liebte, / der treuen Gattin und des Kindes Glück. / Er ist dahin, der nie mein Herz betrübte, / und läßt mich trauernd hier zurück.« Die Auffassung des Lebens als ein Pilgrimstand ist im Pietismus geläufig.
Höhe: ca. 275 cm. Zustand: gut erhalten
Signiert: C. M. Geiling 1906

PFARRER der Kölner Altstadt, Genossenschaftsgrab der
**Nr. 77, MA, zwischen Lit. O und HWG**
Im Scheitel einer im Halbkreis geschwungenen Wand, welche zahlreiche Inschrifttafeln trägt, auf Sockel die freiplastische Figur Christi als Guter Hirt. Er befreit kniend ein Lamm, das sich in einem Gebüsch verfangen hat. Inschrift: »Um ein Gebet bitten / die hier ruhenden Pfarrer / der Kölner Altstadt / 1880—1942.«
Höhe: ca. 270 cm, Plastik 70 cm. Zustand: Figur beschädigt und verwittert
Signiert: P. Kürten Köln

PFEIFER und
MAYER
**Nr. 133, HWG, zwischen Lit. F und Lit. E**
Aufwendiges Grabmal in Formen der Neorenaissance für die Kölner Industriellen-Familien Pfeifer und Mayer. In Ädikulaarchitektur, welche sich aus einer rückwärtigen, mit Grabengeln und Urnen geschmück-

ten Balustrade entwickelt, Nachbildung des Thorvaldsen-Christus. Davor einfache liegende Platten und Kopfsteine.
Höhe: ca. 600 cm. Zustand: insgesamt gut erhalten, jedoch rechter Unterarm der Christusfigur abgebrochen
Künstler: Architekt Frentzen
Emil Pfeifer (1806—1889) war Zuckerindustrieller in Köln, errichtete 1886 eine Studienstiftung.
Abb. 64

PFLAUME, Hermann Otto
Architekt. Aschersleben 1830—1901 Würzburg

**Nr. 66,** MA, an Flur 70 A
Am Fuß einer schmalen, pfeilerartigen Stele Bronzemedaillon mit dem Profilbild des Verstorbenen nach links. Darunter als Attachen gekreuzte Palmwedel und Mohnkapseln.
Höhe: ca. 300 cm, Durchmesser Medaillon: 50 cm. Zustand: gut erhalten
Signiert: W. Albermann (Porträtrelief)
Nach Studium an der Berliner Bauakademie war Pflaume zunächst als Architekt bei der Kölner Eisenbahnverwaltung, später als Landbaumeister und Bauinspektor in Köln tätig. 1873 trat er aus dem Staatsdienst aus und ließ sich als freier Architekt nieder. Er ist mit Raschdorff der Begründer der rheinischen Neurenaissance französischer Prägung. Außer dem ersten Kölner Hauptbahnhof baute er das Geschäftshaus des Schaaffhausenschen Bankvereins sowie etliche Villen in Köln, u. a. auch die Villa Zanders in Bergisch Gladbach. Einige große Grabmäler des Melatenfriedhofs sind nach seinen Entwürfen errichtet worden.
Abb. 146

Abb. 146   H. O. Pflaume; Detail

PRIOR, Margarete
1860—1911

**Nr. 25,** Flur S
Einfache, biedermeierlich anmutende Stele unter dem Einfluß der um den Ersten Weltkrieg verstärkt einsetzenden Reformbestrebungen der Grabmalskunst. Schöne Schrift. Unter stilisiertem Blumenkübel die Inschrift: »Blümlein traut sprecht für mich.«
Höhe: ca. 144 cm. Zustand: gut erhalten
Signiert: Fassbinder
Abb. 147

Abb. 147  M. Prior

PRÜMM, Theodor
1811—1898

Nr. 74, MA, zwischen Lit. O und Lit. J
Voluminöse Madonnenstatue unter Bogennische mit sternenbesetzter Archivolte und Muschelkalotte.
Höhe: ca. 380 cm, Figur ca. 170 cm.
Zustand: restauriert
Signiert: Hub. Pelzer

PÜNDER, Hermann, Dr. jur., Dr. h. c.
Jurist. Trier 1888—1976

Nr. 199, Lit. J, zwischen Lit. C und Lit. D
Moderner Grabstein mit stilisiertem Posaunenengel aus Bronze.
Signiert: Blondiau/Brühl
Hermann Pünder war 1926—1932

Staatssekretär und Chef der Reichskanzlei. 1945—1948 Oberbürgermeister von Köln, 1949—1956 Mitglied des Bundestags (CDU), Mitglied des Europarates, Präsident des Dombau-Vereins, Ehren- bzw. Vorstandsmitglied vieler kultureller Vereinigungen.

PÜTZ, Anna Maria
1885—1944

Nr. 123, Flur 5 in P
Silberbronziertes, gußeisernes Kreuz, wie sie noch vor dem Zweiten Weltkrieg auf vielen Grabstätten vor allem der einfacheren Leute standen. Heute sind sie bis auf ganz wenige Ausnahmen verschwunden. Vorbilder waren die kunstvollen, handgeschmiedeten Kreuze auf den Friedhöfen Süd-

Abb. 148  A. M. Pütz

deutschlands und Österreichs, wo sie gelegentlich auch heute noch gesetzt werden.
Höhe: ca. 120 cm (z. T. versunken).
Zustand: gut erhalten
Abb. 148

PURSCHIAN, Otto
1858—1904

**Nr. 5**, Flur 82
An großem, unbehauenem Findling bronzenes Hochrelief mit dem modisch eleganten, nach links gewendeten Profilbild des Verstorbenen. Unterhalb des Bildnisses zwischen Palmwedel und Lorbeerzweig eine tragische Maske. Wohl eines der frühesten Beispiele für die Verwendung eines unbearbeiteten Natursteins als Grabmal.
Höhe: ca. 340 cm. Zustand: gut erhalten

Signiert: Stockmann fec. Köln (Relief)
Otto Purschian war Theaterdirektor.
Abb. 149

RADEMACHER, Karl, Dr. phil. h. c.
Museumsdirektor. Altenrath
1859—1935 Köln

**Nr. 194**, Lit. 56
Typisches Grabmal der 1930er Jahre. Auf unprofiliertem Sockelblock antikisierende, mit Blütenkranz geschmückte Urne.
Höhe: ca. 175 cm. Zustand: gut erhalten
Signiert: Lindelauf, Köln
Rademacher war zunächst viele Jahre Lehrer und schließlich Volksschuldirektor in Köln. Gründer des Kölner Museums für Vor- und Frühgeschichte (1903), dessen Direktor er 1918—1931 war.

vom RATH, Carl Gerhard
1802—1875

**Nr. 54**, HWG, zwischen Lit. K und Lit. L
Fragmentiertes Grabmal, das einst einen knienden, Blumen streuenden Engel zeigte. Davor zwei Bronzeplatten, die sich erhalten haben.
Maße der Platten: 150 × 80 cm.
Zustand: gut erhalten; vom Engel nur noch geborstener Sockelstumpf vorhanden
Signiert: Gebr. Lenz-Herold Nürnberg 1869 (Guß), Königliche Kunstgewerbeschule zu Nürnberg (Modell). Der zerstörte Engel war ein

Abb. 149  O. Purschian; Detail

Werk von Prof. (Carl oder Robert?) Cauer, Kreuznach.
Carl Gerhard vom Rath gehört der bekannten, weitverzweigten Kölner Fabrikantenfamilie an.

vom RATH, Johann Jacob
Fabrikant. Duisburg 1792—1868
Köln
**Nr. 131**, HWG, zwischen Lit. E und Lit. F
Grabmal im Stil der italienischen Renaissance. In Einfriedung Obelisk, der von einer mit lang herabhängendem Flor verhüllten Urne bekrönt wird. Davor Kopfsteine.
Höhe: ca. 420 cm. Zustand: gut erhalten
Signiert: A. Oberboersch
Der Geheime Kommerzienrat vom
Rath errichtete 1834 in Köln eine Zuckerraffinerie. Darüber hinaus war er am Kölner Bank- und Versicherungsgewerbe beteiligt.

vom RATH, Johann Peter
Fabrikant. Duisburg 1795—1866
Köln
**Nr. 132**, HWG, zwischen Lit. E und Lit. F
Stele mit nach links gewendetem Profilbildnis in lorbeerumkränztem Marmormedaillon. Darüber von geflügelten Puttenköpfen getragener Bogen, darunter gekreuzte Palmwedel und Stern.
Höhe: ca. 270 cm, Durchmesser Relief: 40 cm. Zustand: stark verschmutzt und verwittert
Johann Peter vom Rath war ebenfalls Zuckerfabrikant in Duisburg und Köln.
Abb. 150

Abb. 150   J. P. v. Rath; Detail

RAUCH, Albert
Lebensdaten unbekannt

**Nr. 22**, Lit. O, zwischen Lit. L und Lit. M
Architektonisches Grabmal der 1860er Jahre im Stil der italienischen Renaissance. Umgekehrte Fackeln und Efeuranken als symbolischer Schmuck. Ein fast identisches, jedoch weniger detailliert ausgearbeitetes Exemplar dieses Steines ist erhalten (Grabmal Therese Wiemann).
Höhe: ca. 250 cm. Zustand: stark verwittert, Bekrönung fehlt
Signiert: W. Holz

RAUTENSTRAUCH, Eugen
Adolf Wilhelm
Bankier. Köln 1879—1956 Köln

**Nr. 80,** MA, zwischen Lit. P und HWG
Obelisk.
Höhe: 450 cm. Zustand: leicht verwittert
Signiert: M. Porzelt, Cöln
Der im Bank- und Versicherungsgewerbe tätige Rautenstrauch war der Stifter des Kölner Rautenstrauch-Joest-Museums für Völkerkunde (eröffnet 1906). Vorstandsmitglied in vielen kulturtragenden Vereinen und Institutionen.

von RECKLINGHAUSEN,
Gustav
1796—1850

**Nr. 56,** Lit. K, zwischen Lit. P und Lit. Q
Auf Sockelblock Statue eines mit einer Art antiker Tunika bekleideten Todesgenius. In der Linken die verlöschende Fackel. Er lehnt sich an einen mit Anker und Herz verzierten Sockel, welcher einst wohl eine Urne trug. Ikonographisch dem früher entstandenen Grabmal Hamm (siehe dort) verwandt, wo auch das Motiv der übereinandergeschlagenen Beine vorgebildet ist. Qualitativ diesem jedoch weit unterlegen. Es scheint, als ob hier ein geringeres Talent in Anlehnung an die Formensprache Peter Joseph Imhoffs tätig sei.
Höhe: ca. 310 cm, Figur ca. 140 cm.
Zustand: Urne, rechter Arm, Finger der linken Hand abgebrochen. Beine, Flügel und Sockel schadhaft; insgesamt stark verwittert

Abb. 151    J. W. Rehe; Detail

REHE, Johann Wilhelm
1832—1892

**Nr. 154,** Flur 60
Unter von Kreuz bekrönter Baldachinarchitektur auf Sockel große verhüllte Urne. Am Sockel naturalistisches Bildnismedaillon Rehes im Dreiviertelprofil.
Höhe: ca. 600 cm, Durchmesser Medaillon: 45 cm. Zustand: gut erhalten
Signiert: W. Fassbinder. Erfunden und ausgeführt 1894
Abb. 151

REICHENSPERGER, August,
Dr. jur. h. c.
Gerichtsrat. Koblenz 1808—1895 Köln

**Nr. 101,** Lit. F, zwischen HWG und Lit. H

Hochkreuz aus Granit. An dessen Fuß Relief mit drei Wappen: Köln, Koblenz und Oppenheim. Am Kreuz dornenbekrönter Christuskopf. Inschriften: »Herr ich liebe / Deines Hauses / Pracht und den / Ort der Wohnung / Deiner Herrlichkeit.« »Selig sind die Barmherzigen, denn sie werden Barmherzigkeit erlangen.«
Höhe: ca. 420 cm. Zustand: gut erhalten, jedoch schmiedeeiserne Einfriedung entfernt
Signiert: W. Fassbinder fec.; VS (Vincenz Statz) inv.
Reichensperger war seit 1841 Appellationsgerichtsrat in Köln. Er erwarb sich große Verdienste um den Ausbau des Domes. 1848—1895 führend im politischen Katholizismus tätig. 1870 Mitgründer des Zentrums. Bis 1884 Mitglied des Landtages und des Reichstages. Ehrenbürger von Köln, Koblenz, Oppenheim und Löwen. Über 700 Publikationen zu Politik und Kunst.
Abb. 152

REMMERTZ, J. J.
1750—1831
**Nr. 222**, Lit. C, zwischen HWG und Lit. H
Einem Meilenstein ähnliches Grabmal in Gestalt eines schlanken Kegels.
Höhe: ca. 280 cm. Zustand: Spitze leicht beschädigt, Laternen entfernt
Signiert: Baumeister J. Boogen — Architekt
Abb. 153

Abb. 152  A. Reichensperger; hist. Foto

Abb. 153  J. J. Remmertz

RHODIUS, Christian
Bendorf 1757—1829 Köln
**Nr. 244,** Lit. C, zwischen Lit. G
und HWG
Einer der wenigen erhaltenen steinernen Sarkophage. Inschriftplatten und Maßwerk-Schmuck aus Gußeisen. Inschrift (nach Vogts): »Leicht sei Dir die Erde und Dein Geist ruhe in Gottes Haenden, bis wir zu Dir kommen.«
Länge: ca. 180 cm. Zustand: Eisenteile rostig

RICHARTZ, Franz Xaver
siehe unter
FEUSER, Theodor

RICHARTZ, Johann
Weißgerber. 1764—1839 und
BECHEM, Hubert Anton
Stadtempfänger. 1789—1830
**Nr. 242,** Lit. C, zwischen Lit. G
und HWG
Qualitätvolle spätklassizistische Stele mit schönem Marmorrelief und doppelseitiger Sphinx als Bekrönung. Das Relief links zeigt antik gekleidete Familie, die Abschied nimmt, während rechts ein Todesgenius die jungfräuliche Seele fortführt. Eigentümlich später Rückgriff auf den Berliner Klassizismus. Inschrift: »Anima petit coelum« (»Zum Himmel strebt die Seele«).
Höhe: ca. 300 cm, Relief 50 × 90 cm. Zustand: stark verwittert, Marmorrelief mehrfach gesprungen und beschädigt; Sphinx größtenteils zerstört, Glasschutz vor Relief zerstört.

Abb. 154    J. Richartz/H. Bechem

Signiert: E. Renard 1862 (Relief)
Johann Richartz war der Sohn des Häutehändlers Johann Heinrich Richartz, der u. a. den Bau des Wallraf-Richartz-Museums finanzierte.
Abb. 154

RICHARTZ, Johann Heinrich
siehe unter
WALLRAF, Ferdinand Franz

RIPHAHN, Wilhelm, Dr. Ing. h. c.
Architekt. Köln 1889—1963
**Nr. 119,** Lit. V zwischen Lit. E und Lit. F
Schlichter moderner Stein.
Riphahn war ein bedeutender Kölner Architekt. Nach Studium an

205

der TH in München, Dresden und Berlin ab 1914 in Köln als Privatarchitekt tätig. Erbauer mehrerer großer, wegweisender Siedlungen und Geschäftsbauten in Köln, so u. a. Kulturzentrum »Die Brücke«, »Bastei«, Verwaltungsgebäude der Concordia, Französisches Kulturinstitut, Opernhaus, Wi-So-Fakultät.

ROBERTZ, Arnold
siehe unter
HORN

ROESBERG, Joseph
Dichter. Köln 1824—1871
Nr. 169, Lit. E, zwischen Lit. H und HWG
Neuer Stein als Ersatz für ein 1872 gesetztes Grabmal in Form eines Säulenstumpfes, dessen Postament mit Leier, von Löwenköpfen gehaltenen Girlanden und Lorbeerstab geschmückt war. Er trug die Inschrift: »Dem / Volksdichter / Joseph Roesberg / von seinen Freunden / 1872.«
Höhe des ursprünglichen Grabmals: 16 Fuß. Zustand: zerstört; durch neuen Stein ersetzt
Künstler des ursprünglichen Grabmals: Jean Nothen
Roesberg war Gastwirt und wirkte 1847—1871 aktiv im Kölner Karneval mit. Er schrieb 61 Lieder, von denen das sog. »Karussellsches Lied« zum Kölner Volkslied wurde.

ROLEFF, Barbara
1875—1929
Nr. 126, Flur 5 in P
Auf niedrigem Sockelblock neuba-

Abb. 155   B. Roleff

rocke Sitzfigur eines Todesengels. Die üppige Frauengestalt ist mit Eichenlaub bekränzt. Ihre Linke hält eine umgestürzte Fackel, die Rechte einen Kranz. Eigentümliche Verquickung von zwei geläufigen Figurentypen, nämlich der einen Kranz niederlegenden Trauernden und des Todesengels mit verlöschender Fackel.
Höhe: ca. 280 cm; Figur: 150 cm.
Zustand: Oberfläche stark angegriffen, Figur farbig gefaßt
Abb. 155

ROUGEMONT, Joseph Claudius
Arzt. Santo Domingo 1756—1818 Köln
Nr. 284, Lit. A, zwischen HWG und Lit. H
Wandgrab mit symbolischem

Schmuck und ausführlichen Inschriften (nach Vogts): »O BIOS — PRAXVS (wohl BPAXYЄ ) H TEXNH MAKPH · Artem qui longam, vita finivit brevi. Jos. Claudio Rougemont Americano, sed in re medica inter summos Galliae Magistros inque nosocomiis ipsa conatuum Fortuna exercitato jamque celebrato, Anatomes et chir. demonstratori Physiologo, tum in Germaniam ad Accademiam Bonnensem evocato, D. Prof. publico, subinde var. Accadd. votis adlecto, sodali scriptis incluto, demum ut inter aevi non fata suae sortis vindex esset, Col. Agrippinae ultra XX ann. sedulo sanctoque naturae laborantis administro — Civi, Marito, parenti opt. Conjux Josa Cassinone Sobolesque eorum hoc Pietatis Monumentu F. F. Vixit ann. LXII dec. in Xto MDCCCXVIII, V. Kal. April, urbe jacturam lugente. — Oculo manuque.« (»Kurzes Leben — große Kunst.« »Große Kunst hat er in einem kurzen Leben vollbracht. Joseph Claudius Rougemont, der Amerikaner, aber in der Medizin unter den berühmtesten Magistern Frankreichs und unter den Krankenpflegern wegen seiner erfolgreichen Praxis gefeiert, Forscher und Lehrer der Anatomie und Chirurgie, nach Deutschland zur Bonner Akademie berufen, ordentlicher Professor, an verschiedenen Universitäten tätig, ein durch seine Schriften vielzitierter Kollege und schließlich (... ? ...) über 20 Jahre in Köln fleißiger und verehrungswürdiger Diener der lebendigen Natur, Mitbürger, Gatte und bester Vater. Seine Gattin Josa Cassinone und ihre Kinder setzten ihm dieses Zeichen liebenden Gedenkens. Er lebte 62 Jahre und verschied im Herrn am 28. März 1818, unter der tiefen Anteilnahme der Stadt. — Mit Auge und Hand«) »Nachruf seiner Verehrer. Unendlich sah er vor sich aufgeschlossen / Des Wissens Raum — ach seiner Tage Bahn / War zu begränzt, doch was von ihm entsprossen, / Was er gewollt, gedacht, gelehrt, gethan, / Das lebt noch fort, und nie wird es vergehen, / So lang noch Dank und Kunst und Leben / wird bestehen. / Und sein Verdienst an höhern Kronen / Kann nur Unendlichkeit ihm jenseits lohnen . . .«

Die griechische Inschrift ist nicht erhalten.

Zustand: stark verwittert
Signiert: Ex idea Ferdt. Wallraf — I. I. Mannebach Cöln
Rougemont, in Dijon und Paris ausgebildet, war Leibwundarzt des Kurfürsten Max Friedrich. Er wurde 1777 an die Kurfürstliche Akademie nach Bonn berufen. 1797 ließ er sich in Köln nieder.

SAUER, Alfred
Bergwerksbesitzer. 1856—1907

**Nr. 42**, MA, an Flur 76 A
Hoher, turmartiger Aufbau über rustiziertem Untergeschoß, dessen Vorderseite als flacher Blendbogen ausgebildet ist. Er rahmt eine Inschrifttafel. Über dem Bogen, am Fuß des Turmes, Bronzefigur eines in die Knie gesunkenen, sterbenden Bergmannes mit entblößtem Oberkörper. Der kraftlos herabhängenden Rechten ist die Keilhaue ent-

glitten. Die Figur steht offensichtlich unter dem Eindruck der Skulpturen des Belgiers Constantin Meunier. Inschrift: »Tief aus dem Dunkel des Schachtes stiegst / oft du zur Helle des Tages. / Grabesnacht führt dich allein / aufwärts zum Ewigen Licht.«
Höhe: ca. 700 cm. Zustand: verwahrlost, dicht zugewachsen
Signiert: Fassbinder 1908
Abb. 78


SCHANZLEH, Wilhelm
Leutnant d. R. 1890—1940 gefallen in Westrosebeeke/Flandern und
zur BONSEN, Rudolf Walter Matthias Maria, Dr. jur.
Reg.-Präsident. Fredeburg i. W. 1886—1952 Grainau/Obb.

Nr. 95, MA, an Flur 36
Todesengel aus Bronze in bauschigem Gewand vor Sarkophag auf mehrfach gestuftem Sockelunterbau aus Granit.
Höhe: ca. 320 cm. Zustand: gut erhalten
Signiert: H. Stockmann Köln 1902
Zur Bonsen war zunächst Assistent beim Oberpräsidium Königsberg, dann Regierungsrat in Köln. 1933 Regierungspräsident in Köln. 1934 nach Auseinandersetzungen mit Göring in den einstweiligen Ruhestand versetzt. Wenig später wegen diesbezüglicher scharfer Kritik in der ausländischen Presse zum Regierungspräsidenten in Stettin ernannt. Wegen Widerspruch zur Partei wieder in den Ruhestand versetzt. 1940 Versetzung in den endgültigen Ruhestand.

SCHEEBEN, Mathias Joseph,
Prof. Dr. phil. Dr. theol.
Theologe. Meckenheim 1835—1888 Köln

Nr. 281, Flur 31
Neugotisches Hochkreuz mit Spitzbogennische an der Vorderseite. Sie nimmt die Figur des Thomas von Aquin auf, der mit der Linken ein aufgeschlagenes Buch hält. Die Rechte weist auf eine Textstelle. Am Kreuz Christuskopf in Mosaik.
Höhe: ca. 450 cm. Zustand: Korrosion beginnt, Gitter entfernt
Signiert: Otto Mengelberg
Scheeben war Professor für Dogmatik am Priesterseminar in Köln.


SCHERER, Ad. Joseph
1762—1854 und
SCHERER, Carl Joseph
1803—1871

Nr. 185, Lit. R, zwischen Lit. D und Lit. E
Auf Rokokosockel Nachbildung des abgebrochenen, im 18. Jahrhundert erbauten Kettenhäuschens Im Laach.
Höhe: ca. 250 cm. Zustand: stark verwittert
Ad. Joseph und Carl Joseph Scherer waren die Sous-chefs der III. Compagnie des Pompiercorps (= freiwillige Feuerwehr).
Abb. 156

Abb. 156   Scherer

SCHIEFFER, Johann
Kaufmann. 1796—1859
**Nr. 135, Lit. F, zwischen HWG und Lit. G**
Hohe Stele mit gekreuzten, verlöschenden Fackeln und ineinandergewundenen Kränzen als Symbolschmuck auf der Rückseite. Sie trägt eine umkränzte Urne. Inschrift: »Des Wiedersehens Hoffnung / trocknet meine Thränen / Dem Andenken an Herrn / Johann Schieffer / Kaufmann und Stadtrath.«
Höhe: ca. 500 cm. Zustand: an der Rückseite beschädigt
Signiert: Friedr. Dreeser

SCHIER, Christian Samuel, Dr. phil.
Schriftsteller. Erfurt 1791—1824 Köln

**Nr. 230, Lit. B, zwischen Lit. H und HWG**
Klassizistische Stele mit Eckakroterien und Leier als Bekrönung. Vergleiche die Leier als Standessymbol des Dichters und Sängers auch am Grabmal Roesberg.
Höhe: 280 cm. Zustand: Sockel verwittert
Signiert: J. Hansmann
Schier war Leutnant des Jäger-Detachements des Preuß. 16. Infanterieregiments aus Erfurt. Seit 1821 Schriftsteller in Köln. Er hatte den Beinamen »Erster Hofpoet des Kölner Karneval«.

von SCHILLER, Maria Magdalena
Bonn 1781—1853 Köln
**Nr. 183, Lit. D, zwischen Lit. R und Lit. G**
Schlichter Stein mit Bronzetafel. Inschrift: »Maria Magdalena von Schiller / geb. von Pfingsten / Schwiegertochter / des Dichters / Friedrich von Schiller / geb. zu Bonn 22. Nov. 1781 / gest. zu Köln 1. Apr. 1853.«
Maße der Bronzetafel: ca. 52 × 38 cm. Zustand: Stein geborsten und repariert, Kreuz fehlt
Signiert: H. Odendahl
Maria Magdalena von Schiller war in zweiter Ehe ab 1823 mit Ernst von Schiller verheiratet.

SCHLÄGER, Michael und STOLZ, August
**Nr. 206, Lit. C, zwischen Lit. H und HWG**
Reich ornamentierte klassizistische Stele, die einst einen kleinen Obe-

Abb. 157  M. Schläger; hist. Foto     Abb. 158  A. A. Schloesser

lisken mit Relief eines Todesgenius trug. Die ovale Inschrifttafel am Sockel des Grabmals von Palmetten umrankt. Über Gesims Giebelchen, darin zwei ineinandergelegte Hände. Die Eckakroterien als Engelsköpfchen ausgebildet. Inschrift: »Liebe wert ewig.«
Höhe: ca. 200 cm. Zustand: Obelisk abgenommen, originale Inschriftplatte entfernt; Witterungsschäden
Signiert: J. Hansmann
Abb. 157

SCHLOESSER, Aloys Anton
Obstbauer. Köln 1845—1908 Köln-Ehrenfeld

**Nr. 67**, MA, an Flur 70
Vor volutenverziertem, vom Kreuz überhöhtem Wandaufbau noch nazarenisch anmutendes Sitzbild des lehrenden Christus aus Marmor. An der Plinthe die Inschrift: »Ich bin die Wahrheit und das Leben.«
Höhe: ca. 420 cm, Figur: ca. 155 cm. Zustand: gut erhalten
Signiert: W. Fassbinder 1896
Schloesser war der Besitzer des Subbelrather Hofes in Köln-Ehrenfeld und Stifter der dortigen Peterskirche.
Abb. 158

SCHMITS, Clemens
1783—1855 und
MEURER, Wilhelm
1808—1867

**Nr. 142**, Lit. G, zwischen Lit. E und Lit. F

Langgestrecktes (sich einst an die Friedhofsmauer anschmiegendes?) Wandgrabmal in Form einer spitzbogigen Blendarkade, deren Scheitel portalartig ausgebildet und von einer Christusfigur sowie zwei kleineren Engelsfiguren akzentuiert wird. Nach Vogts erste Beisetzungen schon 1837, 1838 und 1840. Demnach zusammen mit dem Grabmal Fischer von Christoph Stephan (siehe dort) eines der ersten Beispiele der Kölner Neugotik.
Höhe: ca. 300 cm. Zustand: Architektur mürbe, Figuren teilweise bis zur Unkenntlichkeit verwittert
Künstler: Christian Mohr
Abb. 38

SCHMITZ, L., Dr. med.
Lebensdaten unbekannt
Nr. 104, MA, zwischen HWG und Lit. G
Auf Sockel steinerne Figur der Spes.
Höhe: ca. 350 cm, Skulptur 200 cm. Zustand: stark verwittert; untere Flügelenden und Kranz (?) abgebrochen
Signiert: H. Hoffmeister (?) 1872

SCHMITZ, Theodor Lambert
Landwirt. 1771—1843
Nr. 263, Lit. H, zwischen Lit. A und Lit. B
Neugotisches Pfeilergrabmal in Gestalt einer Kirchhofslaterne. Auf einer Seite das Familienwappen.
Inschrift: »Den geliebten Eltern / wurde hier / beigesetzt / am 18. Dec. 1862 / ihre Tochter / Barb. C. E. / Schmitz / verehelichte A. Wegelin.«
Höhe: ca. 290 cm. Zustand: z. T. ausgebessert

SCHMITZ, Anna Maria
1829—1864 und
SCHMITZ, Winand
Wagenfabrikant. ?—1900
Nr. 241, Flur B
Einfache Stele mit eingelassenem spätgotischem (?) Steinrelief. Die symmetrisch aufgebaute Komposition zeigt den Weltenrichter zwischen zwei Engeln mit Leidenswerkzeugen sowie Maria und Johannes als Fürbitter.
Höhe: 170 cm. Zustand: sehr stark verwittert, Figuren kaum noch zu erkennen

SCHNITZLER/ANDREAE/ BUNGE und
FÖRSTER, Otto H., Prof. Dr. phil.
Kunsthistoriker. Nürnberg 1894—1975
Nr. 86, MA, zwischen Lit. Q und Lit. P
Gemeinschaftsgrabmal der Familien Schnitzler, Andreae und Bunge. Kreuz auf Sockel, dessen Vorderseite mit Christustondo und gekreuzten Palmwedeln aus Bronze verziert ist. Niedrige rückwärtige Abschlußwand mit zwei kleinen Ziergiebeln, die die Namen der Familien Bunge und Andreae tragen.
Höhe: 320 cm, Durchmesser Relief: 40 cm. Zustand: gut erhalten
Künstler: nach Jung/Ibach stammt die Architektur von Hermann Otto Pflaume

Aus der Familie Schnitzler gingen Kölner Bankherren und Juristen hervor. Richard von Schnitzler war ein bekannter Kunstsammler. Die Andreaes sind eine bekannte (Köln-)Mülheimer Fabrikantenfamilie. Otto Förster war Generaldirektor der Kölner Museen und Professor für Kunstgeschichte an der Universität Köln. Er heiratete in die Familie Schnitzler ein.

SCHNITZLER, Eduard
siehe unter
MÜLLER von Königswinter, Wolfgang

SCHÖNEN, G. Dr. theol.
Regierungs- und Schulrat. Aachen 1842—1893 Köln

Abb. 159  G. Schönen; hist. Foto

**Nr. 121**, Lit. J, zwischen Lit. E und Lit. F
Auf glattem Pfeilersockel die naturalistische Bronzebüste des Verstorbenen. Am Sockel eingraviert Kelch und Hostie. Inschrift: »Die Lehrerschaft des Reg. Bez. Köln.«
Höhe: 270 cm, Büste: 65 cm. Zustand: gut erhalten
Signiert: W. Fassbinder 1884 (Büste)
Abb. 159

SCHÜLLER, Hélène
Brüssel 1892—1929 Köln

**Nr. 125**, Flur 5 in P
Glatter, fast quadratischer Stein. Darauf in Hochrelief junge Frau in Art-Deco-Manier. In dünnem, die Körperformen umspielendem Gewand schaut sie gedankenverloren Schwänen nach. Inschrift: »Herbstrosen blüh'n in letzter Sonnenglut, / die strahlend ruft der Trauben süßes Blut. / Sie klettern hoch an meines Fensters Rand / und zeigen mir den Weg in's Sonnenland. / Ein Blühen ist's und Duften um mich her, / als ob ich schon im Himmelsgarten wär. / Durch Rosenduft viel weiße Schwäne zieh'n, / die singen jauchzend Engelsmelodien. / Das sind die Seelen, die in weißem Kleid / und Rosenschleiern zieh'n zur Ewigkeit. / Schon seh' ich weit die Pforten offen steh'n / zum Paradies Geliebte, laßt mich geh'n!«
Höhe: ca. 200 cm. Zustand: Marmor an der Oberfläche leicht angegriffen
Signiert: G. Schaefers

Abb. 160    W. F. Schultze

SCHULTZE, W. F.
Lebensdaten unbekannt
Nr. 282, Lit. A, zwischen Lit. R und Lit. U
Aufwendiges Neorenaissance-Grabmal. Auf hohem, fein profiliertem Sockel mit Eichenlaub reich dekorierter Steinsarkophag, dessen Deckel mit Eckakroterien geschmückt ist. Einer der wenigen Sarkophage des Friedhofs. Vergleiche das einige Jahrzehnte frühere Grabmal Rhodius.
Höhe: ca. 300 cm. Zustand: relativ gut erhalten
Signiert: Heuckeshoven & Woringen
Abb. 160

SCHUMACHER, Johannes, Prof. Dr. jur.
Amtsgerichtsrat. 1860—1931
Nr. 17, Flur 76
Auf Sockel Figur eines knienden Engels. Die Hände sind zum Gebet vor die Brust genommen, der Blick geht inbrünstig zum Himmel.
Höhe: ca. 250 cm. Figur: ca. 100 cm. Zustand: relativ gut erhalten
Signiert: W. (!) Mohr, Bildhauer

SCHWARTZ, Josef
1849—1906
Nr. 63, MA, an Flur 69
Vor schmucklosem Kreuz, das von einer hohen, mehrteiligen Rückwand getragen wird, zwei weibliche Todesengel in enganliegenden Kleidern mit verloschenen Fackeln. Der eine legt den Arm dem anderen auf die Schulter und schmiegt sich mit geneigtem Haupt an ihn. Beide Gestalten, wohl als die verschwisterten Allegorien des Todes und des Schlafes zu deuten, knüpfen formaltypologisch offensichtlich an Schadows berühmte Berliner Prinzessinnengruppe von 1797 an. Stilistisch gehören sie noch einem späten Neubarock an, das durch den Jugendstil bereits eine gewisse Abklärung erfahren hat. Zu Seiten der Gruppe zwei überdimensionale antikische Öllampen aus Stein; unten das Porträt des Verstorbenen in Dreiviertelprofil nach links, umrahmt von Palmwedel und Ölzweig.
Höhe: ca. 400 cm, Figuren: ca. 170 cm, Porträt: ca. 40 cm. Zustand: bis auf leichte Witterungsschäden gut erhalten

Signiert: Heuser-Greven (Architektur); Skulptur von einem Meister der Düsseldorfer Schule?
Abb. 74

SCHWERING, Ernst, Dr. jur., Dr. rer. pol. h. c.
Jurist. Coesfeld 1886—1962 Köln

**Nr. 178, Flur D**
Moderner, kreuzförmiger Stein mit stilisiertem Stadtwappen von Köln. Schwering war Rechtsanwalt und seit 1946 Stadtverordneter in Köln; seit 1950 Mitglied des Landtages und seit 1948 mehrfach Bürgermeister bzw. Oberbürgermeister von Köln. Außerdem zeitweise Präsident des deutschen Städtetages.

von SEYDLITZ, Friedrich Anton Florian
Generalmajor. Muskate bei Magdeburg 1777—1832 Köln

**Nr. 220, Lit. C, zwischen HWG und Lit. H**
Auf mächtigem Steinzylinder Nachbildung eines antiken Helmes und Schwertes aus Gußeisen. Waffen als Attribute des Kriegers sind an Grabmälern für hohe Militärs in der ersten Jahrhunderthälfte vielfach zu finden, so beispielsweise auf dem Berliner Invalidenfriedhof ebenso wie auf dem Koblenzer Zentralfriedhof. Das Denkmal wurde von den Offizieren der von Seydlitz befehligten Truppe gesetzt.
Höhe: ca. 290 cm. Zustand: relativ gut erhalten
Seydlitz, Sohn eines Oberförsters, war Kgl. Preuß. General-Major und Kommandeur der 8. Infanterie-Brigade. Er wohnte auf der Schildergasse 68.
Abb. 29

STATZ, Johann
Schreiner. 1790—1860 und
STATZ, Franz
Baumeister. Köln 1848—1930 Köln

**Nr. 198, Lit. J, zwischen Lit. C und Lit. D**
Neugotisches Hochkreuz mit flachem, rechteckigem Sockel. Über den zweispaltigen Inschriften in Dreipässen Reliefbilder der Namenspatrone (?) der Eheleute Sophia und Johann Statz.
Höhe: ca. 290 cm. Zustand: stark verwittert.
Johann Statz war der Vater des in Köln überaus produktiven Neugotikers Vincenz Statz (siehe dort). Franz Anton Hubert Statz, Sohn des Vincenz Statz, war wie sein Vater Baumeister. Er hatte zunächst bei seinem Vater gelernt, dann in Berlin studiert, wo er später bei der Baubehörde tätig war und schließlich an der Bauakademie lehrte. Nach dem Tod seines Bruders Jean übernahm er das väterliche Geschäft in Köln. Bis 1901 war er hier Diözesanbaumeister und anschließend Dombaumeister in Linz an der Donau. Von seinen sehr zahlreichen Kirchenbauten im Rheinland sei hier nur die katholische Pfarrkirche in Buir bei Bergheim genannt.

STATZ, VINCENZ
Baumeister. Köln 1819—1898 Köln
**Nr. 71**, MA, zwischen Lit. V und Lit. W
Kreuz auf hohem spitzgiebeligem Sockel, den lediglich das Relief eines Christuskopfes Im Dreipaß ziert.
Höhe: ca. 500 cm. Zustand: Grufteingang zerstört

Vincenz Statz war wohl der produktivste Neugotiker des Rheinlandes. Nach handwerklicher Ausbildung an der Dombauhütte in Köln und anfänglicher Tätigkeit als Privatbaumeister war er darum später Dombaumeister in Linz an der Donau. 1863 wurde er zum Diözesanbaumeister in Köln ernannt. Er erbaute allein in der Erzdiözese über 40 Kirchen, von denen hier nur die Mauritiuskirche in Köln genannt werden soll. Darüber hinaus war er bei vielen Wiederherstellungen mittelalterlicher Kirchen tätig. In dem von Weyres und Mann 1968 herausgegebenen »Handbuch zur rheinischen Baukunst des 19. Jahrhunderts« wird seine Bedeutung (S. 97) folgendermaßen skizziert: »Statz hat als Neugotiker strenger Observanz durch eigene Bauten und Veröffentlichungen auf weite Architekturkreise vorbildhaft im Sinne des Historismus gewirkt; besonderen Einfluß auf das kirchliche Bauwesen der Diözese Köln erlangte er durch die enge Verbindung mit den gleichgestimmten einflußreichen Persönlichkeiten Kölns (namentlich August Reichensperger, Maler Friedrich Baudri und Weihbischof Johann Baudri).« Nebenher hat Statz auch einige Grabmäler für Melaten entworfen.

STEIGER
Lebensdaten unbekannt
**Nr. 145**, Lit. E, zwischen Lit. R und Lit. G
Auf Obelisk verhüllte Urne. Vergleiche die sehr ähnlichen Grabmäler Johann Jacob vom Rath und Weyer/Wachendorff von Peter Joseph Imhoff.
Höhe: ca. 280 cm. Zustand: verwittert
Signiert: A.(!) Imhoff

von STEIN, Johann Heinrich
siehe unter
von MEVISSEN, Gustav

STEINMANN
siehe unter
FLAMMERSHEIM

STELZMANN, Arnold
siehe unter
FÜRTH, Laurenz

STEPHAN, Christoph
1857—1939 und
HARFF, Stephan Joseph
**Nr. 33**, Flur W
Spitzgiebelige Neorenaissancestele mit Blattfries über Rundbogenfries. Unter Giebelchen geflügelter Puttenkopf. Anstelle der ursprünglichen Bekrönung (wohl Kreuz) heute eine moderne Madonnenfigur. Am Sockel Zirkel und Richtscheit im Eichenkranz.
Höhe: ca. 300 cm. Zustand: Inschriftafel erneuert, ursprüngliche Bekrönung nicht erhalten; die In-

schrifttafel für Stephan Joseph Harff stammt von einem anderen Grabmal (siehe unter Harff). Es handelt sich vermutlich, nach den heute zu lesenden Familiennamen, den dargestellten Berufsattributen und der Zeitstellung des Grabmals zu schließen, um die Grabstätte des Kölner Bildhauers Heinrich Stephan (1828—1862). Er war ein Sohn des bekannten neugotischen Bildhauers Christoph Stephan (1797—1864) und mit Kordula Comp verheiratet.

STEPHAN, Johann
Vergolder und Dekorateur. Köln 1795—1855 Köln

**Nr. 181**, Flur Z
Rechteckige Stele, deren oberer Teil im Vierpaß einen von einem Blattkapitell getragenen Bienenkorb (Symbol der Kirche) zeigt. Inschrift: »Kommet alle zu mir, die ihr / mühselig und beladen seid, ich will euch erquicken. Matth. 11,28.«
Höhe: ca. 200 cm. Zustand: oberer Abschluß fehlt, stark verwittert
Johann Stephan war der Bruder von Christoph Stephan, dem ersten neugotischen Bildhauer in Köln. Zusammen mit ihm schuf er beispielsweise 1847 Holzfiguren für den Hochaltar der Stiftskirche in Kleve. 1840—1842 nahm er die farbige Fassung der Kölner Chorpfeilerfiguren vor. Zeitweise gab er auch in der Mengelbergschen Anstalt zu Köln Zeichenunterricht.

STOLLWERCK, Ludwig
Fabrikant. Köln 1857—1922 Köln

**Nr. 44**, Flur 73 A
Neoklassizistische Gruftanlage mit kompliziertem Grundriß. Durch einen Säulenportikus betritt man einen kleinen zentralen Hof, um den sich Räume (u. a. eine Betkapelle) mit rechteckigem bzw. kreisförmigem Grundriß legen.
Höhe: ca. 310 cm. Zustand: ruinös, Zugänge vermauert
Künstler: Baupläne des Kölner Architekten Carl Moritz aus dem Jahre 1916 haben sich erhalten.

Ludwig Stollwerck war Teilhaber an den Schokoladenfabriken der Brüder Stollwerck. Darüber hinaus war er Aufsichtsratsvorsitzender in mehreren bedeutenden Unternehmungen.
Abb. 83

STOLZ, August
siehe unter
SCHLÄGER, Michael

STOOPS, Louise
Lebensdaten unbekannt

**Nr. 163**, Lit. J, zwischen Lit. D und Lit. E
Auf schlichtem Sockel schöne spätklassizistische Gruppe: Stark ponderierte, bekränzte Frauengestalt in Betrachtung eines kleinen Kreuzes, das sie mit der Linken hochhält. An ihre Seite schmiegt sich ein ebenfalls antikisch gekleidetes Kind, dem sie die Rechte auf die Schulter legt. Inschriften: »Sie ruhen in Frieden / Gewiß, er wird wohl kom-

Abb. 161  L. Stoops

Abb. 162  K. Streifler

men / zu beten auf mein Grab!«
Höhe: ca. 270 cm, Figur ca. 135 cm.
Zustand: starke Witterungsschäden, Fortbestand gefährdet
Signiert: F. A. Bernhard Imhoff fecit
Abb. 161

STREIFLER, Katharina
1818—1863

**Nr. 191**, Flur 55
Auf hohem Sockelpodest Todesgenius mit großer, umgekehrter Fakkel, der sich an Kreuz lehnt, dessen hoher schmaler Sockel mit Kranz geschmückt ist. In der Rechten drei Mohnkapseln. Die Skulptur ist um 1894 nach dem Vorbild des Grabmals Hamm (siehe dort) gearbeitet, erreicht jedoch nicht dessen künstlerische Qualität.

Höhe: ca. 550 cm. Zustand: gut erhalten. Einfriedung entfernt
Signiert: F. Custodis
Abb. 162

STÜSSGEN, Anne Marie
1851—1909

**Nr. 157**, Flur 60
Auf glattem, niedrigem Sockel frontal gegebene, kniende Frauenfigur mit Rosenstrauß in der Linken, den sie auf die Grabstätte niederlegt. Sehr beliebte, in vielen Exemplaren bekannte Figur. Der Prototyp war 1907 mit dem Titel »Im Rosenprangen« auf der Münchener Jahresausstellung im Glaspalast zu sehen.
Höhe: 210 cm. Zustand: gut erhalten
Signiert: H. Waderé

Anne Marie Stüssgen war die Frau des Cornelius Stüssgen (1877—1956), der die bekannte Einzelhandelskette aufbaute. Sie umfaßte bereits 1933 145 Filialen im Großraum Köln. Stüssgen war Konsul von Haiti.

SYEBERTZ, Johann Wilhelm
Geh. Regierungsrat. ?—1855
**Nr. 173**, HWG, zwischen Lit. D und Lit. E
Großes Denkmal in Formen der italienischen Hochrenaissance. Auf Pyramidenstumpf von Löwen getragener Sarkophag. An der Vorderseite des mit reicher Girlandendekoration geschmückten Pyramidenstumpfs der Eingang zur Gruft. Am Türsturz unter geflügeltem Engelskopf und zwischen Tränengefäßen der Familienname in lapidarer Schrift. Am Sarkophag großes querrechteckiges Marmorrelief mit den drei Frauen am Grabe, denen der Engel erscheint. Neben dem Grabmal als freiplastische Sitzfiguren zwei Todesengel bzw. Todesgenien mit Fackeln und Kränzen.
Höhe: ca. 500 cm, Engel ca. 145 cm.
Zustand: 1926 restauriert; heute alle plastischen Teile, insbesondere das Relief und die beiden Todesengel stark verwittert; die mehrfach versetzten Engel nicht mehr zu retten.
Künstler: Architektur nach Entwurf von Julius Raschdorff und Todesengel von Christian Mohr (nach Vogts); das Sarkophagrelief vermutlich ebenfalls von Mohr
Abb. 59

THELEN, Gottfried
Lebensdaten unbekannt
**Nr. 105**, MA, zwischen HWG und Lit. G
Hoher neugotischer Fialturm über eigentümlichem Unterbau in Gestalt zweier im rechten Winkel angeordneter Sarkophage. An der Fiale auffallend fein gearbeitetes Maßwerk, groteske Wasserspeier und Figurenschmuck.
Zustand: relativ gut erhalten, jedoch verwahrlost und zugewachsen

THE LOSEN, Hermann
s. unter LOSEN

THELEN, Peter Josef
1892—1913
**Nr. 40**, Flur 76 A
Große Figur eines Winzers in großflächigen, reduzierten Formen bei der Betrachtung eines Weinstocks.
Höhe: ca. 310 cm. Zustand: bis auf geringfügige Schäden gut erhalten
Signiert: Grasegger
Die Familie Thelen beschäftigte sich mit dem Weinhandel.
Abb. 87

THEWALT, Karl Ferdinand
Aachen 1833—1902 Köln
**Nr. 240**, Flur B
Stele mit Flachrelief: Thewalt, umgeben von Stücken seiner Kunstsammlung, betrachtet einen kostbaren Becher.
Höhe: ca. 230 cm. Zustand: gut erhalten
Thewalt war von 1865 bis 1901 Beigeordneter der Stadt Köln. Er war als leidenschaftlicher Kunstliebhaber bekannt.

von THIMUS, Albert, Freiherr
Aachen 1806—1878 Köln
**Nr. 162,** Lit. V, zwischen Lit. D
und Lit. E
Neugotisches Hochkreuz in Ketteneinfriedung. Am Sockel Krone und Wappen. Inschrift: »Er hat treu gekämpft für Wahrheit, Freiheit, R... (Recht?).«
Höhe: ca. 400 cm. Zustand: Oberfläche stark angegriffen
Signiert: Vincenz Statz
Thimus war 1862—1878 am Appellationsgericht in Köln; 1852—1861 Mitglied des Abgeordnetenhauses, 1871—1878 Mitglied des Reichstages (Zentrum). Freund von August Reichensperger (siehe dort), der seine grundlegenden musikalischen Forschungen unterstützte.

TRIMBORN, Cornelius Balduin
Jurist. Köln 1824—1889 Köln
**Nr. 96,** MA, zwischen Lit. V
und Lit. W
Breite, dreiteilige Stele, deren erhöhter spitzbogiger Mittelteil das Kreuz trägt. Unter dem Giebelchen das Porträtmedaillon des Verstorbenen im Profil nach links. An den Sockel des Kreuzes lehnen sich seitlich zwei Sitzfiguren von Trauernden an.
Höhe: ca. 400 cm, Durchmesser des Medaillons: 50 cm. Zustand: stark verwittert
Signiert: W. Albermann
Der Rechtsanwalt Justizrat Trimborn war Mitglied des Landtages und des Reichstages.

von TUCHSEN, Ernst
Generalmajor. 1775—1839(?)
**Nr. 239,** HWG, zwischen Lit. B
und Lit. C
Hochrechteckige, noch klassizistische Stele mit einfachem gotischem Zinnenabschluß. Auf der vertikal in zwei Felder geteilten Inschrifttafel zwei Wappen.
Höhe: ca. 230 cm. Zustand: beschädigt und verwittert
Ernst von Tuchsen war Kgl. Preuß. Generalmajor.

VERBEEK, Carlo
siehe unter
ZORN, Jakob

VERBEEK, Hans
Architekt. Köln 1873—1954 Köln
**Nr. 209,** HWG, zwischen Lit. C
und Lit. D
Moderner Grabstein.
Verbeek war Baudirektor in Köln. Nach seinen Plänen entstanden die große Messehalle in Deutz sowie die Lagerhallen am Rheinufer in der Nähe des Ubierringes. 1900 Schinkelpreis. Bis 1933 als städtischer Konservator tätig. Viele architekturgeschichtliche Publikationen.

VOGT, Hermann
1844—1913
**Nr. 89,** MA, an Flur 66
Unter einfacher Überdachung, die von Säulen mit altchristlich anmutenden Kapitellen getragen wird, Hochrelief aus Marmor: Christus stützt einen ermatteten Erdenpilger. Darunter die Inschrift: »Des Todes

Abb. 163 H. Vogt

rührendes Bild steht / nicht als Schrecken dem Weisen und / nicht als Ende dem Frommen./ Beiden wird zum Leben der Tod« (Goethe).
Höhe: ca. 360 cm, Relief ca. 200 cm. Zustand: gut erhalten.
Signiert: Lindelauf.
Abb. 163

VOIGTEL, Karl Eduard Richard
Baumeister. Magdeburg 1829—1902 Köln

**Nr. 19,** Flur 77
Ursprünglich eine von zwei Steinmetzen flankierte gotische Fiale. Ersetzt durch Grabplatte.
Nach Studium an der Bauakademie in Berlin zunächst Mitarbeiter Zwirners in Köln (siehe dort), dann als dessen Nachfolger von 1861—

1902 Dombaumeister. Unter ihm Vollendung des Kölner Domes. Daneben zahlreiche Restaurierungsarbeiten an anderen Kirchen des Rheinlandes.

WACHENDORF, Arnold Joseph
siehe unter
WEYER, Johann Peter

WAHLEN, Friedrich Jacob
1858—1883

**Nr. 200,** MA, zwischen Lit. H und Lit. J
Kolossale Neorenaissance-Stele mit Girlandenfries, Zahnschnitt und Segmentbogenabschluß. Darüber Kreuz.
Höhe: ca. 450 cm. Zustand: leicht verwittert
Signiert: Spiegel
Friedrich Jacob Wahlen gehört vermutlich der bekannten Kölner Guts- und Ziegeleibesitzerfamilie an.

WAHLEN, Jakob
siehe auch unter
BIRKHÄUSER

WALLRAF, Ferdinand Franz,
Prof. Dr. med. Dr. phil.
Kanonikus. Köln 1748—1824 Köln
und
RICHARTZ, Johann Heinrich
Kaufmann. Köln 1795—1861 Köln

**Nr. 271,** HWG, zwischen Lit. A und Lit. B
Einfacher moderner Stein als Ersatz

für ein 1867 enthülltes, im Zweiten Weltkrieg zerstörtes ganzfiguriges Doppeldenkmal von Anton Werres. Das typologisch an Rietschels Weimarer Goethe-Schiller-Denkmal von 1857 anknüpfende Monument zeigte den Gründer und den Stifter des Wallraf-Richartz-Museums im Gespräch einander zugewandt. Sie geben sich die Hand. Sammler und Stifter haben sich allerdings im Leben kaum gekannt. Das Denkmal versetzt sie in eine ideale Wirklichkeit. Die Inschrift lautete (nach Vogts): »Selig sind die Todten, welche in dem Herrn sterben denn ihre Werke folgen ihnen nach. Apoc. Joh. 12,13. Ihren hochverdienten Mitbürgern Franz Ferdinand Wallraf... und Joh. Heinrich Richartz... die dankbare Vaterstadt.«
Von Julius Raschdorff hat sich ein 1863 angefertigter, 1867 veröffentlichter Entwurf zu einem Doppelgrabmal erhalten.
Wallraf war Professor am Montaner-Gymnasium, 1793—1798 letzter Rektor der alten Universität in Köln. Er war Kanonikus an Maria im Capitol und St. Aposteln und erster Konservator in Köln. Seine umfangreiche Kunstsammlung hinterließ er seiner Vaterstadt, die das erste kommunale Museum Deutschlands, das Wallrafianum, gründete. Von Wallraf stammen die Torinschriften sowie die Entwürfe zu einigen Grabmälern auf dem Melatenfriedhof.
Johann Heinrich Richartz war Häutegroßhändler in Köln. Er stiftete den ersten Bau des Wallraf-Richartz-Museums (vollendet 1861). Auch für den Aufbau der Kranken-

Abb. 164   F. F. Wallraf/ H. Richartz; hist. Foto

anstalten Lindenburg hinterließ er ein beachtliches Vermögen. Gründer und Stifter des Wallraf-Richartz-Museums wurden 1900 zusätzlich durch zwei von Wilhelm Albermann geschaffene Denkmäler geehrt. Die kolossalen Sitzbilder stehen noch heute vor dem Museum.
Abb. 164

WEBER, Franz, Prof.
Dirigent. Köln 1805—1876 Köln
**Nr. 14**, Lit. M, zwischen HWG und Lit. P
In Ädikulaarchitektur die realistische Marmorbüste des Verstorbenen auf Sockel. Daran die Inschrift: »Durch das Schöne stets das Gute.«

221

Höhe: ca. 300 cm, Büste: ca. 55 cm.
Zustand: gut erhalten
Signiert: Anton Werres (Büste)
Franz Weber war Domorganist und seit 1842 Dirigent des Kölner Männergesangvereins.
Abb. 43

WELSCH, J. J.
Lehrer. 1833—1906
**Nr. 249**, Flur 29
Schlanke Stele mit Bronzebildnis des Verstorbenen in Dreiviertelprofil nach links.
Höhe: ca. 240 cm, Bildnis: 73 cm.
Zustand: gut erhalten
Signiert: W. Fassbinder 1907 (Relief)

WELTER, Johann Burghard
Tapezierer. 1803—1856
**Nr. 24**, Flur S
Neuromanische schlanke Stele mit steilen Giebelchen auf drei Seiten; darunter die geläufigen Symbole: Kreuz, Bienenkorb und Sanduhr. Am Sockel in Vierpaß: Kreuz, Herz, Anker und Palmwedel. In hoher Rundbogennische ausführliche Inschrift, u. a. »Wer den / Herrn fürchtet / dem wird es wohlgehen, / der wird gesegnet werden / am Tage seines Hinschei- / dens. Sirach 1,19.«
Höhe: ca. 285 cm. Zustand: Spitze fehlt, leicht verwittert
Bruder des bekannten Historien- und Kirchenmalers Michael Welter (1808—1892)?
Abb. 165

Abb. 165  J. B. Welter; Detail

WEYER, Johann Peter Joseph
Baumeister. Köln 1794—1864 Köln
und ehemals
WACHENDORFF, Arnold Joseph
1766—1824
**Nr. 246**, Lit. G, zwischen Lit. B und Lit. C
Auf hohem Obelisk Urne unter lang herabhängendem Velum. Auf der Vorderseite unter Sternenbogen Kreuzzeichen. Das Grabmal hat etlichen späteren als Vorbild gedient. Vergleiche beispielsweise Grabmal für Joh. Jac. vom Rath. Ehemals Inschriften (nach Vogts) für Arnold Wachendorff und Peter H. Jos. Weyer († 1828), den Sohn Johann Peter Weyers. Er war in erster Ehe mit einer Wachendorff verheiratet.

Höhe: ca. 270 cm. Zustand: beschädigt
Signiert: P. J. Imhoff
Weyer erhielt seine Ausbildung an der Bauschule in Paris. 1822—1844 war er Stadtbaumeister von Köln und hier führender klassizistischer Architekt. 1862 nach Vermögensverlust durch Bauspekulation Versteigerung seiner bedeutenden Kunstsammlung. Aus seinem umfangreichen architektonischen Œuvre sei hier nur das alte Appellationsgericht in Köln genannt. Weyer entwarf auch Grabmäler für den Melatenfriedhof (siehe den nicht ausgeführten Entwurf für Delius).

Abb. 166   J. Wimmersberg

WIETHASE, Heinrich
Baumeister. Kassel 1833—1893 Köln

Nr. 197, Lit. J, zwischen Lit. C und Lit. D
Schlichtes Grabmal mit den Wappen von Kassel und Köln und den Jahreszahlen 1833—1856 bzw. 1856—1893.
Höhe: ca. 290 cm. Zustand: unvollständig (ehemals Büste?)
Wiethase war 1855—1861 Mitarbeiter von Raschdorff, Vincenz Statz (siehe dort) und Friedrich von Schmidt; 1861—1863 Tätigkeit in Berlin und Schinkelpreis. Danach als Privatarchitekt in Köln tätig. Vertreter eines kopierenden Historismus gotischer und romanischer Formen. Von ihm stammen zahlreiche Kirchenrestaurierungen und historistische Neuausstattungen.

WIMMERSBERG, Johann
Lebensdaten unbekannt

Nr. 73, MA, an Flur 37
Auf breitem Sockel steinerne Madonnenfigur im Stile des 14. Jahrhunderts, die Hände zum Gebet gefaltet.
Höhe: ca. 300 cm, Figur: ca. 150 cm. Zustand: Grabmal nur fragmentarisch erhalten; Madonna im unteren Teil stark beschädigt
Signiert: Entw. Marchand. Ausführung der ornamentalen Bildhauerarbeiten: P. Kribben. Figur: W. Albermann
Abb. 166

WIRTZ, Magdalena
1848—1896
Nr. 147, Flur 58

223

Kleeblattkreuz auf Sockel. Am Sockel Porträtmedaillon der Verstorbenen im Profil nach links. Eines der seltenen weiblichen Porträts auf dem Friedhof. Inschrift: »Schlummere sanft teure Frau. / Was Du in den Stürmen des Lebens / mir gewesen und was ich an Dir / verloren, weiß nächst Gott nur ich allein. / August Wirtz.«
Höhe: ca. 320 cm, Durchmesser des Reliefs: 32 cm. Zustand: relativ gut erhalten
Signiert: Louis W... (Wethli, Zürich?)

WISSMANN, Heinrich
1853—1905
**Nr. 114**, Flur 60 A
Zopfige Stele mit Giebeldreieck, wohl aus der Zeit zwischen den Weltkriegen. In der Mitte über Lorbeergehänge Bronzerelief: Halbnackter Jüngling kämpft mit Schwert gegen ein dreiköpfiges Ungeheuer. Darunter die Inschrift: »Inveniam viam aut faciam« (»Ich werde einen Weg finden oder schaffen«).
Höhe: ca. 250 cm. Zustand: leicht beschädigt
Signiert: LH ligiert (vermutlich Ludwig Habich); Guß v. A. Brandstetter München
Wissmann war Offizier und Afrikaforscher, 1895/96 war er Gouverneur von Deutsch-Ostafrika

von WITTGENSTEIN, Johann Heinrich Franz
Köln 1797—1869 Köln

**Nr. 229**, HWG, zwischen Lit. B und Lit. C
Hochkreuz. Davor mehrere liegende Platten in schmiedeeiserner Umfriedung.
Höhe: ca. 430 cm. Zustand: gut erhalten
Von Wittgenstein war ab 1831 Mitglied des Gemeinderates, 1842 Vorstand des Dombauvereins, ab 1848 Chef der Kölner Bürgerwehr, 1848 kurze Zeit Regierungspräsident und 1850—1868 Stadtverordneter.

WOLF/JANSEN/DAHMEN
Familiengrab
**Nr. 270**, HWG, zwischen Lit. A und Lit. B
Wandgrab in Form einer dorischen Säulenstellung. Im mittleren Interkolumnium frontaler, dornenbekrönter Christuskopf in einem Medaillon, das von Engeln gehalten wird.
Höhe: ca. 400 cm. Zustand: gut erhalten
Signiert: Willy Albermann Entwurf u. Ausf.

WREDE, Adam, Prof. Dr. phil.
Volkskundler. Düsseldorf 1875—1960 Köln
**Nr. 20**, Flur 79
Neuer Grabstein.
Wrede habilitierte sich 1915 an der Handelshochschule Köln. 1921 Professor für deutsche Sprach- und Kulturgeschichte sowie allgemeine Volkskunde an der Kölner Universität. Bahnbrecher der neueren wissenschaftlichen Volkstumsfor-

schung für das Rheinland und Köln. Zahlreiche Veröffentlichungen, u. a. »Neuer Kölnischer Sprachschatz«.

WÜLLNER, Franz, Prof. Dr. phil.
Kapellmeister. Münster 1832—1902 Braunfels/Lahn

**Nr. 7, Flur 82**
Wandgrab mit realistischem Porträtmedaillon: Wüllner im Profil nach links. Inschrift: »Der Geist spricht, / daß sie ruhen von ihrer Arbeit, / denn ihre Werke folgen ihnen nach.« Am Sockel: »Gewidmet von seinen / Freunden und Verehrern.«
Höhe: ca. 150 cm. Zustand: gut erhalten
Signiert: Ernst Gustav Jaeger. Berlin 1912
Wüllner war 1884—1902 städtischer Kapellmeister und Direktor des Kölner Konservatoriums.

WYNNE, George
General. 1805—1890 Köln

**Nr. 289, wHWG, an Flur 47**
Hohes Steinkreuz, laut Ibach nach altem keltischen Original in England angefertigt.

von ZANDT, Elise, Freifräulein
1811—1896

**Nr. 150, Flur 59**
Neugotisches Grabmal mit schöner Madonnenfigur auf Blattkapitell. Am Sockel Familienwappen.
Höhe: ca. 310 cm. Zustand: oberer Abschluß fehlt, verwittert
Künstler: Albermann (?)

ZERVOULAKOS, Marquis de la Forge
siehe unter
HÖLTERHOFF

ZIMMER, Carl Friedrich
1814—1877

**Nr. 177, Flur D**
Neugotische Stele. Im oberen Teil eine von Rosenkranz umsäumte Nische mit vorzüglicher Pietà. Darunter sich greifende Hände und die Inschrift: »Mutter Gottes deine Schmerzen / gehn tief zu meinem Herzen.«
Höhe: ca. 260 cm. Zustand: restauriert

ZINGSEM, Josef, Dr. jur.
Amtsgerichtsrat. Neuss 1850—1895 Straßburg

**Nr. 158, Flur 60**
Neubarockes Pfeilergrabmal mit umflorter Urne als Bekrönung. An der Vorderseite in reich ornamentierter Bronzetafel frontaler Christuskopf, von gekreuzten Palmwedeln umrahmt.
Höhe: ca. 450 cm, Bronzetafel ca. 140 cm. Zustand: gut erhalten
Signiert: W. Fassbinder, Bronzetafel: Jos. Louis, Köln, gegossen

ZORN, Jakob
1897—1975 und
VERBEEK, Carlo
1945—1972

**Nr. 1, Flur 93**
Vor geschweift auslaufendem Steinkreuz mit Christuskopf Sitzfigur

einer Trauernden aus Bronze, von der auf Melaten noch ein weiterer Abguß (Grab Maria Thurn) existiert.
Höhe: ca. 230 cm, Figur ca. 140 cm, Durchmesser Christusmedaillon: 35 cm. Zustand: gut erhalten
Signiert: F. Custodis; Christusmedaillon: G. Deihle 04

dung des Kölner Doms. Daneben hat er in zahlreichen Restaurierungen ein feines künstlerisches Gespür für die Verbindung alter und neuer Formen bewiesen.
Grabkreuz Agnes Zwirner (1810—1892) ausgeführt von W. Fassbinder.
Abb. 41

ZWIRNER, Ernst Friedrich
Dombaumeister. Jakobswalde/ Schlesien 1802—1861 Köln
**Nr. 53, HWG, zwischen Lit. K und Lit. L**
Liegende Granitplatte mit schöner Schrift und bronzenem Porträtmedaillon. Es zeigt Zwirner im Profil nach links.
Maße: 262 × 140 cm, Durchmesser Medaillon: 67 cm. Zustand: gut erhalten
Künstler: Medaillon von Christian Mohr; Platte von L. Siegert

Nach Studium an der Bauakademie in Berlin zunächst verschiedene Tätigkeiten. 1833 Leiter des Kölner Dombaus. 1842 Regierungs- und Baurat. Zwirners Hauptwerk ist die Sicherung und begonnene Vollen-

van der ZYPEN, Julius (Jules)
Industrieller. Lüttich 1842—1907 Köln
**Nr. 159, Flur 60**
Neubarocker, breiter Obelisk mit Eingang zur Gruft an der Vorderseite. Vorbild war allem Anschein nach das Grabmal Deichmann (siehe dort).
Höhe: ca. 700 cm. Zustand: bis auf geringfügige Schäden gut erhalten
Signiert: Xavier Bry, Steinhauermeister Cöln
Jules van der Zypen führte zusammen mit seinem Bruder Eugen die väterliche Waggonfabrik van der Zypen & Charlier (siehe dort) weiter. Sie gründeten 1866 eine Räderfabrik in (Köln-)Deutz.

# Verzeichnis der auf dem Melatenfriedhof tätigen Künstler, Kunsthandwerker und Unternehmungen und ihrer Arbeiten

Die mit * gekennzeichneten Grabstätten sind nicht im Gräberverzeichnis enthalten.

ACKERMANN, E. Weissenstadt/ Fichtelgebirge:
Kaesen, W.

ALBERMANN, Franz. Bildhauer. Köln. 1877—?:
Heimann, Ph., Lemkes, Prof.

ALBERMANN, Wilhelm (d. Ä.). Bildhauer. Köln. 1835—1913:
Becker, H., Brölsch, C., Deichmann, W. L., Dormagen, H., Esch, C., Franziskus, Hl. (Restaurierung), Guilleaume, E., Helff, Marcus, J.*, von Mevissen/Stein, Mumm von Schwarzenstein*, Pflaume, H., vom Rath, J. P., Saedt*, Scheibler, C.*, Strom, E.*, Trimborn, C. B., Wimmersberg, von Zandt, Zaum, J.*

ALBERMANN, Willy (d. J.). Bildhauer. Köln. 1873—?:
Albermann, M., Albermann, W. (?), Fröhlich, A. M., Gorissen, J.*, Mertznich, G., Wolf/Jansen/Dahmen

BACHEM & Cie. Königswinter:
Keller, C.

BARTEN, W.:
Grein, M. u. C.

BENTELE & KLEEFISCH. Gießerei. Köln:
French/Peters*, Mertznich, G.

BIERCHER, Matthias. Architekt. Köln. 1797—1869:
Biercher, P. A. (?), Biercher, I. (?)

BLONDIAU, H. Grabmal- und Marmorbetrieb, Brühl:
Pünder, H.

BOCK, Arthur, Prof. Bildhauer Leipzig. 1875—?:
Bornheim, W.

BOLLER, A. Worms:
Greven, B.*

BOLTE. Architekt. Köln. Um die Jahrhundertwende:
neues Friedhofskreuz

BOOGEN, J. Architekt. Köln. Anfang 19. Jahrhundert:
Remmertz, J. J.

BOSSELT, Rudolf. Bildhauer u. Medailleur. Düsseldorf. 1871—1938:
Clouth, F.

BRANDSTETTER, A. Gießer. München:
Wissmann, H.

BREEZ, Jakob. Steinmetz. Köln:
Ternes, A.*

BRUNOW, Ludwig. Bildhauer. Berlin. 1843—1913:
Koenigs, F. W.

BRY, Xavier. Steinhauermeister. Köln:
van der Zypen

BUSCHER, Clemens. Bildhauer. Düsseldorf. 1855—1916:
Leyendecker*

227

CALLEEN, Heribert. Bildhauer. Köln. Geb. 1924:
v. Oppenheim, Engels, F. L. G., Denkmal Clarenbach*

CAUER (ohne Angabe des Vornamens). Bildhauerfamilie. Kreuznach:
Goldstein*, Herstatt, J. D. (wohl Robert Cauer d. Ä.), vom Rath, C.

CAUER, Ludwig. Bildhauer. Kreuznach. 1866—1947 oder Ludwig Robert. Bildhauer. Kreuznach. 1863—1947:
Leyendecker, E.

CAUER, Robert Carl. Bildhauer. Kreuznach. 1831—1893:
The Losen, H.

CONRADUS, H. Jena:
Gliesche, A.*

CORDONE, Roberto. Bildhauer. Köln. Geb. 1941:
Funke-Kaiser, K.

CUSTODIS. Architekt. Köln. 2. Hälfte 19. Jahrhundert:
Custodis, F.*

CUSTODIS, Ferdinand Joseph Friedrich. Bildhauer. Köln 1842—ca. 1910:
Bonn, L., Elkan, J.*, Kretzer, F. W.*, Streifler, K., Waxweiler*, Zorn/Verbeek

DANERS, H. J. Steinmetz und Marbrier. Köln. Mitte 19. Jahrhundert:
Berger/Fuchs, Friedrich E. (?), Joest, C. W.

DEGEN, Johannes (Jean). Bildhauer. Köln. 1849—1916:
Degen, J. (?), Ernst, K. J., Horn/Robertz, Obladen, T.*, Müller, H. P., Wallraf/Richartz (Restaurierung)

DEIHLE, Gottlob. Bildhauer. Düsseldorf. Anfang 20. Jahrhundert:
Zorn/Verbeek

DEVELLE, Jean:
Bourgeois, L.*

DEVELLE, Joseph. Atelier zur Anfertigung von Grabmonumenten usw. Köln. 2. Hälfte 19. Jahrhundert:
Niessen, C. A.*, Riepert, A. * (?)

DREESER (DREESEN), Johann Friedrich. Bildhauer. Köln. 1814—1886:
Meuser*, Schieffer, J.

DÜSSELDORFER BRONZE-BILDGIESSEREI GmbH:
Lammine, E., Peters, K.*

DUNKEL, Arn. Köln:
Loske, C.*

DUNKEL, Hugo. Architekt. Charlottenburg:
Hagen, L.

DUNKEL, P.:
Thiriart, F.*

DUNKEL, Reinold. Steinmetzmeister. Köln. Anfang 20. Jahrhundert:
Pohl, H.*

ESCHWEILER, K. J.:
von Hiller, F., Weber, F.

FASSBINDER, Wilhelm. Bildhauer, Steinmetz. Köln. 1858—1915:
Auer, H.*, Balthasar, .C.*, Beckmann, M., Boden, H.*, Bonn, J. W.*, Brandt, G., Büchel/Depenhéuer, Christoph*, Creutz, L. W., Dahmen, H., Diel, P. R., Dürselen*, DuMont/von Heyderstädt*, Eichler, P.*, Feith, N.*, Feuser/Richartz, Firnich, O.*, Fleischhauer*, French/Peters*, Gladbach, W.,

Goecke, A.*, Hammelsbech*, Hassel/Roeser*, Hauser*, Hax/Lehmann*, Hellmers, W. F., Herweg*, Hoffsümme, T.*, Holz*, Jensen, Prof.*, Küpper, C., Kyll, J., von Langen, F.*, Lauff, J. P.*, Leisen, M.*, Lietzmann, U.*, Lüthgen*, von Mallinckrodt, G., Mann, C.*, Metz, A.*, Meurer, F., Meynen, W., Möller, E. und O.*, Molinari, J. H., Müller*, Paas/Stelzmann*, Prior, M., Pütz, A.*, Rehe, J. W., Reichensperger, A., Ritter*, Sauer, A., Schlieper, A.*, Schlösser, A., Schöne, G.*, Schönen, G., Seché*, Siepmann*, Somborn, F. W.*, Strauss, A.*, Tillmann, C.*, Traine, R.*, Trimborn, P. J.*, Wegelig, A.*, Welsch, J. J., Weyersberg*, von Wittgenstein*, Zingsem, J. K.*, Zöllner, F.*, Zwirner (Witwe)

FAUSER, Hermann, Prof. Bildhauer. Iserlohn. 1874—?:
Holtz, C.*

FELDERHOFF, Reinhold. Bildhauer. Berlin 1865—1919:
Froitzheim, J.

FELTEN, Josef. Architekt. Köln. 1799—1880:
Marcus, J.*

FLOSDORF, Ferdinand. Bildhauer. Köln:
Klein, H.*

FRENTZEN, Georg. Architekt. Köln. 1854—nach 1912:
Pfeifer/Mayer

FUCHS, Peter. Bildhauer. Köln. 1829—1898:
Hartmann, W., Heimann, A.*, Kaesen, W., Kreuser, J. P.*, Rosenbaum*, Schumacher, J. J. H.*

FUNCK, Adolf. Architekt. Köln: Remagen, J.*

GEILING, Carl M. Bildhauer. Düsseldorf. Anfang 20. Jahrhundert:
Hoffmann, G.*, Oetelshofen*, Persuhn, H., Schopp, K.*

GIES, Ludwig, Prof. Medailleur und Bildhauer. Köln 1887—1966:
Böckler, H., Görlinger, R.

GOEBEL, C. J. Bildhauer. Köln: Kriegerdenkmal 1866

GRASEGGER, Georg. Bildhauer. Köln. 1873—1927:
Becker, J. A., Fischer, A., Thelen, P. J.

GREINER, Daniel. Bildhauer. Jugenheim. 1872—?:
Esser, F.

GUMMICH. Mitte 19. Jahrhundert:
Esch, J.*, Hamecher, J. G.*

HABICH, Ludwig. Bildhauer. Stuttgart. 1872—1949:
Wissmann, H.

HANSMANN, J. Bildhauer. Köln. 1. Hälfte 19. Jahrhundert:
Bemberg, C.*, Hahn/Hagen*, Heyden, C.*, Ingenohl, A. L.*, Loar, C., Merrem, D*, Schier, C. S., Schläger/Stolz

HANSMANN, Otto. Bildhauer. Köln. 1. Hälfte 19. Jahrhundert — nach 1866:
Moeltgen, H.*

HEIDEL, Hermann Rudolf. Bildhauer. Bonn. 1810—1865:
von Hagen, B., Herstatt, F. F.

HERTEL, A. Steinmetzbetrieb. Köln. Anfang 20. Jahrhundert: Athanassoula, J. N.*, Eber/Hütten*, Firnig, G. *, Hüll, M.*, Jonen, P.*, Korth, F.*, Lammine, E., Langen, K.*, Lehmann, F.*, Müller, F.*, Peters, K.*, Pohl, J.*, Rodenkirchen, H.*, Schmitt, J.*, Schmitz, A.*, Schulte, A.*, Seyfferth*, Vehring/Hösen/Ledl*

HERTEL, C. oder G., Bildhauer. Köln:
Fries, P.*

HEUKESHOVEN:
Elkan, J.*

HEUKESHOVEN & WORINGEN:
Peill, R., Schultze, W. F.

HEUSER-GREVEN, Köln:
Schwartz, J.

HÖRNER, Ch. Gießer. München:
Michels/Neven

HOFFACKER, Johann Joseph. Bildhauer. Köln. 1808—1848:
Veurs, J.*

HOFFMANN, Carl. Bildhauer. Köln. 1816—nach 1872:
altes Friedhofskreuz

HOFFMANN, Wilhelm A. Architekt. Köln. 1. Hälfte 19. Jahrhundert:
von Oppenheim

HOFFMEISTER, Heinrich. Bildhauer. Berlin. 1851—1894:
von Frankenberg, R. J., Schmitz, L.

HOLZ, M. oder W.:
Alfus*, Fremery, B., Kirch, T., Rauch, A.

HOLZMANN:
Leyendecker*

IMHOFF, Anton Ferdinand Franz. Bildhauer. Köln. 1843—1883:
Clahsen, R., Steiger (von F. A. B. Imhoff?)

IMHOFF, Franz August Bernhard (auch B.). Bildhauer. Köln. 1816—1888:
Harff, S. J., Stoops, L.

IMHOFF, Johann Joseph (d. J.). Bildhauer. Köln. 1796—1880:
Birkhäuser/Wahlen, Imhoff, P. J.*

IMHOFF, Peter Joseph. Bildhauer. Köln. 1768—1844:
Birckenstock/Hensay*, Delius, H. D., Hamm, C., Hölterhoff/Zeroulakos, Schaaffhausen, M. S.*, Weyer/Wachendorff

IMHOFF, P. P. H. (?). Bildhauer. Köln:
Odendahl, L.

IMHOFF, Wilhelm Joseph. Bildhauer. Köln. 1791—1858:
Imhoff, W. J.

IVEN, Alexander. Bildhauer. Köln. 1854—1934:
Beudel, F., Eigel, T., Iven, A., Lülsdorf, J.*, Schröder, E.*

JAEGER, Ernst Gustav. Bildhauer. Berlin. 1880—?:
Wüllner, F.

JANENSCH, Prof. Gerhard Adolf. Bildhauer. Berlin. 1860—1933:
Farina, J. M. K.

JANSSEN, Carl. Bildhauer. Düsseldorf. 1855—1927:

Dreesmann, M., Oelbermann, E.

JÜSSGEN. Regierungsbaumeister:
Schulte, A.\*

KESSEL & RÖHL. Granitwerk.
Berlin:
Grüneberg, H.

KIRSCH, J. Köln:
Dicht, P.\*, Lettré, P.\*

KLEIN, W. Bildhauer:
Ostermann, W.

KOPF, Joseph von. Bildhauer.
Rom. 1827—1903:
von Oppenheim

KRIBBEN, Peter. Bildhauer. Köln.
1851—1927:
Heister, J. (Kopie), Kley, J.\*, Koenen\*, Koenig, F.\*, Meyer\*, Neuhaus\*, Schacht, G.\*, Schilling, B.\*, Schüller, R.\*, Wimmersberg, J.

KRINGS:
Bachem, J.\*

KÜRTEN, A. oder P. (?). Bildhauer. Köln:
Genossenschaftsgrab der Pfarrer der Altstadt

LEDERER, Hugo. Bildhauer. Berlin. 1871—1940:
Hagen, L., Heidemann, J. N.

LEGER. Gießer. Köln:
Obladen, T.\*

LENZ-HEROLD. Gebr. Gießerei.
Nürnberg:
vom Rath, C.

LICHMANN, H. Prof. Bildhauer:
Oehme\*

LIDDAU, Fr.:
Hilgers\*, Scheu, C.\*

LIEBHABER, Bildhauer. Berlin:
Brüninghausen, M.

LINDELAUF, Ludwig. Steinmetz.
Köln:
Cramer, J.\*, Eckert, C. L., Franck, W., Früh, P. J., Johnen, A.\*, Peusquens, F.\*, Rademacher, K., Rekkum, F.\*, Schmidding, A.\*, Schneider, M.\*, Vogt, H.\*, Weber, L.\*

LÖHR, Franz. Bildhauer. Köln.
1874—1918:
Löhr, F., Steinmeyer\*

LOUIS, Joseph. Gießer. Köln:
Zingsem, J.

MANNEBACH, Johann Joseph.
Bildhauer. Köln. 1. Hälfte 19. Jahrhundert:
Carrich, J.\*, Carstanjen, E., Heister, J., Heukeshoven, S.\*, Richrath, F. H.\*, Rougemont, J. C.

MARCH, Otto. Architekt. Charlottenburg. 1845—1913:
Grüneberg, H.

MENGELBERG, Otto. Bildhauer.
Köln. (1867—1924?):
Scheeben, M. J.

MEYNEN, Franz. Bildhauer. Porträtmaler und Fotograf. Köln.
1840—1915:
Meynen, G.

MOEST, Josef. Bildhauer. Köln.
1873—1914:
Euskirchen, E.

MOHR, Christian. Bildhauer.
Köln. 1823—1888:
Ahn, F., Bleissen\*, Engels, F. L., Goldstein\*, Herstatt, J. D., Mallinckrodt, Merkens, H., Schmits/Meurer, Syebertz, J. W., Zwirner, E. F.

MOHR, Wilhelm. Bildhauer. Köln. 1884—?:
Schumacher, J.

MORITZ, Carl. Architekt. Köln. 1863—nach 1930:
Stollwerck, L.

MÜLLER, Eduard Johann (?). Bildhauer. Berlin. 1828—1895:
Vorster, G. A.*

MÜLLER & GRAH. Steinmetzbetrieb:
Koenigs, F. W., Leyendecker*

MUSCHARD (identisch mit dem folgenden?):
Bormann, W.*, Strunk, G.*, Wipperfürth, M.*

MUSCHARD, Carl. Bildhauer:
Baar, W.*, Euskirchen*, Klein, A.*

MUSCHARD, Peter. Bildhauer:
Dichart, M.*, Euskirchen*

NOTHEN, Jean. Steinmetz. Köln. 2. Hälfte 19. Jahrhundert:
Kriegerdenkmal 1870/71, Rheinbrohl, J.*, Roesberg, J.

OBERBOERSCH, A.:
vom Rath, J. J.

ODENDAHL, H.:
Brauweiler, P.*, von Schiller, M. M.

PABST, Josef (?). Bildhauer. Koblenz. 1879—?:
Arnold, E.*, Kerzmann, J.*, Rauffauf, K.*

PELTZER:
Metz, T.

PETERS, Franz und Josef. Grabmalkunst:
Charlier, M.

PFLAUME, Hermann Otto. Architekt. Köln. 1830—1901:
Becker, H., Cron*, Deichmann, W. L., von Mevissen/Stein, Mumm von Schwarzenstein*, Ossendorf, O.*, Scheibler, C.*, Schmitz/Bunge/Andreae/Förster

PORZELT, M. Köln:
Albertz, J.*, E. J.*, Rautenstrauch, E. A. W.

PÜTZ, Wilhelm. Atelier für Grabmalkunst. Köln. 1. Hälfte 20. Jahrhundert:
Bayer, J.*, Meuter, K. A.*, Thurn, M.*

RASCHDORFF, Julius. Architekt. Köln. 1823—1914:
Engels, F. L., Kohlhaas*, Syebertz, J. W., von Wittgenstein*

REITSAMER, H. Architekt:
Stoecker, J.*

RENARD, Edmund. Bildhauer. Köln. 1830—1905:
Burkart, S., Richartz/Bechem, Zimmermann, P. (?)

REUSTECK, Peter. Bildhauer. Köln. 1851—?:
Cremer, W., Schweig, S.*

REUSTECK, Wilhelm. Bildhauer. Köln. 1857—?:
Assenmacher, E.*, Bresgen/Jansen*, Cremer, W. J., Driesch, J.*, Duster, H.*, Erouard, J.*, Mosler, J.*

RIFFART, Clemens Hermann. Architekt. Köln. 1840—?:
Hellmers, W. F.*, Ossendorf, P. W.*, Traine, R.*

RUPP (und Moller?). Köln:
Kolvenbach, P. J.

SAUER, Wilhelm (?). Bildhauer. Karlsruhe. 1865—1929:
Consience*, Daiber, W.*, Münch/Bützler*, Oster, M.*

SAYNER HÜTTE. Gießerei. Bendorf:
Heimann, F. C.*, Heimann, J. P., Molinari, J. H. J.

SCHAEFERS, G. Bildhauer. Köln. 1. Hälfte 20. Jahrhundert:
Gentges*, H., Schüller, H.

SCHELLEN, Carl:
Gelbke*, Maus*, Porten*

SCHLEICHER, M. L. Berlin:
Guilleaume, F. C., Guilleaume, Th.*

SCHMENGELER:
Göller, F.

SCHMIDT, Friedrich von. Architekt. Köln. 1825—1891:
Bleissem, A. C.*, Mallinckrodt

SCHMIEMANN, August. Bildhauer. Münster. 1845—1927:
Müllemeister

SCHMITZ, Franz:
Löwenkamp, M.*, Otto, N. A.

SCHMITZ, J. H. J. Steinmetz. Köln. 1. Hälfte 19. Jahrhundert:
Grein, M.

SCHMITZ, Th. J. Bildhauer. Köln. 1. Hälfte 19. Jahrhundert:
Merrem, J. M., Riedinger, J. G.*

SCHWANTHALER, Ludwig Michael, Bildhauer. München. 1802—1848:
Michels/Neven

SIEGERT, Gebrüder. Granitwerke. Köln-Braunsfeld:
Horten, H.*

SIEGERT, Ludwig (?). Steinmetzmeister. Köln. Mitte 19. Jahrhundert:
Bodewig, L. (?)*, Kriegerdenkmal 1853, Saurenhaus, J.*, Zwirner, E. F.

SIEGERT, Wilhelm (?). Steinmetz. Köln. 1822—1884:
Anheisser/Landmann, Bucherer, J. J. (?), altes Friedhofskreuz, Noss, J. C.*, Ruppenthal, C. F. J.*, Steinbüchel, C J.*

SIMONINI, S. Köln:
Tellenbach, J.*

SPIEGEL, G. und J. (auch E.?) Steinmetzen. Köln. 2. Hälfte 19. Jahrhundert:
Bayer, J. C.*, Bornheim, P.*, Eschbach/Frank*, Fürst, E.*, Horn/Robertz, Johaentgen*, Pallenberg, F., Pallenberg/Mosler, Peters, H.*, Schaefer, J.*, Wahlen, F. J., Wallraf, Max* (E.? Spiegel)

STANG(E) & WINGEN. Steinmetzbetrieb. Köln:
Bachem, L., Zaun, L.*

STATZ, Franz Anton Hubert (?). Architekt. Köln. 1848—1930:
Hospelt, W. A.*

STATZ, Vincenz. Architekt. Köln. 1819—1898:
Cremer, W., Flammersheim/Steinmann, altes Friedhofskreuz, Guilleaume, F. C., Reichensperger, A., Schaeben*, Schmitz/Statz (?)*, Statz, J., S. u. F., Statz, V., Steinberger, A.*, Sugg, G., J.*, von Thimus, A., Wahlen, J.*, Wahlen, Jak.*, Zwirner (Witwe)*

STEINBACH, H. Bildhauer. Köln. Anfang 20. Jahrhundert:
neues Friedhofskreuz, Remagen, J.*

STEINNUS, Johann. Grabdenkmalindustrie. Köln. 1885—heute:
Becker, J. C.*, Bergsch, A.*, Haas,

M.*, Haupts, J.*, Hof, L.*, Hoffmann, G.*, Kramer, C.*, Leuchten, F.*, Lieske, M.*, Lindlau, J.*, Metz, A.*, Nettekoven, E.*, Pauli, J.*, Rott/Quir*, Schlechtriem, W.*, Thissen, R.*, Wahlen, J.*

STEPHAN, Christoph. Bildhauer. Köln. 1797—1864:
Brewer/Haupt/De Noël, Bürger, P. J.*, Fischer, P., Stephan, Chr.*, Vill, A. A. K.*, Welter, G.*

STOCKMANN, Heinrich. Bildhauer. Köln. Ende 19.—Anfang 20. Jahrhundert:
Purschian, O., Schanzleh, W.

STOTZ, Paul. Gießer. Stuttgart. 1850—1897:
vom Rath, J.*

TOBERENTZ, Robert. Bildhauer. Berlin. 1849—1895:
Grüneberg, H.

UNSER, J. & Söhne. Innsbruck:
Stocker. E.*

VÖLKER, A.:
Schäfer, J.*, Schwerger, H.(?)*

VORDERMAYER, Ludwig. Bildhauer. Berlin. 1868—?:
Hagen, G.

de VOSS & MÜLLER:
van der Zypen*

WADERE, Heinrich. Bildhauer. Kolmar. 1865—1950:
Stüssgen, A.

WALLEE, Johann Anton. Architekt. Köln. 1807—1876:
Merkens, P. H.

WALLRAF, Ferdinand Franz. Köln. 1748—1824:
Carrich, J. M.*, DuMont M. J., Eingangstor, Heister, J., Hofmann, J.*, Rougemont, J. C.

WERRES, Anton. Bildhauer. Köln. 1830—1900:
Abels, P.*, Becker, H., Bürgers, H.*, Gronewald, J. J., von Hiller, F., Hospelt, W. A.*, Kemp*, Kriegerdenkmal von 1870/71, Vorster, J.*, Wallraf/Richartz, Weber, F., von Weise, C. J.*

WETHLI, Louis I. oder Louis II. Bildhauer. Zürich. 1842—1914 bzw. 1867—?:
Baumann, M., Wirtz, M. (?)

WEYER, Hermann. Architekt. Köln. 1830—1899:
Kriegerdenkmal 1870/71

WEYER, Johann Peter. Architekt. Köln. 1794—1864:
Delius, D. H., Gefallenendenkmal 1853, Weyer/Wachendorff

WIETHASE, Heinrich. Architekt. Köln. 1833—1893:
von Weise, C. J.*

WÖLFEL & HEROLD. Granitwerke. Bayreuth:
Maus, J.*

WOLFF, J.:
Hausmann, D.*, Feith, A.

WÜRTTEMBERGISCHE METALLWARENFABRIK, Geislingen/Steige:
Hagen, G., Kramer, C.*, Lehmann, F.*, Schuler/Lindlau*, Ulrich, E.*, Zimmer, P. J.*

ZWIRNER, Ernst Friedrich. Architekt. Köln. 1802—1861:
Genossenschaftsgrab für das Domkapitel

# Literaturverzeichnis

Asen, Johannes:
Das Leprosenhaus Melaten bei
Köln. Phil. Diss. Bonn 1908.

Asen, Johannes:
Eine Leprosenordnung von Melaten
bei Köln aus dem 16. Jahrhundert.
= Separat-Abdruck aus »Lepra«.
Bibliotheka internationalis.
Bd. XIV, Heft 2.
Leipzig 1913.

Aubert, Joachim:
Handbuch der Grabstätten berühmter Deutscher, Österreicher
und Schweizer.
München und Berlin 1975.

Berz-Schilling, Chr. Otto:
Volkstümliche Grabmalkunst und
Friedhofgestaltung.
Stuttgart 1911.

Bloch, Peter:
Der Freiherr vom Stein und der
Kölner Bildhauer Peter Joseph Imhoff. In: Anzeiger des Germanischen Nationalmuseums Nürnberg.
1967 S. 89—116.

Bloch, Peter:
Skulpturen des 19. Jahrhunderts im
Rheinland.
Düsseldorf 1976.

Bloch, Peter:
Kölner Skulpturen des 19. Jahrhunderts. In: Wallraf-Richartz-Jahrbuch Bd. XXIX. Köln 1967
S. 243—290.

Boehlke, Hans-Kurt (Hrsg.):
Wie die Alten den Tod gebildet.
Wandlungen der Sepulkralkultur
1750—1850. = Kasseler Studien zur
Sepulkralkultur. Bd. 1. Mainz 1979.

Borgwardt, Ernst:
Die Typen des mittelalterlichen
Grabmals in Deutschland.
Phil. Diss. Freiburg i. Br. 1939.

Busse, Joachim:
Internationales Handbuch aller Maler und Bildhauer des 19. Jahrhunderts (Busse-Verzeichnis).
Wiesbaden 1977.

Clemen, Paul:
Die Kunstdenkmäler der Rheinprovinz 7, 3. Köln 2. Bd. 3. Abteilung.
Düsseldorf 1934 S. 1000—1006 und
S. 1040—1043.

Bender, Franz:
Köln. Köln 1926.

Corsten, Hermann:
Rheinische Bibliographie Bd. 1.
Köln 1940.

Custodis, Paul Georg:
Der Bildhauer Ferdinand Joseph
Friedrich Custodis. In: Kölner
Domblatt. Jahrb. des Zentral-Dombauvereins 40. Folge.
Köln 1975 S. 217—220.

Ennen, Leonhard:
Zeitbilder aus der neueren Geschichte der Stadt Köln.
Köln 1857.

Fischer, Karlheinz:
Die alten steinernen Grabkreuze im
Kölner Raum.
Eine Untersuchung. Diss. Darmstadt 1956.

Gerlach, Martin:
Alte Grabmalkunst. Eine Sammlung künstlerischer, charakteristischer Grabmäler Deutschlands und

Österreichs aus der Zeit Anfang
des Fünfzehnten bis Anfang des
Neunzehnten Jahrhunderts. = Die
Quelle XI.
Wien, Leipzig o. J.

Graven:
Die rechtlichen Verhältnisse des
Friedhofs der Stadt Cöln zu Melaten. = Sonderdruck aus: Rheinisches Archiv für Zivil- und Strafrecht NF Bd. 9.
Köln 1914.

Grässel, Hans:
Über Friedhofsanlagen und Grabmalkunst. = Dürerbund. 60. Flugschrift zur Ausdruckskultur.
München 1910.

Hasenberg, Peter Joseph:
In Köln verliebt — um Köln verdient. Biographisch-bibliographisches Lexikon des Heimatvereins
Alt-Köln. = Beiträge zur kölnischen
Geschichte, Sprache und Eigenart.
Bd. 54.
Köln 1973.

Haupt, Friedrich:
Melaten, Friedhof und Kulturdenkmal. Sonderdruck aus: Festschrift
zur 150-Jahr-Feier des Gymnasiums
Kreuzgasse.
Köln 1978.

Heinz-Mohr, Gerd:
Lexikon der Symbole. Bilder und
Zeichen der christlichen Kunst.
2. Aufl. Düsseldorf und Köln 1972.

Högg, E.:
Park und Friedhof. Vortrag, gehalten auf der Allgemeinen Städtebau-Ausstellung zu Berlin am 8. Juni
1910. = Dürerbund. 75. Flugschrift
zur Ausdruckskultur.
München 1911.

Hönig, Fritz:
Sprichwörter und Redensarten in
kölnischer Mundart.
Köln 1912.

Höveler, Peter:
Blätter und Blüten vom Friedhof
Melaten den Freunden und Wohltätern der Kapelle gewidmet.
Düsseldorf 1898.

Ibach, Johannes:
Wegweiser bei dem Eintritt eines
Sterbefalles.
Köln 1909.

Ibach, Johannes und Jung, H. R.:
Der Friedhof zu Köln-Melaten.
Köln 1898.

Klersch, Joseph:
Der Friedhof Melaten zu Köln.
= Kirchenzeitung für das Erzbistum Köln.
Köln 1959, Nr. 43—49.

Köln. Stadtentwicklungsplan.
Gesamtkonzept.
Hrsg. vom Oberstadtdirektor,
Dezernat für Stadtentwicklung.
Köln 1977.

Merlo, Johann Jacob:
Kölnische Künstler in alter und
neuer Zeit. Hrsg. von Eduard
Firmenich-Richartz und Hermann
Keussen.
Düsseldorf 1895.

Meunier, W. H.:
Das kirchliche Begräbniswesen mit
besonderer Berücksichtigung der
Erzdiöcese Köln.
Düsseldorf 1900.

Pfister, Rudolf:
Die Friedhofs-Fibel.
München 1952.

Pieper, Paul:
Entwicklung des Beerdigungswesens der Stadt Köln.
Diss. Tübingen. Worms 1905.

Räderscheidt, Wilhelm:
Ferdinand Franz Wallraf. = Beiträge zur kölnischen Geschichte, Sprache und Eigenart, Heft 7,
November 1915.

Renard, Edmund:
Köln.
Leipzig 1907.

Rode, Herbert:
Der hl. Michael von Franz Meynen an der Nordquerhausfassade des Kölner Doms. In: Kölner Domblatt 35, 1972, S. 99—112.

Schwering, Max-Leo:
Kölsche Parodien.
Köln 1975.

Seber, Joh. Bapt.:
Die Kirchhöfe bei den aus vorfranzösischer Zeit stammenden Kirchen im Gebiete des Rheinischen Rechtes.
Trier 1894.

Siegert, H.:
Denkmäler. In: Köln und seine Bauten. = Festschrift hrsg. vom Architekten- und Ingenieurverein für Niederrhein und Westfalen.
Köln 1888, S. 342—350.

Signon, Helmut:
Bürgergeschichten auf Grabsteinen. Kurioses und Sentimentales zum Thema Tod. In: Neues Rheinland. 21. Jg., 1978 Heft 11 (November), S. 8 f.

Steimel, Robert:
Kölner Köpfe.
Köln 1958.

Thieme-Becker:
Künstler-Lexikon.
Leipzig 1925 ff.

Vogts, Hans:
Die alten Kölner Friedhöfe.
= Rheinische Friedhöfe. Sonderhefte der Westdeutschen Gesellschaft für Familienkunde, Heft 1.
Köln 1932.

Vogts, Hans:
Der Kölner Friedhof Melaten.
= Rheinische Friedhöfe, Sonderheft der Mitteilungen der Westdeutschen Gesellschaft für Familienkunde, Heft 2.
Köln 1937.

Vogts, Hans:
Die Denkmalspflege, Notwendigkeit und Wesen. In: Monatszeitschrift für das Deutsche Geistesleben.
Hamburg November 1940.

Vogts, Hans:
Kölns städtebauliche Entwicklung. Sonderdruck. o.O.o. J.

Vogts, Hans:
Vincenz Statz (1819—1898), Lebensbild und Lebenswerk eines Kölner Baumeisters. = Kunstgabe des Vereins für Christliche Kunst im Erzbistum Köln und Bistum Aachen für die Jahre 1959/60.
Mönchengladbach 1960.

Wallraf, Ferdinand Franz:
(auch De Noël zugeschrieben):
Über den neuen stadtkölnischen Kirchhof zu Melaten. Kritische Auswahl unter den dazu gelieferten Inschriften samt der Darstellung einer Einrichtung desselben, wie sie für den Ort und den Geschmack

der Zeit paßte.
Köln 1809.

Wieger, Hermann:
Handbuch von Köln.
Köln 1925.

Wilczek, Gerhard:
För Ihrefeld — uns Veedel. Festschrift der Bürgervereinigung Köln-Ehrenfeld.
Köln 1979.

Der Friedhof Melaten in Köln. In: Rheinische Heimatpflege NF 16, 1979 Heft 1, S. 65.

Ungedruckte Quellen:
Historisches Archiv der Stadt Köln:
Personenkartei und Zeitungsausschnittsammlung von Josef Bayer; Akten der Friedhofsabteilung; Ratsprotokolle
Friedhofsverwaltung Melaten: Akten, Katasterunterlagen
Universitäts- und Stadtbibliothek Köln: Zeitungsausschnittsammlung
Archiv des Stadtkonservators Köln: Denkmalslisten 1953 und 1973

# Erklärung einiger Fachausdrücke

*Ädikula* (lat. Tempelchen): Aufbau aus Stützen (Säulen, Pfeilern, Pilastern) und einem Giebel zur Umrahmung von Nischen, Fenstern usw.

*Äskulapstab:* Von Schlange umwundener Stab. Attribut von Äskulap, dem antiken Gott der Heilkunde; Abzeichen des ärztlichen Standes

*Akroterion:* Aufrechtstehende Giebelverzierung an Tempeln und Stelen; oft in Gestalt von → Palmetten oder → Voluten

*Archivolte:* Von der Wandfläche abgesetzte Stirn- bzw. Vorderseite eines Rundbogens

*Arkade, Arkatur:* Bogenstellung, fortlaufende Reihe von Bogenstellungen

*Arkosol(ium):* Bogen- oder Nischengrab; eine im frühen Christentum häufige Form des Wandgrabes

*Baldachingrab:* → Tabernakelgrab

*Blendarkade, Blendbogen:* Bogen oder Bogenstellungen, die der geschlossenen Wandfläche vorgeblendet (= aufgelegt) sind

*Bogenfries:* Reihe von kleinen → Blendbogen, meist auf → Konsolen. Häufiger Bauschmuck der Romanik

*Ciste:* Behälter, Aschenkiste

*Fiale:* Zierform der Gotik in Gestalt einer schlanken, spitzen Pyramide, die häufig als Bekrönung von Pfeilern und als seitliche Begrenzung von → Wimpergen auftritt. Sie ist oft mit → Maßwerk, → Krabben und → Kreuzblume geschmückt

*Flachtonne:* Tonnengewölbe mit → segmentbogenförmigem Querschnitt

*Interkolumnium:* Abstand zwischen zwei Säulen

*Kalotte:* geviertelte Kugel als Wölbung über einer Apsis auf Halbkreisgrundriß

*Kanneluren:* Senkrechte Rillen am Schaft einer Säule oder eines Pfeilers

*Kompositkapitell:* Aus Teilen der verschiedenen klassischen Ordnungen zusammengesetztes Kapitell. Meist Mischform des ionischen und korinthischen Kapitells

*Konsole:* Kragstein; vorspringendes Bauglied zum Tragen von Skulpturen, Balken, Balkonen, Gesimsen u. a. m.

*Krabbe:* Gotisches Schmuckglied in Gestalt einer Kriechblume an Kanten von → Fialen, Bögen usw.

*Kreuzblume:* Kreuzförmiges, aus stilisierten Blättern gebildetes Schmuckglied als Bekrönung von → Fialen und anderen gotischen Bauteilen

*Kyma, Kymation:* Seit der Antike geläufige, konkav oder konvex ausgebildete Stäbe (Blattwellen) als Abschlußleiste zwischen einzelnen Bauelementen

*Mäander:* Aus der Antike stammendes, fortlaufendes Ornament mit rechtwinkliger Richtungsänderung

*Maßwerk:* Vielgestaltige geometrische Schmuckform der Gotik zur Unterteilung von Fenstern, Giebeln und Wänden u. a. m.

*Monolith:* Aus einem einzigen Block gehauenes Bauglied oder Bauwerk

*Palmette:* Uraltes Ornament in Gestalt stilisierter Palmwipfel. Häufig an → Stelen und → Akroterien zu finden

*Paß:* Aus Kreisteilen gebildete Sonderform des gotischen → Maßwerkes

*Pilaster:* Wandpfeiler

*Plinthe:* Unterlagsplatte einer Säule, eines Pfeilers oder auch einer Skulptur

*Point de vue:* Architektonischer Blickfang in einer Straßen- oder Gartenachse

*Segmentbogen:* Flachbogen in Gestalt eines Kreisabschnittes

*Stele:* Stehende Steinplatte als Grabdenkmal

*Stephanos:* Siegeskranz

*Suppedaneum:* Fußgestell; Fußbrett beim Kruzifix

*Tabernakel:* Von Stützen getragenes Dach (Baldachin) über einem Altar oder Grab

*Tabula ansata:* Inschrifttafel mit seitlichen »Henkeln«

*Tympanon:* Giebelfeld eines Tempels bzw. Bogenfeld über einem Portal

*Volute:* Ornamentale Spiral- oder Schneckenform

*Wimperg:* Meist aus → Maßwerk gebildete, giebelförmige Bekrönung über gotischen Portalen und Fenstern

# Bildnachweis

**Rheinisches Bildarchiv, Köln:**
1, 2, 3, 4, 5, 9, 12, 13, 15, 16, 18, 27, 28, 29, 31, 44, 58, 59, 62, 71, 72, 73, 78, 79, 85, 88, 89, 90, 91, 92, 93, 94, 95, 96, 97, 104, 107, 109, 115, 132, 134, 137, 138, 143, 144, 152, 157, 159, 161, 164

**Verfasser:**
30, 32, 33, 34, 35, 36, 37, 38, 39, 40, 41, 42, 43, 45, 60, 61, 63, 64, 65, 66, 67, 68, 69, 70, 74, 75, 77, 80, 81, 82, 84, 87, 98, 99, 100, 101, 102, 103, 105, 106, 108, 110, 112, 113, 114, 116, 117, 118, 119, 120, 121, 122, 123, 124, 125, 126, 127, 128, 129, 130, 131, 133, 135, 136, 139, 140, 141, 142, 145, 146, 147, 148, 150, 151, 153, 154, 155, 156, 158, 160, 162, 163, 165, 166

**Historisches Archiv der Stadt Köln:**
6, 8, 10, 11, 19, 20, 21, 22, 23, 24, 25, 57, 76, 83, 86, 111

**Landesvermessungsamt Nordrhein-Westfalen, Bonn:**
7 — Veröffentlicht mit Genehmigung des Landesvermessungsamtes Nordrhein-Westfalen vom 6.3.1980 (D6633). Freigegeben durch das Landesvermessungsamt Nordrhein-Westfalen Nr. 22/75 vom 16.6.1975